U0139745

# 数位易经

下册

陈文德 ⊙ 著

华龄出版社
HUALING PRESS

# 第七章　危机管理

临，刚浸而长。说而顺，刚中而应，大亨以正，天之道也。至于八月，有凶，消不久也。

——《易经·临卦象辞》

## 沟通全面观——临、观、噬嗑、贲

大观在上，顺而巽，中正以观天下。观，盥而不荐，有孚，颙若。下观而化也。观天之神道，而四时不忒。圣人以神道设教，而天下服矣。

随卦建立了处常的制度。蛊卦除去弊端，让制度顺利推动。事业朝向永续经营迈进，但天道恒动，诸法无常，未来的奥秘难知，挑战持续不停，身为经营者是不能轻松的。

《易经》的真相是恒动，所以诸爻应保持畅通的互动，这便是沟通的重要性。

### 第十九临卦——视察，临事也

#### ■领导者必须深入基层

**临卦，地泽▤▤，兑下坤上**。泽在地下，湖水不侵岸，一片美丽和悦的景色。

**综卦：▤▤风地观**。刚在上则观，刚在下则临，观是观察，由上往下看，临是做事，由基层打下基础。

**错卦：▤▤天山遁**。遁者避也，在上者避其位，抛弃其权力，才能到基础临事。

**互卦：☷☳地雷复。**临是回到基层去努力，所以内涵上要有复的精神——审慎、耐心及毅力。

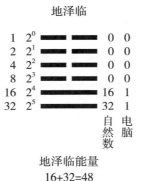

地泽临

| | | | | |
|---|---|---|---|---|
| 1 | $2^0$ | | 0 | 0 |
| 2 | $2^1$ | | 0 | 0 |
| 4 | $2^2$ | | 0 | 0 |
| 8 | $2^3$ | | 0 | 0 |
| 16 | $2^4$ | | 16 | 1 |
| 32 | $2^5$ | | 32 | 1 |

自然数　电脑

地泽临能量
16+32=48

**地泽临，《周易》序卦数第十九。**

临卦属高能量之卦，临其事者，必须有信心、坚定的立场及魄力，才能建立领导者风格，故临卦是要相当主动及努力的。

临卦卦辞曰：

临，元亨利贞。至于八月，有凶。

临者临事也，在上者亲自下乡，在基层工作，是以要有足够乾能，元、亨、利、贞四者都是需要的。

初爻，二爻为刚，象征乾能上升，春生夏长，但到八月则阳极阴生，肃杀之气渐旺。临事者以上处下，不可吹毛求疵，要求太多，不如以怜悯、同情的立场，了解基层的困难，而不能以处罚人或办人的心态临事，是故临卦"至于八月有凶"。

临卦象辞曰：

　　临，刚浸而长，说而顺，刚中而应，大亨以正，天之道也，至于八月，有凶，消不久也。

临卦，阳爻在下，刚气由下上升，滋长万物，故谓"刚浸而长"。

内卦为兑，少女卦，故"说而顺"，象征内心和悦临事的精神。

二爻阳居偶位，但为内卦中爻，和六五相对应，内卦健而外卦柔，若能以下和上沟通，便可大亨以正，并合乎天道行健及自强不息的精神。

临卦的动力在内卦，在基层，故若一味地以处罚及要求，如八月的肃杀秋气，内卦刚健之气必受损，所以谓"消不久也"。

临卦象辞曰：

　　泽上有地，临。君子以教思无穷，容保民无疆。

孔子描述这位下基层服务的领导者，"谓泽上有地"，湖水宁静和悦之象，君子下基层，是重在教育，以诲人不倦的精神，带动基层士气。以包容保护下层的爱心，带给众人无限的新希望。

### ■在基层工作重在心的感应

临卦的主要精神在最下面的两个阳爻。

临卦初爻动，阳生阴，之卦为䷆地水师。

师者，劳师而动众也。领导者下基层临事，主要在鼓舞士气，带动大家全心全力地投入工作，是以初爻之精神在师卦。

临卦初九爻爻辞曰：

初九，咸临，贞吉。

咸者无心之感也，也就是没有动机，没有目的，自自然然地和基层共同感动，所谓同感心也。

不是假装的，也没有心机地临其事，这样的态度，不但正确而且必获大吉。

临卦初九爻象辞曰：

咸临，贞吉，志行正也。

不用心机，不用方法，表里如一，诚心真意地和基层相处，并建立同感心的领导人，心志和行为才是真正正确的。

### ■内心的感动，而不必事事下命令

临卦二爻动，阳生阴，之卦为䷗地雷复。

在上者到基层进行沟通，要以复卦精神，审慎而小心地进行，虽是刚爻，但下卦为兑，是以宜和悦柔顺地感动对方即可。

临卦九二爻爻辞曰：

九二，咸临，吉，无不利。

九二是内卦的中爻，刚居柔位，仍应以无心的感应来临事，不止是行为，内心要完全自然地和基层有同感心，这样的领导者，一定是吉无不利的。

临卦九二爻象辞曰：

咸临，吉无不利，未顺命也。

临卦二爻动，孔子描绘的景象，是一位内刚外柔，亲临基层的领导者，其行事作风，在建立和基层的同感心，而不是命令的权威。这样的经营者自然是吉无不利了。

### ■临事者不应只靠甜言蜜语

领导者临基层，经常只会口头承诺，光说不练。

三爻为内卦上爻，六三柔处刚位，缺乏行动力。

临卦三爻动，阴生阳，之卦为☷☰地天泰。

三爻如果能坚持到底，履行承诺而非光说不练，必能达成国泰民安之境界。

临卦六三爻爻辞曰：

六三，甘临，无攸利。既忧之，无咎。

甘临便是只靠甜言蜜语临事，随意做承诺的领导作风，是没有什么好处的。

但六三如能体会自己缺乏行动力，能在阴生阳中，迈向刚健的乾能，让内卦成为天卦，则可无过错。

临卦六三爻象辞曰：

甘临，位不当也。既忧之，咎不长也。

六三，柔居刚位，又处内外卦接爻地位，是以只会甜言蜜语，对基层乱承诺，口惠而不实。但如能自己警觉之，努力达成承诺，这样便可以不再有过错了。

■**确确实实地临事，不求表现**

四爻动，临事已到外卦，更需踏实去实践。

临卦四爻动，阴生阳，之卦为☳☱雷泽归妹。

四爻阴在偶位，柔得其位，如同少女嫁作人妇，定终身之大事，以此至诚之心临事，必无咎也。

临卦六四爻爻辞曰：

至临，无咎。

四爻阴处柔位，对应初九之刚，如同少女嫁作人妇，温柔但确实地做到，是为至临，这种态度完全自然而趋向成熟，所以并无过错。

临卦六四爻象辞曰：

> 至临，无咎，位当也。

确确实实，如同嫁作人妇的临事，虽温柔也能无过错，是因为阴处柔位，位置适当也。

### ■大君的临事风范

五爻为卦中主爻，临卦五爻为阴爻，象征温和宽大的最高领导者。

临卦五爻动，阴生阳，之卦为 ☷☱ 水泽节。

五爻大君之位，六五阴处刚位，以温柔宽大的心，去节制自己的权力，以这种精神临事者，是千古名君之风范也。

临卦六五爻爻辞曰：

> 知临，大君之宜，吉。

博采众议，宁静地去聆听基层的心声，并给以完整的了解，这种领导风格便是"知临"。

不事必躬亲，能给予适当的授权，只纯粹地看和听临事者，"观"世"音"也，大智慧，大慈悲，正是名君的风范，故大吉也。

临卦六五爻象辞曰：

> 大君之宜，行中之谓也。

临卦五爻，阴爻在刚位，但属外卦中爻，中心宁静正是中庸之道，是以适合于最高层峰的领导风范，必可获得大吉大利也。

## ■敦厚本性是临事的最高标准

临卦的最高标准在上六，阴处柔位，显示临卦的最高指标精神。

临卦上爻动，阴生阳，之卦为䷨山泽损。

损上必益下。上虽有损，其益于下，不正是临事于基层的最主要目的吗？

临卦上六爻爻辞曰：

上六，敦临，吉，无咎。

敦厚、温和，是在上者临基层处事之风范。

多为下阶层着想，不惜牺牲上位者权益，便是临卦上爻的主要作风，必能大吉大利而无过错。

临卦上六爻象辞曰：

敦临之吉，志在内也。

孔子描述能做到敦临的领导者，其大吉大利之象，必非外饰的形象包装，而是内在有容乃大的大气度也。

## ■临卦的自然发展现象

地泽临䷒依八宫卦序为坤卦二世变。

由于外界仍属安定的坤卦，内卦阳能虽上到二爻，但动力仍不足，是以还是必须由老将来亲临其事。

九二对六五，能位虽不当，但温柔的上司授权刚勇的干部全力以赴，是临卦的最主要精神。

所以临卦的本质仍属柔顺的坤能。

### 第二十观卦——观摩，观照也

#### ■以上观下，宜虔诚而庄严

临卦是领导亲自下基层做事。

观卦则是在上位观察基层的工作。

**观卦，风地☴☷，坤下巽上**。风吹大地之象，观察也、观照也。

**综卦：☷☱地泽临**。临卦和观卦相辅相生。

**错卦：☳☰雷天大壮**。雷响天上和风吹大地，属相错之卦象。

**互卦：☶☷山地剥**。所以必须审慎观察者，有需要剥落去除之也。

风地观

| | | | | |
|---|---|---|---|---|
| 1 | $2^0$ | ▆▆▆▆ | 1 | 1 |
| 2 | $2^1$ | ▆▆▆▆ | 2 | 1 |
| 4 | $2^2$ | ▆▆ ▆▆ | 0 | 0 |
| 8 | $2^3$ | ▆▆ ▆▆ | 0 | 0 |
| 16 | $2^4$ | ▆▆ ▆▆ | 0 | 0 |
| 32 | $2^5$ | ▆▆ ▆▆ | 0 | 0 |

自然数　电脑

风地观能量
1+2=3

**风地观，《周易》序卦数第二十。**

观卦属低能量之卦，以上观下时宜客观审慎，不宜有太多主观成见。

观卦卦辞曰：

观，盥而不荐，有孚，颙若。

盥是洗手洗脸，荐是祈祷祭祀。

以上观下时，不可有意念或欲求。有如祭祀前的沐浴清净，洗手洗脸做好准备工作。

但是不祈祷，祈求必有意念，会影响观照之心的客观，是以"盥而不荐"。

"有孚"是有诚心，"颙"者庄严，一副很庄严的模样便是"颙若"。

所以观卦时，宜先清净身心，审慎而没有意念，所以不做祈求，衷心诚信，态度庄严。

观卦象辞曰：

大观在上，顺而巽，中正以观天下。观，盥而不荐，有孚，颙若。下观而化也。观天之神道，而四时不忒。圣人以神道设教，而天下服矣。

孔子在观卦的断语中，以宗庙的祭祀大典，来做说明。祭祀大典，主祭者重在观照自己，其他陪祭者在观看大礼，是为"大观在上"。

观卦卦象为风吹大地,微风不断,是以"顺而巽"。

大典上的心情必须恭顺而和悦,以中正之心来参与祭祀,是"中正以观天下"也。

观卦是洗净身心,无欲无念,诚心庄严地观照,为的是以上观下,并以诚心教化天下之人也。

以观卦的精神,观天神之道,必可风调雨顺,四季变化稳定正常。

领导人以祭祀之心,由上下观基层,主要在以天地自然变化的精神教化大众,能如此则天下人皆信服矣!

观卦象辞曰:

风行地上,观。先王以省方,观民,设教。

孔子对观卦卦象的描写是如同风吹大地,由上往下观的景象,如同先代伟大的君主,以观照自省的心视察四方,观察民情,以制作风化民众所需要的教令。

### ■以游戏的心情观察

观卦初爻动,阴生阳,☳风雷益,风吹雷响,惊蛰之兆,万物皆蒙其利。

初六,阴居刚位,虽有观照的景象,但不庄严,有如游戏,对下者有益,对上者必有损。

观卦初六爻爻辞曰:

初六，童观，小人无咎，君子吝。

观卦初爻动，距离主爻的九五及上九甚远，观照之心有如幼童看热闹，游戏之心也。

《易经》中的小人者，基层也；君子者，领导也。并非善恶的评断。

所以此游戏之心，对基层人员而言，是常道，故无任何过错，但对领导者必有阻碍。

对下者有益，对上者必有损。

观卦初六爻象辞曰：

初六，童观，小人道也。

基层看热闹的游戏之心，因为并非主其事者，是可以理解的，并且这也是基层的常道，可以接受的。

所谓内行看门道，外行看热闹，人之常情也。

**■要观不观的心是尴尬的**

观卦二爻动，阴生阳，之卦为 ䷺ 风水涣。

风在水上吹，必涣散。

二爻阴居柔位，动而生阳，内卦出现艰辛象，外柔内刚，能量必涣散。

观卦六二爻爻辞曰：

六二，窥观，利女贞。

六二，阴居柔位，如同一位少女在闺房往外偷窥，这样的形态，如果是少女，更显其娇羞状，女孩的形象更佳，故"窥观，利女贞"。

但如转阴为阳，则出现阻碍之兆。

观卦六二爻象辞曰：

窥观女贞，亦可丑也。

要看不看的样子，窥观，是少女的形象，尚算正确，但二爻若转为阳能，以男人的模样窥观，则是很丑陋，很尴尬的。

是以观的诚心及庄严都会涣散掉。

## ■观察进退之心

观卦第三爻，内卦上爻，为进入外卦前夕，此爻为进退之关键。

观卦三爻动，阴生阳，之卦为☴☶风山渐。

阴居刚位，六三虽应进取，但能量不足，只能采取渐进的方式，边观察边行动，无法冒进。

观卦六三爻爻辞曰：

六三，观我生，进退。

六三，柔居刚位，力不足，只能看看自己在内外卦间进退的行为而止。

六三动，阴生阳，但能量尚弱，应以渐进方式，观察自己的进退之道即可。

观卦六三爻象辞曰：

观我生，进退，未失道也。

观察的目的在理解真相，六三力不足，无法远观，所以近观自己的进退行为，对自己做彻底了解，不失观卦之精神也。

**■往上观层峰的意思**

观卦四爻动，已进外卦，更接近观卦的主爻——九五及上九，故可观察层峰之心态了。

观卦四爻动，阴生阳，之卦为 ䷋ 天地否。

四爻阴居偶位，宜以顺从之心，观照九五及上九的行为及心意，才是正途。

若阴生阳，而以阳爻行柔位，经常过犹不及，反产生和基层沟通的困难，故易生否境。

观卦六四爻爻辞曰：

六四，观国之光，利用宾于王。

六四以阴爻上观九五及上九阳爻之心意，如同观看国家的祭祀大典，如能以恭顺之心，必能得九五之尊重，而待以国宾之礼。

重点在必须以庄严、恭敬之心，参与大典，不可轻忽，更不可能乱出主意。

观卦六四爻象辞曰：

观国之光，尚宾也。

六四必须坚守阴柔之道，参与观赏国家大祭典，以君王的上宾出现，因而必须保持自己庄严、谨慎的形象。

### ■观照自己，了解众生

其实不管是领导或基层，人心在基本上同多异少，了解自己，便可了解他人，诚心地观照自己，是领袖在观卦上最重要的工作。

观卦五爻动，阳生阴，之卦为䷖山地剥。

九五为观卦主爻，阳居中正位，能量特别强，但观照时仍应审慎而客观，才能真正了解。

领导者位尊权大，自我意识较强，是以很难客观观照，除非剥夺其自我，没有头脑作用时，真正的观照——无我的客观才能升起。

观卦九五爻爻辞曰：

九五，观我生，君子无咎。

九五，大君之位，也是观卦之主爻。观我生者，客观地观照自己，观照自我、观照野心、观照恐惧、观照不安，我们只有真正了解自己，才能了解别人。

层峰领导者的观察之道，更是观照自己，而非观察别人，基层的冲突是由于君王自己内在的不安，基层的贪心是由于君王自己内在的欲望。

超越自己便可将基层问题一次了断，社会的混乱问题常在君王自己，是以身教重于言教也。

所以"观我生，君子无咎"。

观卦九五爻象辞曰：

观我生，观民也。

能彻底观照自己，自然可以了解民众，先解决自己的问题，民众的问题自然解决。

## ■资政的职责

古代设有国师职位，罗马帝国时设有元老院，亦即现在资政。

观卦的最上爻，便是君王顾问及老师的工作。

上九动，阳生阴，之卦为☵☷水地比。

资政目前都是酬庸性质，对大政一点也资助不了。

其实资政的职务，不是讨好上级，而是要下比民情，以为层峰的咨询。

观卦上九爻爻辞曰：

上九，观其生，君子无咎。

上九，阳居阴位，由上观九五及其他诸爻的行为，并注解其间的因果关系，直接而坦白地向九五建议，但态度宜亲切些，这样的国师或资政，可以无过错矣！

观卦上九爻象辞曰：

观其生，志未平也。

孔子描写观卦上爻的景象，表示国师以亲比态度，观察君王的生活，是因为君王有需要指正的地方，是以国师必须以阳居阴位，直接地警觉之。

这便是资政的职责。

**■观卦的自然发展现象**

风地观☷ 在八宫卦序中，是乾卦的四世变。

在三世变成否卦后，外卦初爻也由阳转阴，是为四世变，九五以阳能对六二的阴能，位能皆当位，外卦则由乾转成巽，刚强转柔顺，不再责成基层，反观自己的领导，是为观卦的主要精神。

主角仍是九五，所以观卦的本质属乾能，态度仍应积极。

## 第二十一噬嗑卦——咬断，去除也

**■去除自己的缺点及阻碍**

观卦的目的，是了解自己。

噬嗑的目的，是断除自己的缺点和阻碍。

**噬嗑，火雷☲☳，震下离上。**大太阳的晴天，响起霹雳雷声，必是有需要清除的乱能量也。

在初九及上九中，只有四九是阳爻，其余均为阴爻，看上去如同嘴巴中，有一根骨头，必须咬断以清除之，是以称为噬嗑。

**综卦：☶☲山火贲。**贲音毕，修饰、整顿之意，贲及噬嗑相辅相生。

**错卦：☵☴水风井。**井是限制，也是养生，噬嗑中的阻碍是由井而生，自我限制太多而生阻碍。去除阻碍也是为能建立正常的制度。

**互卦：☵☶水山蹇。**水由山上流下，阻碍多，寸步难行，是以需要噬嗑也。

火雷噬嗑

| 1 | $2^0$ | | 1 | 1 |
| 2 | $2^1$ | | 0 | 0 |
| 4 | $2^2$ | | 4 | 1 |
| 8 | $2^3$ | | 0 | 0 |
| 16 | $2^4$ | | 0 | 0 |
| 32 | $2^5$ | | 32 | 1 |

自然数　电脑

火雷噬嗑能量
1+4+32=37

**火雷噬嗑，《周易》序卦数第二十一。**

噬嗑卦为中高能量之卦，清除阻碍固然需要能量，但阻碍之产生也必有其因素，清除前宜小心审视，小心有副作用的伤害。

噬嗑卦卦辞曰：

噬嗑，亨。利用狱。

噬为咬，嗑为合，咬断后合口也。亨者通也，将阻碍打通，狱是除掉祸害之意，噬嗑要除掉的阻碍，以其将有祸害也，故谓"利用狱"。

噬嗑卦彖辞曰：

颐中有物，曰噬嗑。噬嗑而亨，刚柔分，动而明，雷电合而章，柔得中而上行，虽不当位，利用狱也。

颐者养生也，这里象征"口"。嘴巴中有东西，必须咬断之才能畅通，故称"噬嗑"。

咬断了自然能亨通。

阻碍的九四，是初九及上九中间的唯一阳爻，其余全是阴爻，上下阳爻如嘴唇，九四是阻碍物，其余阴爻是牙齿，故"刚柔分"，阴爻断阳爻，故"动而明"。

上火下雷，电则火也，如同闪电之光亮，雷声闪电组成雷雨之象，天地阴阳能量激荡也，故谓"雷电合而章"。

阴柔之爻在二爻及五爻，均为上下卦中爻，相互对应，五爻为卦的主爻，柔处刚位而得中，故称"柔得中而上行"。这个六五，虽不当位，却是去除九四这阻碍物的主要力量。

噬嗑卦象辞曰：

雷电噬嗑。先王以明罚敕法。

建立法制，去除各爻沟通之阻碍也，用刑罚的目的在去除阻碍，使法制得以畅通推行。

雷电大作之象，在去除大气中混乱的能量，是谓"噬嗑"。

## ■最低的刑罚，伤害不大

噬嗑卦初爻动，阳生阴，之卦为☲☷火地晋。

太阳由大地升起，旭日东升之卦为晋。晋者，进也。

进者，局势改变了，阻碍急需去除。这个初期的阻碍，通常不大，所以噬嗑的工作较容易。

噬嗑卦初九爻爻辞曰：

> 初九，屦校灭趾，无咎。

屦校是刑具，即一般的脚镣。

初九，是早期初犯，以可以盖住脚趾的大脚镣拘系之即可，这种处罚是最轻的，伤害不大，也容易达成，所以不会有什么大过错。

噬嗑卦初九爻象辞曰：

> 屦校灭趾，不行也。

本卦的六爻，代表六种罪犯不同程度的处罚。初爻加上大脚镣，在限制其行动自由而已，并未伤害犯人的身体。

**■伤及肌肤的处罚**

手铐脚镣只造成犯人行动不便而已。

接下来的处罚，则直接伤及罪犯身体。

噬嗑二爻动，阴生阳，之卦为☲☱火泽睽。

阻碍是由冲突而产生的，这种阻碍会造成全卦诸爻沟通的大阻力，不但要去除之，并须防患再生，故刑罚必须伤及肌肤。

噬嗑卦六二爻爻辞曰：

六二，噬肤灭鼻，无咎。

噬肤是咬其肌肤，如鞭打之类的刑罚，灭鼻是黥其鼻，在鼻子上做记号。

六二的罪较重，但阴爻在偶位，本性仍柔顺，容易驯服，虽伤及肌肤，但不严重，故仍属无大过错。

噬嗑卦六二爻象辞曰：

噬肤灭鼻，乘刚也。

六二在初九之上，以柔乘刚，内心虽温和，但行动的犯罪比初九重，所以必须伤及肌肤，以为戒也。

**■处罚累犯，效果难彰**

噬嗑卦的三爻，属累犯的罪犯，对付这种犯人，必须更用心些。

噬嗑三爻动，阴生阳，之卦为☲离为火。

以犯罪来突显自己的家伙，是不知耻的累犯，罪虽不重，但却令人头痛。

噬嗑卦六三爻爻辞曰：

六三，噬腊肉，遇毒，小吝。无咎。

噬腊肉即咬到腊肉之意，一再累犯，不新鲜的腌制腊肉，经常有毒性，处罚了，效果不大，是以"小吝"。

虽是累犯，但六三爻以阴爻居刚位，本质尚不凶恶。罪也不算重，故虽吝但仍无大咎。

噬嗑卦六三爻象辞曰：

遇毒，位不当也。

所以会累犯不知悔改，一定有毒害在内。六三柔处刚位，力不足而心太贪，可能便是毒害主因。

是以，遇毒，由于"位不当也"。

### ■当机立断，清除主要罪犯

九四为卦中的阳爻，是最大的阻碍，而且刚硬而强悍，必须一举清除之。

噬嗑四爻动，阳生阴，之卦为☶山雷颐。

噬嗑在去除制度上的障碍，能将九四除掉，口中不再有阻断之物，上下沟通无碍，是为颐。

噬嗑卦九四爻爻辞曰：

> 九四，噬干肺，得金矢，利艰贞，吉。

干肺是带骨头的干肉，够硬，是大的阻碍。

九四是卦中最大的阻断，宜去除之。

金矢，刚直之器也，要咬断干肺，有赖金矢。

对这个重犯，应给予刚直的审判，并当机立断，清除之，这种大除弊的工作虽艰贞，却是有利的，清除九四，便能大吉大利了。

噬嗑九四象辞曰：

> 利艰贞吉，未光也。

以刑罚来去除主要罪犯，虽艰贞却有利，并能大吉，但以刑罚去除阻碍，仍属暴力行为，虽吉，仍不算是最理想的。

刑罚之目的，在刑期无刑，是以虽断除阻碍，但仍属"未光也"。

### ■消弭罪犯在公正而严厉的审判

噬嗑卦的五爻，是卦的主爻，阴居刚位，尚不至于大恶。

五爻动，阴生阳，之卦为☲☳天雷无妄。

噬嗑卦主要精神在断除罪犯，是以行动刚而厉，但六五虽为重要罪犯，但阴爻在刚位，是以内在仍不太坏，所以判刑时也不必特别重，应以公正无私的方式来处理即可。

噬嗑卦六五爻爻辞曰：

六五，噬干肉，得黄金，贞厉，无咎。

六五的干肉虽硬，但并不带骨头，所以比九四要好处理多了。

黄金是正中之色，亦即审判及处罚宜公正，不枉不纵，虽贞而厉，但仍可无过错。

噬嗑卦六五爻象辞曰：

贞厉，无咎，得当也。

有人主张乱世用重典，《易经》却不赞成，刑罚是不得已的暴力，是以虽要严厉，却也更要公正。

订法从宽，执法从严，公平公正，虽贞厉但可无咎，在于审判得当也。

### ■处以极刑不得已也

噬嗑卦的上爻，阳居柔位，不当，是处罚的最极点——极刑。

上爻动，阳生阴，之卦为 ䷲ 震为雷。

外卦转火为雷，和内卦对应，出现艰厉的长男卦象，强烈地去除阻碍之罪犯，是为极刑使用之时也。

噬嗑卦上九爻爻辞曰：

上九，何校灭耳，凶。

刑具大到遮盖耳朵，是重刑的准备，必处极刑，故大凶。
噬嗑卦上九爻象辞曰：

何校灭耳，聪不明也。

上九，阳处柔位，本性罪大恶极，不得不处以死刑，虽然明显而清楚，却不算是光明之象。故谓"聪不明"也。

### ■噬嗑卦的自然发展现象

火雷噬嗑☲☳属巽卦的五世变。九五转成六五，主爻的动力转柔，将除去阻碍的责任交由初九及上九，是以柔克刚的卦象。

巽卦的四世变为妄，无私心，无妄念，九五转成六五，以巽的柔能，进行清除障碍的指挥工作，是为噬嗑的主要精神。

## 第二十二贲卦——修饰，包装也

### ■整理出完整的制度来

噬嗑在去除制度中的阻碍，去除后必会产生一些混乱，是以噬嗑之后，必须整饬之，为贲。

贲音毕，修饰也。

**贲卦，山火☲，离下艮上**。山下有火，使山的形状更明显，如同特别整饬过一般。

**综卦：☲火雷噬嗑**。所以需要整饬，是因为已做过必要的阻碍清除了。

**错卦：☱泽水困**。所以需整饬，在于整个制度运作上有困难也。

**互卦：☳雷水解**。修饰的内涵，在解除制度运作上的困难。

山火贲

| | | | | |
|---|---|---|---|---|
| 1 | $2^0$ | ▬▬▬ | 1 | 1 |
| 2 | $2^1$ | ▬▬ ▬▬ | 0 | 0 |
| 4 | $2^2$ | ▬▬ ▬▬ | 0 | 0 |
| 8 | $2^3$ | ▬▬▬ | 8 | 1 |
| 16 | $2^4$ | ▬▬ ▬▬ | 0 | 0 |
| 32 | $2^5$ | ▬▬▬ | 32 | 1 |

自然数　电脑

山火贲能量
$1+8+32=41$

**山火贲，《周易》序卦数第二十二。**

贲卦属高能量卦象，阻碍已清除，当能全力以赴去整饬之。能量可以完全发挥，不必有太多顾虑。

贲卦卦辞曰：

贲亨，小利，有攸往。

修饰只是收拾性的工作，努力以赴，可以稍有利便而已。

虽是整饬，但主要在求亨通，所以不宜太过繁复，整理清楚即可。

贲卦彖辞曰：

贲，亨，柔来而文刚，故亨；分刚上而文柔，故小利，有攸往，天文也。文明以止，人文也。观乎天文，以察时变。观乎人文，以化成天下。

整饬的目的，在求取亨通。山下有火，火为中女，为柔卦，山为少男，虽刚却较温和，故称"柔来而文刚"，一切亨通之象。

外卦的唯一阳爻在上爻，主爻的六五是阴爻，所以"分刚上而文柔"，虽不对位，但只为整饬，故能小利有攸往。

内卦火，火光亮而文明，是为"天文"。

外卦是山，使火光止于山，是以"文明以止"，属整饬的人文之象。

修饰制度时，宜观察天文变化，才能掌有适当的时机，观察人文的变化，才能使制度顺利推行，能教化以成于天下。

孔子在贲卦的断语中，强调整饬的工作要抓到天时及人和，才能成其文明。

贲卦象辞曰：

山下有火，贲。君子以明庶政，无敢折狱。

贲是整饬之卦，有如山下有火，照亮整个山景。孔子在此特别表示，君子在贲卦时，应明显循其平常的制度，让制度运作顺畅即可，不宜做太多决策性及判断性的工作。

故谓明庶政而敢折狱。

## ■整饬工作在基层上要务实

贲卦是整饬之卦，初期的整饬在基层，是以应采用务实的态度，不宜过分打高空的修饰。

贲卦初爻动，阳生阴，之卦☶艮为山。

以稳定现状为主，故内卦由火往山发展，求务实而已。

贲卦初九爻爻辞曰：

初九，贲其趾，舍车而徒。

整饬的工作从基层开始，如同一个人整饬自己，由脚开始，脚既已整饬好了，便要好好地运用，所以舍弃车子，徒步而行可也。

初爻是最基层，整饬时宜以力行基础工作，而不宜有太多欲望。

贲卦初九爻象辞曰：

舍车而徒，义弗乘也。

舍弃车子，徒步行动，是由于基层工作应务实，在义理上不应乘车。

**■整饬工作至少先做好外表**

初九在基层，六二则应从外表开始。

贲卦二爻动，阴转阳，之卦为☶山天大畜。

六二为卦中爻，阴在柔位，阴能为主，修饰其外表，但阴生阳后，内卦转刚健，外卦艮止不动，是培养德行之实，故畜其大也。

外表先整饬，同时内部则累积实力，以等待更好的时机。

贲卦六二爻爻辞曰：

六二，贲其须。

须者胡须之意，整饬须发使外表整齐一点即可。

须发虽长于身体，但非身体之物，纯属外表者，以须发为象征。

六二爻表示宜先将制度，用白纸黑字规划出来。

贲卦六二爻象辞曰：

贲其须，与上兴也。

仪表整理是为进一步整饬的准备工作，仪表堂堂至少可以去参加上层社会的宴会了。

**■精神方面的整饬，可显示生命力**

贲卦三爻，进入外卦前夕，整饬由外而内。

贲卦，三爻动，阳生阴，之卦为☶☳山雷颐。

整饬的目的，在建全制度的推动，使一切平常心、正常化，故为颐。

贲卦九三爻爻辞曰：

九三，贲如，濡如，永贞吉。

九三，阳居刚位，显示活生生的能量，濡如，如此地获得滋润也，整饬后，可显示制度的生命力，永远而正确，故为大吉。

贲卦九三爻象辞曰：

永贞之吉，终莫之陵也。

强化内在精神的整饬，以获得永贞之吉，最后不使外表凌驾内在，成为虚有其表的花花公子。

贲的三爻，刚健之气足，可以做精神的整饬。

### ■坚守原则的整饬功夫

四爻动，已进入外卦。

四爻阴生阳，☲离为火，外卦对应内卦，表里如一，是坚守原则的整饬功夫，故其之卦的卦象为亮丽之卦。

贲卦六四爻爻辞曰：

六四，贲如，皤如，白马翰如，匪寇婚媾。

皤者白色，虽然整饬，但却无太多包装，仍以素白为主，如同白马一样，素白而不虚伪，如此的表里如一，和六五自然结缘而获得支持。六四、六五、六二均为阴爻，包围九三阳爻，如同一排女子排队，等九三来抢婚，是为匪寇婚媾。六四在九三之上爻，是为转折之爻。虽然进入外卦，显示由火（热情）转山（艮止）的阻碍，但由于表现诚挚，仍可没有太大的问题。

贲卦六四爻象辞曰：

六四，当位，疑也。匪寇婚媾，终无尤也。

尤者过错，伤心也。六四在内外卦之间，又由火转山，是否有足够力量，突破外卦的艮止，令人疑虑。

但坦白表里如一的表现，却足以吸引六五的支持，所以不会有太大的困难。

### ■领导者的整饬仍应不离素朴

贲卦的六五属阴爻，阴在阳位，虽不对位，但仍属正中，应无大碍。

贲卦五爻动，阴生阳，之卦为☲☴风火家人。

五爻阴生阳，风在火上吹，加强火之势，如家人感情之日益亲密。

贲卦六五爻爻辞曰：

贲于丘园，束帛戋戋，吝，终吉。

丘园是后花园之意，领导者太在意整饬，会形成虚伪，故会导向阻碍，为吝。

但只是整饬后花园，加上了彩丽的布条，总不算太过分，仍维持在中道，所以虽有些阻碍力量，到最后仍可获得大吉。

贲卦六五爻象辞曰：

六五之吉，有喜也。

六五身为领导者，但在整饬上显得素朴，或许会被讥为吝啬，但在上者简朴务实，总是大吉之象，对团体而言，未来是可喜的。

## ■最高段的整饬是洁白无染

虽说是整饬之卦，但《易经》的精神仍在无虚华。

贲卦上爻动，阳生阴，之卦为☷☲地火明夷。

外卦由山转地，艮止之象成为平静，对内卦的火而言，亮丽之象要受到伤害，也就是整饬到最后，是华丽之象愈少愈好。

贲卦上九爻爻辞曰：

上九，白贲，无咎。

上九爻，阳在柔位，虽不得位，但如能朴素洁白，整饬中简单不华丽，虽违反了整饬之意，但就整体而言，总算是好的。

贲卦上九爻象辞曰：

白贲，无咎，上得志也。

整饬到极点，最怕过分奢侈、华丽，但能本朴素洁白的作风，当可无咎，是因为正合乎在上者应有的志向也。

### ■贲卦的自然发展现象

虽然外卦尚有阻碍，但内卦转为离，如火如荼动了起来，但六二仍为阴能，整饬仍以实质为主，整个卦象的基础仍是求稳定为主的艮能。

山火贲是艮的初爻变，山动了，初六转初九，阳能再现，内卦成火，亮丽了山的姿态，是为包装及整饬之卦象。

## 巩固领导权——剥、复、无妄、大畜

无妄，刚自外来而为主于内，动而健，刚中而应，大亨以正，天之命也。其匪正有眚，不利有攸往，无妄之往，何之矣？天命不祐，行矣哉。

**临卦是二代经营者身临基层，了解实务的卦象。**

**观卦是由上往下整体的观照，以求掌握正确方向。**

**噬嗑是去除沟通障碍，健全指挥体系。**

**贲卦是整饬及修饰的工作，建立第二代的权力基础。**

但不服的旧势力仍会残存，老将们对二代少主总有一些不信任，对掌权的青壮主流派多少不服气。

这个力量必须剥落，但新旧能量替换期，外弛内张，鸭子划水式的抗争行动，使内部有山雨欲来风满楼的景象。

## 第二十三剥卦——剥落，剥除也

### ■内斗时刻不安时

**剥卦，山地☶☷，坤下艮上。** 山悬在平地上，随时会崩落，仅存的一阳上爻，缺乏支撑力，自己快要剥落了。

**综卦：☷☳地雷复。** 阴极阳生。仅存阳爻剥落后，初爻阳自然生，剥后必复，是以剥复相生。

**错卦：☱☰泽天夬。** 夬音快，决心之意。剩下的一阳自己会剥落，进入全阴时期，是转变的关键，必须立下决心应变之。

**互卦：☷☷坤为地。** 剥卦是低能量之卦，不必努力，保持警觉及等待即可。

这些老将即将退休，不必急着和他们对抗，以宽容态度等待他们自然剥落即可。可学习宋太祖的杯酒释兵权，让敏感的对抗，皆大欢喜地和平落幕。

山地剥

$$1 \quad 2^0 \qquad 1 \quad 1$$
$$2 \quad 2^1 \qquad 0 \quad 0$$
$$4 \quad 2^2 \qquad 0 \quad 0$$
$$8 \quad 2^3 \qquad 0 \quad 0$$
$$16 \quad 2^4 \qquad 0 \quad 0$$
$$32 \quad 2^5 \qquad 0 \quad 0$$

自 电
然 脑
数

山地剥能量为 1

**山地剥，《周易》序卦数第二十三。**

剥卦为超低能量之卦，静观、警觉、审慎、不用努力。

剥卦卦辞曰：

剥，不利有攸往。

五阴在下生长，一阳在上将尽，阴盛阳衰，内柔外刚止，行不得也，是以不利有所往也。

剥卦彖辞曰：

剥，剥也，柔变刚也。不利有攸往，小人长也。顺而止之，观象也。君子尚消息盈虚，天行也。

剥，柔变刚，不是柔变成刚，而是柔把刚给变了，少壮派淘汰了老将，年轻人虽成了主流，但经验到底不足，是以"不利有攸往"。

小人长也，是年轻，阶层较低的人，权力大了，柔顺力量上升，阳刚之气退了，老将虽然不死，但也得退入幕后。

领导人看到这种现象，宜静心观照，这种长江后浪推前浪，是天道也，不必怨叹或郁卒，领导人要了解这种此消彼长，盈虚相循环的现象，只能以怜悯、安静的心等待其自然变化及发生即可。

剥卦象辞曰：

山附于地，剥；上以厚下安宅。

山依附在大地上，容易倒下来，是为剥。对于这些即将剥落的老将部属，领导者应好好安顿他们，照顾他们的生活，甚至分配房子给他们住。

## ■人事淘汰要合乎义理

剥落的阳爻虽然是种物理现象，但这些老将的退去仍必须给予合理的补偿及照顾，虽是不得不发生的事，但退休的制度要合于义理。

剥卦初爻动，阴生阳，之卦为☶山雷颐。

颐者，养生也，这些功臣告老还乡，首先要彻底照顾其生活。

剥卦初六爻爻辞曰：

初六，剥床以足，蔑贞凶。

剥落的开始如同床的脚剥落一样，最主要是会不稳定，所以如不能稳而正，则会有大凶，是谓"蔑贞凶"。

最主要是建立稳定又正确的退休制度。

养生也，对退休者的食衣住行要给予妥善的照顾。

剥卦初六爻象辞曰：

剥床以足，以灭下也。

将床的脚剥落了，床必会不稳而倾斜，所以重点是求其稳定。

## ■强迫退位时要给予补偿

生活照顾好了，但退休者的社会地位仍会被伤害，如何面对呢？

剥卦二爻动，阴生阳，之卦为☶☵山水蒙。

内卦艰辛，外卦艮止，前程蒙昧不清，宜进行说明。宋太祖杯酒释兵权即是处理这种剥落的好方法。

剥卦六二爻爻辞曰：

六二，剥床以辨，蔑贞凶。

辨是床干、床板，古代床板大多由竹片组成，故称为辨。

剥床以辨是更进一步的剥落，退休者的地位及社会关系都受到了伤害，所以领导者应给予合理的补偿，如果没有这种正确而稳定的处置，是不公平的，故谓蔑贞凶。

剥卦六二爻象辞曰：

剥床以辨，未有与也。

所以会剥到床辨，是因为未曾给予应有补偿造成的伤害啊！

## ■要让退休者完全死了心

退休者内心中难免有抗拒，进而要求一切过分的补偿及照顾。

剥卦三爻动，阴生阳，之卦☶艮为山。

已到内卦最上爻了，内在的阳能剥光了，退休的人心情也必须稳定下来，完全看破了。

剥卦六三爻爻辞曰：

六三，剥之，无咎。

内卦最后的阳，退休者心里最后的侥幸希望，要彻底剥除，才会让他彻底看破，完全死心，心情反而比较稳定。

所以六三是剥之，没有什么大麻烦。

剥卦六三爻象辞曰：

剥之无咎，失上下也。

要做的事不得不做，会发生的也只有让它发生，既然初爻、二爻都剥了，四爻、五爻也得剥，六三剥时就要干脆，才能无咎，反正上下都已失掉了，该退的人，不必同情，不必藕断丝连，要退就要让他们死心。

## ■强迫退休心要狠

剥卦第四爻，已到外卦，内卦都剥了，伤害也伤害了，只要做好补偿，便要狠下心来剥到底了。

剥卦四爻动，阴生阳，之卦为☲☷火地晋。

晋者，进也。另一个新的局势升起来，领导者必须领悟，不可能回到原先位置了。剥落虽然有痛苦、有伤害，但也得进一步做到底了。

剥卦六四爻爻辞曰：

　　　　六四，剥床以肤，凶。

行动的时候，不论如何补偿，如何照顾，强迫退休总是会造成这些老将们的切肤之痛，伤及皮肤，总是不好，领导者应多以怜悯之心视之。

故谓"六四，剥床以肤，凶"。

剥卦六四爻象辞曰：

　　　　剥床以肤，切近灾也。

已经剥到床上躺的人，剥及其切肤之痛了，对退休之人灾难近身又切身了。

处理时，立场坚定，但宜给予更多的怜悯。

## ■返聘退休者为顾问

强迫退休，或剥夺其权力后，便可聘之为顾问了。

剥卦五爻动，阴生阳，之卦为☴☷风地观。

五爻为剥卦主爻，虽为阴爻居刚位，不对位，但在中正位置保持安静，观照之意也。

退休的人，并非全无作用，有些经验、学识、人格足以协助领导者，仍可聘为高级顾问。

剥卦六五爻爻辞曰：

六五，贯鱼以宫人宠，无不利。

从退休的人中找到一个贤德的人，如同六五，由他选择对公司将有贡献的退休老将们，如同贯鱼般地排列，进入领导者的队伍，成为足以信任的高级顾问。

这是聘任资政的卦象。是谓"贯鱼以宫人宠"，能运用这些人的智慧，自然无不利了。

剥卦六五象辞曰：

以宫人宠，终无尤也。

这些退休的老将，再度能以顾问身份，获得宠信，自然不会有什么怨言了。

## ■选任顾问，贤愚要分明

剥卦的最上爻，最后的一项动作，将退休的老将贤愚观个清楚，不是全部聘任，而是聘任贤能的，资政虽有酬庸性质，但也不可以滥竽充数。

剥卦上爻动，阳生阴，之卦☷地为坤。

全部剥落了，上一代完全过去了，一切恢复平静安定，是为坤卦之象。

剥卦上九爻爻辞曰：

硕果不食，君子得舆，小人剥庐。

仅存的阳气，仍可做最后运用，硕果如不食之，也是可惜的。

对这些硕果仅存的元老，优秀的聘为顾问，赠予高级乘车；愚顽的小人，则彻底驱逐之，连住宿的房子都回收，让他远离权力核心，到乡间去退隐。

是以"硕果不食，君子得舆，小人剥庐"。

剥卦上九爻象辞曰：

君子得舆，民所载也。小人剥庐，终不可用也。

贤能的人聘为顾问，赠予轿车，是因为他们的德望为众人所仰慕。小人收回宿舍，强令至乡间退隐，是因为这些人到最后也是不可用的啊！

■剥卦的自然发展现象

山地剥☶☷，为乾卦五世变。九五在观照自己的问题后，决心彻底解决自己问题，五爻由阳转阴，九五成六五，只外卦剩下唯一的阳爻上九。

宁可到谷底，使阳能在完全终结后，反能阴极阳生，死而复活，所以最后这一剥是要有相当勇气和决心的。

剥的本质精神是乾能。

## 第二十四复卦——反复，再回来也

### ■又是一个新的开始

**复卦，地雷**☷☳。阴极一阳生，大地初响雷，古称惊蛰，一切生命过了严冬，又恢复之生机。

**综卦：**☶☷**山地剥**。剥极必复，阳剥阴极，阴极阳再生，自然界动能必然之理，是以剥复互为综卦。

**错卦：**☰☴**天风姤**。复卦时，万物皆现生机，邂逅机会自然也特别的多。

**互卦：**☷☷**坤为地**。一阳复生，力量微弱，仍呈安静无为之象。

地雷复

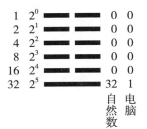

地雷复能量为32

**地雷复，《周易》序卦数第二十四。**

复卦属中能量卦象，谨慎地进取可也，虽是生机的开始，但力量明显不足，宜审慎行之。

复卦卦辞曰：

> 复，亨，出入无疾，朋来无咎。反复其道，七日来复，利有攸往。

复，下震上坤，坤极阳生，复归乾道，动力的开始，故亨。但阳气刚开始，如同大病初愈，出入勿疾，顺其自然，缓慢开展。

朋者明也，乾道复始，光明再现，是无咎也。

让这股初起的乾能，反复通行，畅道无阻。六爻阳剥阴极，是第七爻再现阳能，是以谓"七日来复"。

复卦，阳乾已生，天地生机再现，故可努力以赴，利有攸往也。

复卦象辞曰：

> 复，亨，刚反，动而以顺行，是以出入无疾，朋来无咎，反复其道，七日来复，天行也。利有攸往，刚长也。复，其见天地之心乎？

复，亨通，乾能再度返回，但外卦柔顺，故动能宜缓慢发展而顺行，是以出入不宜太疾，保持光明正道，必可无咎。

七日乾能复起，是天道再行也，可努力向前，因为乾能阳刚之气正在成长。

复卦，再见天地之气互动，剥去复来，阴极阳生，天地运行之自然现象也。

老将退隐，中壮派成主流，复卦之时也。

复卦象辞曰：

雷在地中，复，先王以至日闭关，商旅不行，后不省方。

复卦，雷虽动，但仍在地中。生机虽现，尚不长也。是以先王在复卦起之日，必先闭关静心，以培养能量。

所以暂时不出外旅行，发展国外事业，也不急着巡视四方，一切以安定为主。

复之始的景象，凝聚能量之时，中壮派刚接任，经验不足，宜观察内省一阵子，再行出发。

## ■先处理当下的事即可

一阳复始，动能不足，只处理当下切身的事即可，不可有远大的行动。

复卦初爻动，阳生阴，☷坤为地，凭初起阳爻，不足以成大事，仍保留坤卦时宁静，柔顺之道。

复卦初九爻爻辞曰：

初九，不远复，无祗悔，元吉。

新官上任，政权初建，一切重安静。

不要一下就进行远大计划，不要到处点燃三把火，不必追究过去的错误，心安静下来，把一切从头到尾看得清清楚楚，便可有好的开始，迈向大吉大利。

复卦初九爻象辞曰：

不远之复，以修身也。

初爻是复的开始，故宜以当下切身的修身为主，每个人努力静养自己的能量，不必急着齐家、治国、平天下。

## ■谦虚能下于人是内在之美

复卦二爻动，阴生阳，☷地泽临，领导者以基层临事。

在复卦初时，修身完成后，领导干部深入基层，并以谦虚态度，请教他人，二爻中正柔顺，能谦下于初爻，是为临卦之象。

复卦六二爻爻辞曰：

六二，休复，吉。

休者，美也，二爻中正柔顺，是内在之美，谦虚能下于人，必是大吉大利之象。

复卦六二爻象辞曰：

休复之吉，以下仁也。

六二复卦休美之大吉，是以其能谦虚下人的德性也。

## ■可以开始行动了

复卦初爻宜修身，二爻宜谦下，到了第三爻则可以行动了。

复卦三爻动，阴生阳，之卦为 ▤ 地火明夷。

力量犹不足，但又到了非行动不可之时了，面对挑战，必须向伤害敞开，是为明夷。

复卦六三爻爻辞曰：

六三，频复，厉，无咎。

六三，是内卦之上爻，将复到外卦了，所以要频频发动乾能，以进入行动之时了。强烈的挑战，故谓厉，但若能全力以赴，仍可无过错。

复卦六三爻象辞曰：

频复之厉，义无咎也。

频复之时，强力挑战，努力行动，一切合乎义理，是可以无咎也。

## ■蹇蹇独行，领导者是寂寞的

复卦四爻动，是外卦的初爻，乾能虽急欲开展，无奈外卦坤地柔静，力量用不上，但仍宜乐观地全力以赴。

复卦四爻动，阴生阳，☳之卦震为雷。

雷虽震动，但一闪而逝，象征阳能不足。

新情境已现，但一般人保守重安全，故常视而不见，领导者只好踽踽独行，风雨如晦，鸡鸣不已，领导工作是非常寂寞的。

复卦六四爻爻辞曰：

六四，中行独复。

乾能已进入外卦的坤中，在卦中踽踽独行，故谓中行独复。

领导者在复卦中期，努力以赴，但效果不彰，挫折连连，但仍热情积极，无怨无悔地向前推动。

复卦六四爻象辞曰：

中行独复，以从道也。

领导者能够寂寞地奋斗不已，是复卦已现，发展就在眼前，大家虽看不到，但这既是正道，只好独自地全力以赴了。

### ■本质敦厚，力排众议，仍可无悔

复卦五爻动，已进入外卦中爻，柔处刚位，力虽不及，全力以赴，仍可无悔。

复卦五爻动，阴生阳，之卦为☵水雷屯。

复卦虽进入五爻，但新的事业正在开端，是以水雷，屯之时也。

复卦六五爻爻辞曰：

六五，敦复，无悔。

独自奋战的经营者，以敦厚的心，来看反应不够的部属及客户，无怨无悔，热诚待人，必会成功。

复卦六五爻象辞曰：

敦复，无悔，中以自考也。

孔子描写复卦五爻这位领导者之景象，是秉性敦厚，努力不断，对成效不佳的结果，无怨无悔，因为他深知复卦中，阳能不足，但仍坚守正道，绝不妥协，这种领袖是最难得、最值得敬重的。

## ■青暝牛乱撞则凶

复卦虽要踽踽独行，坚持到底，但要保持对环境变化的警觉，随时调整脚步，不可陷入模式，成了瞎眼的"青暝牛"乱撞。

复卦上爻动，阴生阳，之卦为 ䷚ 山雷颐。

复到最高点，建立最起码的制度，经营进入平常心即可，不必过度劳累，适可而止，是为颐，养生之道也。

复卦上六爻爻辞曰：

上六，迷复，凶，有灾眚。用行师，终有大败。以其国君凶，至于十年不克征。

复卦中的领导者，寂寞奋战，非常辛苦，故宜保持放松，得失心不宜太大，否则会进入沉迷，反伤害了自己的健康，将成大凶。

眚者生也，沉迷工作，太辛苦了，必有灾害生。如果领导者勉强进行大计划，发动大竞争，终有大败。

这种情形经常出现，领导者身体健康败坏了，是谓"其国君凶"。万一因此英年早逝，或需长期休养，那只好"十年不克征"了。

复卦上六爻象辞曰：

迷复之凶，反君道也。

作为领导者，不宜太辛苦，健康最重要，宜以大政方针的拟定，十年、五年的长程规划为主，不可沉迷于日常忙碌的小事，伤害了身体，对自己、对团体都是不利的。

是以迷复所形成的灾害，是因为领导者的作风，违反了君王之道啊！

### ■复卦的自然发展现象

地雷复☳☷，阴极阳必生，死亡也是再生的起点，复为坤的一世变。

初爻阴转阳，内卦由坤变成震，一元复始，生机重现，但复卦的动能还是相当微弱，不宜太积极，以免初阳耗能太多，是以复卦的本质精神为坤能。

## 第二十五无妄卦——诚实，无欲求、妄想

### ■新的领导者切忌得失心太重

复卦之后，领导者必先让自己进入平常心，是为无妄。

**无妄，天雷☳，震下乾上。**

无妄者无妄念也。无得失心，不坚持自己的信念，不急于自己的理想，只是热情、机警、宁静地工作着。

**综卦：☶山天大畜**。无妄的行为，在于畜其大德，储存正确又浩大的能量，以面对未来挑战。是以无妄和大畜相综。

**错卦：☷地风升**。无妄之心，没有贪念，没有理想，没有目标的漂流人生，自然的能量自其中升起。

**互卦：☴风山渐**。无妄是自然无为之象，不努力，不强求，故成果是逐渐呈现的。

天雷无妄

天雷无妄能量
1+2+4+32=39

**天雷无妄,《周易》序卦数第二十五。**

无妄为中高能量之卦,热情、积极、警觉但不强求,一切顺其自然地成长。

无妄卦卦辞曰:

> 无妄,元亨利贞,其匪正有眚,不利有攸往。

无妄,诚实天真,妄念不生,故能元、亨、利、贞。但为什么会强调无妄,是因为复卦之后,妄念必升,领导者会有野心,想创造更佳成果,是以"其匪正有眚",不好的妄念,在内心中暗暗升起,宜立刻警觉,所以无妄之时,不可有太积极的行动,"不利有攸往"也。

无妄卦象辞曰:

> 无妄,刚自外来而为主于内,动而健,刚中而应,大亨以正,天之命也。其匪正有眚,不利有攸往,无妄之往,何之矣?天命不祐,行矣哉。

无妄之卦,外卦乾,内卦雷,外强于内,是谓"刚自外来而为主于内"。外在太刚健,引动内在急起对应,故"动而健"也。全卦主爻的九五,阳处刚位,是为刚中而应,力量足以领导其他诸爻,所以能够"大亨以正",这是天道之命的卦象啊!

但是复卦之后,一切力量不足,外界机会太多,吸引力强,是以欲念必自内起,"其匪正有眚"。

既是天道之刚健，却又不利有攸往，这是什么原因呢？孔子断言，不是不能有攸往，而是不能有妄念，自认为能得天之佑，太过积极，得失心太重，急于成功者，必危也，是以领导者要有天不佑己的警觉，这样便可以天真而无妄念，只凭热情及兴致而努力，这样去进行可也。

无妄卦象辞曰：

天下雷行，物与无妄，先王以茂对时，育万物。

天上打雷，是天地间阴阳能量互动之时，万物自然生长，其成长完全依照能量而动，没有妄念。

花草不会有我要长多高的想法，树木也不会设想自己的成长方向，所有的动物都不会想要长成什么样子，一切依自然能量，天真地成长。

先王理解这个道理，是以只能配合时机，以自然能量之力，来培育万物。

禅学名言：静静坐着，春天到了，草木自然生长。

这便是孔子所描写无妄的领导者的景象。

## ■天真地往前行

无妄重在自然、天真，不受理想及信念局限，体念自然力量以行事也。

无妄卦初爻动，阳生阴，之卦为 ☷☰ 天地否。

如果动心起念，为外卦的刚健吸引，想有目的去努力，拟定一大堆自己的生涯规划，心里充满着欲念，是自找痛苦，自找焦虑的否卦之象。

无妄卦初九爻爻辞曰：

初九，无妄，往吉。

无妄卦初爻动时，最忌讳贪念，念头一起，得失心必来，所以一定要先没有妄念，完全天真，只热情地活着，没有目标，没有理想，如此一切皆可大吉。

无妄卦初九爻象辞曰：

无妄之往，得志也。

《易经》以阴阳互动，志愿太强，得失心太重，反而达不成。天真、热情、无贪念地努力，反而能达成其大志。

### ■只问耕耘，不问收获

无妄的精神，便是只问耕耘，不问收获之心也。

无妄卦二爻动，阴生阳，之卦为☱天泽履。

履便是执行，只努力行动，不妄想，不起贪念，是无妄的具体行动景象也。

无妄卦六二爻爻辞曰：

不耕获，不灾畲，则利有攸往。

无妄不是不努力，而是不要有目的、有贪念地努力。

"不耕获"便是只问耕耘，不问收获，完全没有得失心，生命的本质便是要努力、热情地活着。

"灾畬"是将谷物存于粮仓也。"不灾畬"是不储存余粮，轻松自然地活着。

这并不是要大家懒惰不工作，而是要大家体认自然的力量，不必贪心。

如果能有"不耕获、不灾畬"之心，则可以全力去努力了，无妄之卦虽不利有攸往，但如能把握二爻的精神，则可利有攸往了。

无妄之履卦，是唯一可积极行动之象。

无妄卦六二爻象辞曰：

不耕获，未富也。

只问耕耘，不问收获，是由于这个社会并未富有，不可自己独富也。

这也是孔子不患寡而患不均，除非均富，否则宁可不富的道理。

## ■努力的成果被他人窃走时

所谓的无妄之灾，便是努力的成果被别人取走时。

无妄卦三爻动，阴生阳，之卦为☰☲天火同人。

内卦到了三爻，即将进入外卦的乾健，这时候很多的努力，常会被人利用，让人觉得气馁。

但《易经》却告诉我们，人生以服务为目的，利益要同于人，故为同人卦，成果让他人共享，虽使自己受伤害了，但只要有同人之心，便可无怨无悔了。

无妄卦六三爻爻辞曰：

> 无妄之灾，或系之牛，行人之得，邑人之灾。

三爻的阴爻，很容易被外卦吸引，而脱离内卦，成为阳能。

如果一条牛系在户外，却被行人顺手牵走了，养牛人家当然受损了，是为无妄之灾。

不计较地努力着，成果常会被人偷走，但无妄的领导者不会在意，只要有同人之心，"人生以服务为目的"才不是挂在口上的话，说说而已。

无妄卦六三爻象辞曰：

> 行人得牛，邑人灾也。

系在户外的牛，被不认识的行人顺手牵走，对养牛的邑家当然是伤害，但能克服此无妄之灾者，心胸更广阔。对自己也是另一种形式的锻炼。

### ■坚持天真的无妄努力

虽然受伤害了，但心仍是无妄而天真，受伤而不留下痕迹，赤子之心也。

无妄卦四爻动，阳生阴，之卦为☲风雷益。

三爻的无妄之灾，受损了，但能如同赤子一般受责备，受伤害，过了便不留痕迹，才能做到真正无妄，这样的心，终必能有益。

无妄卦九四爻爻辞曰：

九四，可贞，无咎。

九四已进入外卦，刚健之初爻，能应本无妄之心，天真地生活着，受伤害也不留下痕迹，自然可以无过错了。

无妄卦九四爻象辞曰：

可贞，无咎，固有之也。

受伤不留痕迹，并非忍耐及压抑，而是自然的真理。留痕迹是执着于受伤，而将伤害抓着不放。

生命是流动的，伤害会过去，不必抓着不放，才是真正的无妄。

不留痕迹是生命固有之现象，坚持无妄，便不会有任何后悔之事了。

## ■领导者警觉的责任

能做到三爻及四爻的妄，对伤害不留痕迹，但身为九五的领导者，有匡正众人的责任，是以对不好的伤害，仍要保持警觉并及时处理之。

无妄卦五爻动，之卦为 ䷔ 火雷噬嗑。

噬嗑，咬断、除弊之象也。对于不好的伤害，如不处理，则失却公正的立场。

五爻是卦之主爻，九五阳处中正刚位，领导者之乾能也，是以虽不留下受伤的痕迹，但仍宜维持公正立场。

无妄卦九五爻爻辞曰：


　　九五，无妄之疾，勿药有喜。


无妄有时也会有毛病的，坏人会利用大家的天真，从中获利，面对这种故意的伤害，自然要以办法处理之，才能维持公平正义的立场。

但面对这些坏人，不要只用处罚，而要以诚心感动之，让他们也能因感化而进入无妄，才是最重要的结果。

所以"无妄之疾，勿药有喜"。

无妄卦九五爻象辞曰：


　　无妄之药，不可试也。


想用处罚来处理无妄之疾，其实不会有太多好结果，所以最好仍是以诚心感化之。

无妄之时，出现的无妄之灾、无妄之疾，切忌用病急乱投医的方式处理，所以"无妄之药，不可试也"。

### ■无妄之心不可以用假装的

天真虽很可爱，但假装的天真，则会自找麻烦。

无妄卦上爻动，阳生阴，之卦为 ䷐ 泽雷随。

天真是自然的，不是模仿或硬装出来的。随卦的精髓是自然的感应，随在当下。有目的之随是假装的，不会有好结果。

无妄卦上九爻爻辞曰：

　　　　无妄，行有眚，无攸利。

无妄的天真是用行动硬装出来的，是谓"行有眚"，这种处世态度是没有什么利益的。

无妄卦上九爻象辞曰：

　　　　无妄之行，穷之灾也。

无妄的天真是内在自发的，若只是表面天真，装出来的，必有穷之灾也。

无妄重在真诚，领导人若只是假装妄，假装真诚却心多妄念，势必被人识破，而酿成灾害。

### ■无妄卦的自然发展现象

天雷无妄 ䷘，为巽卦的四世变。内卦由阴柔的巽转成奋起的震，外卦也进入初爻变，阴转阳，巽能成乾能。

内卦刚奋起，外卦却刚强，外强中弱，表面好看，危机内伏，六二对应九五，位当能对，是以只要没有私欲及野心，天地正气自然而生，是为无妄的精神。

无妄主要在内心，虽以奋起之心，但仍应本着温柔的巽能，因环境的真正需要而动。

## 第二十六大畜卦——培养正气，修养大者也

### ■迈向大挑战的基础素养

能真正做到内心的无妄，自然能够畜其大者，无妄之后必为大畜。

**大畜，山天☰，乾下艮上。**

大畜，畜其大者也，内卦刚健，能量上升，外卦艮止，使能量完全储存，故为大畜。

**综卦：☷天雷无妄**。无妄之心，能量才能快速成长，是以大畜和无妄互为综卦。

**错卦：☵泽地萃**。水流滋润大地之象，大畜虽是储存能量，但能量如不滋润他人，则无益也。暂时的储存只是想累积更多的能量，而不是自私的储藏而不用。

**互卦：☳雷泽归妹**。大畜的内涵，是组成家庭，如果少女成婚嫁人，使阴阳互动而有创新，是大畜之潜能动力也。

山天大畜

| 1 | $2^0$ | | 1 | 1 |
| 2 | $2^1$ | | 0 | 0 |
| 4 | $2^2$ | | 0 | 0 |
| 8 | $2^3$ | | 8 | 1 |
| 16 | $2^4$ | | 16 | 1 |
| 32 | $2^5$ | | 32 | 1 |

自然数　　电脑

山天大畜能量
1+8+16+32=57

**山天大畜,《周易》序卦数第二十六。**

大畜属高能量之卦,必须坚定努力地储存能量。

大畜卦卦辞曰:


　　大畜,利贞。不家食吉。利涉大川。


利者有利也,能被用也,贞者稳定,正确也。

　　大畜的目的,不是个人发展,或自己家用,而是要出世地服务众人,才是大吉的。所以称"不家食"。

　　能畜其大者,刚健、扎实而能力大,故能任艰巨险难的涉大川任务。

　　大畜卦象辞曰:


　　大畜,刚健、笃实、辉光,日新其德,刚上而尚贤,能止健,大正也,不家食,吉,养贤也。利涉大川,应乎天也。

大畜，下乾上艮，乾刚健，艮笃实，所以能发挥乾能的光辉。内健外止，能量累存，故能日新其德性。

乾卦往上发展，艮卦稳固，是"刚上而尚贤"也，以刚健能量，建立崇高的德行，能量刚健又艮止能畜，是大正也。

这种伟大的正气，不是用在自己家中的，而是要出而用于世，故能大吉。大畜，培养自己的能量、智慧、毅力，才能涉大川之艰险，这是天道乾能的发挥。

大畜卦象辞曰：

天在山中，大畜。君子以多识前言往行，以畜其德。

山天大畜，故天在山之下，此山能量必大得惊人，如同天山及喜马拉雅山。

君子也以多认识，多理解古圣先贤的言行，并身体力行，成为圣贤，便能大畜其德行了。

### ■基础训练要彻底严厉

大畜，畜其大也。精神方面的训练，基础最为重要，不可苟且敷衍。

大畜卦初爻动，阳生阴，之卦为☶☴山风蛊。

大畜是严肃而重要的，不可有欲念，或敷衍苟且，必以妄作基础，否则必有腐化生。

大畜卦初九爻爻辞曰：

初九，有厉，利己。

大畜的基础，是内在的刚健，是以一定要彻底的无妄，要对自己严厉，才能有利于自己。

大畜卦初九爻象辞曰：

有厉利己，不犯灾也。

能严厉彻底执行的修身功夫，虽然行动激进，也不会造成灾害。

### ■大畜要彻底地安于其中

大畜不止要彻底，还要坚持，才能做好大畜工作。

大畜卦二爻动，阳生阴，之卦为☲☶山火贲。

贲是修饰及整饬之卦，不止内在要彻底，外在也得坚定，才能做好大畜的工作。

大畜卦九二爻爻辞曰：

九二，舆说輹。

輹是车轴，说者，脱卸也，车子卸下了半轴，表示不动了，象征彻底安顿在大畜的自修中。

大畜卦九二爻象辞曰：

舆说輹，中无尤也。

九二在内卦之中爻，对应外卦之六五，中且正也，故能止而不进，安于大畜中，如同车辆脱卸车轴，不动了，安于中爻之位而无任何怨言。

### ■让大畜成为自己的习惯

三爻动已到大畜内卦上爻，可出世而行德行于世界了。要让大畜之德，成为自己行为的习惯。

三爻动，阳生阴，之卦为 ䷨ 山泽损。

大畜到第三爻，可将能量发挥，服务别人，虽然能量减少了，其实会因而补足更多的能量，所谓损上而益下也。

水分由树叶蒸发后，必由根部再补充，是为损上益下的自然之象。

大畜卦九三爻爻辞曰：

九三，良马逐，利艰贞，日闲舆卫，利有攸往。

九三阳在刚位，又迈向外卦，大畜之人到此可以行动了，故如同良马飞跃之象。

面对任何艰辛险难，皆可无惧，而且将获大利。

闲者，习性也，舆卫是车辆之守卫，这匹良马，警觉性高，能力够，可成为车辆的保护者，可用于任何一方面，故利有攸往。

大畜卦九三爻象辞曰：

　　利有攸往，上合志也。

大畜之人，到任何地方去服务都能胜任，可合于自己远大的志向也。

### ■能力强，无野心，大吉

四爻动，大畜已到外卦，表现好、能力强，得到他人称赞，野心常因而升起。所以如能大畜而无野心，必大吉。

大畜卦四爻动，阴生阳，之卦为☲☰火天大有。

大畜于内，而服务于外，又能本无妄之心，此人必能得大有之象。

大畜卦六四爻爻辞曰：

　　童牛之牿，元吉。

六四爻，阴在柔位，本性柔，如童牛。

童牛是小牛，野性不大，角上又有横木（牿），所以相当温顺而安全。

虽以用于世，却有如童牛之牿，天真、温顺、喜人，所以不但元而且吉。

大畜卦六四爻象辞曰：

六四，元吉，有喜也。

大畜之六四，无妄又富能力，元而吉，是为大有之象，必有喜也。

### ■谦逊的强人

大畜的五爻，六五阴在刚位，又是主爻，象征温顺的大畜领导人之象。

五爻动，阴生阳，之卦为 ䷈ 风天小畜。

六五，刚位柔顺，如风之德，在日常工作上，也谦逊于下人，简朴而不浪费，不但畜其大，也畜其小，是个完整性格的领导人。

大畜卦六五爻爻辞曰：

六五，豮豕之牙，吉。

豮豕者阉猪也，公猪性较凶悍，去势之后，转而温和，六五柔处刚位，有如豮豕之牙，只能用，不伤人，故大吉。

大畜卦六五爻象辞曰：

六五之吉，有庆也。

大畜的领导者，服务于世，又能谦逊待人，这样的人必有大庆之事。

亦即大畜六五之德，大吉大利而有庆也。

## ■用大畜，德行于天地

大畜之极也，上九，畜到极大处，德行可通于天地宇宙间。

大畜卦上九爻爻辞曰：

上九，何天之衢，亨。

上九，大畜之德，冲到天上一般高了，自然是亨通无阻了。
能量如同浩瀚无边的天地大能，大畜之极，必亨。

大畜卦上九爻象辞曰：

何天之衢，道大行也。

能量大畜到浩瀚无边的宇宙中，大道之行也。

## ■大畜卦的自然发展现象

山天大畜☷，依八宫卦序属艮的二世变。

艮卦初动成贲，再动成大畜，内部整饬好，便要高瞻远瞩，
建立长远的发展方向，是为大畜。

大畜的精神，是建立更稳固的基础，不急着动，不急着表
现，甚至有点刻意的不表现，是为畜其大也。

大畜的本质是无我的艮，不动如山的大器量。

# 第八章 输赢之机

习坎，重险也，水流而不盈，行险而不失其信，维心亨，乃以刚中也，行有尚，往有功也，天险不可升也，地险山川丘陵也，王公设险以守其国，险之时用大矣哉。

——《易经·坎卦象辞》

## 经营文化——颐、大过、坎、离

习坎，重险也。水流而不盈，行险而不失其信。维心亨，乃以刚中也。行有尚，往有功也，天险不可升也，地险山川丘陵也。王公设险以守其国，险之时用大矣哉。

经过剥、复、无妄、大畜，新的主流力量稳定了下来，新领袖主导的新主流真正发挥了应有的功能。

经过重要的转承，形势也由动而静，新的运作制度必须正常化。

### 第二十七颐卦——养生，民生也

#### ■制度仍需要能胜任的人

大畜在培养领导人及领导干部的能力，接下来便是将这些干才配置在人事上，是为颐。

**颐，山雷☷☷，震下艮上**。两阳爻包围四阴爻，有如口之形象，是为养生之卦。

**综卦：☷☷，还是山雷颐**。颐卦完全平常心，没有相综卦象。

**错卦：☷☷泽风大过**。口实不宜过度，过则伤身，颐和大过相错。

**互卦：☷坤为地**，颐是养生，平常心也，温顺、柔和、宁静，内涵为坤能也。

山雷颐

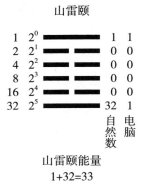

山雷颐能量
1+32=33

**山雷颐，《周易》序卦数第二十七。**

颐卦属中能量卦象，平常心，不用努力，也不用不努力，顺其自然即可。

颐卦卦辞曰：

颐，贞吉。观颐，自求口实。

颐，下震上艮，卦象如嘴，故为颐，养生也。工作便为糊口，吃饭最重要，仓廪实而知礼节。

颐卦，卦象如口，是为观颐，养生的制度，稳定正确则吉，让所有部属及相关人员，可以自求饭饱，是经营最重要的基础。

颐卦象辞曰：

颐，贞吉，养正则吉也。观颐，观其所养也。自求口实，观其自养也，天地养万物，圣人养贤以及万民，颐之时大矣哉！

颐，养生的制度，稳定而正确，则吉。

观颐，观察如何才能做到真正的养生，自求口实，是观察部属如何自求温饱。

天地以其能量滋养万物，圣人则培养贤人并扶养天下众人，养生制度必须配合自然时机的变化来设计，充实粮食，建立国计民生的制度，所以颐卦的时间因素，是非常重要的。

范蠡协助勾践复国，便是以充实物质为主，除了人力资源外，从各种谷物杂粮、畜牧渔业到矿产的掌握，都要配合大自然季节及阴阳变化，才能有充分的成果，完成十年生聚的目标。

颐卦象辞曰：

山下有雷，颐，君子以慎语言，节饮食。

颐卦象似嘴巴，孔子在此延伸出"病从口入，祸从口出"之意，主张建立养生的制度，宜以平常心，并以身作则以为之，所以领导者应谨慎语言、身体力行、生活简朴、节制饮食，使粮食不会浪费。

### ■不可鼓励食欲及食量

虽说民以食为天，吃饭皇帝大，但食是需要，不是欲望，口食之欲常是一切欲望的"根"，宜节制之。

颐卦初爻动，阳生阴，之卦为 ☶ 山地剥。

任何的欲望对养生之道及制度的建立都是不好的，宜剥除之。

颐卦初九爻爻辞曰：

初九，舍尔灵龟，观我朵颐，凶。

灵龟代表精神文化，朵颐是鼓动的嘴和下巴，吃东西的意思。

饮食宜节制，不可贪心，引发口舌之欲。

临济禅师则以"吃饭时吃饭"，表示吃饭时心中的安详及严肃，不可贪口食之欲。

颐是养生，养口实，要严肃而宁静，剥除所有的欲望，仅以最根本的需求来养生。

所以舍弃严肃的心，贪心看别人享受大鱼大肉，刺激自己口实之欲，必凶。

亦即基础的生活宜简朴，过分追求享受，刺激口食欲望，对正确的养生制度而言是不好的。

颐卦初九爻象辞曰：

观我朵颐，亦不足贵也。

享受口食之欲的人，便无法提升其个人的修养，这种人是不足以成长为高贵的个性的。

## ■养生之道，贪心必凶

笑贫不笑娼的社会，必物欲横流，治安败坏是必然结果，主要在贪心，全民向钱看，腐化由此开始。

颐卦二爻动，阴生阳，之卦为☶☱山泽损。

二爻动能往上爬升，想争取上爻的口实标准，这种贪欲必损也。

颐卦六二爻爻辞曰：

> 六二，颠颐，拂经，于丘颐，征凶。

六二的口实应以内卦的初九为标准，解决基本生活即可，但却违反经常之道理，追求高地（丘）的上九口实，并且全力以赴迈向物质享受，这种社会形态必凶。

颐卦六二爻象辞曰：

> 六二，征凶，行失类也。

"六二，征凶"，在行为上，上下层皆失其位，贪欲横流，必凶也。

## ■大众争理财，社会必大乱

炒股票、搞传销、买彩票，美其名为理财，其实大部分都是被财理了。

养生制度最怕贪心，丰衣足食自然很好，但一味争财，社会必乱。

颐卦三爻动，阴生阳，之卦为☲☶山火贲。

贲，整饬、修饰也，基础的口实制度，过分修饰必形成贪念。颐的内卦最好能宁静，一动，所有欲望跟着升起，必凶。

颐卦六三爻爻辞曰：

六三，拂颐，贞凶，十年勿用，无攸利。

每个人打扮都追求高贵、流行，重外表，车子比大，房子比美，便是求非其类了。

六三是内卦上爻，贪心也到了极点，超速飙车，便是拂颐，完全违反养生之道，这种人做什么事都必大凶，而且一旦失败了，十年也爬不起来。

亚洲金融风暴的主要原因：很多国家都是在打肿脸充胖子发展其经济，使21世纪将是亚洲人世纪的讲法，要成为大笑话了。

颐卦六三爻象辞曰：

十年勿用，道大悖也。

养生制度重在扎实，在上者以简朴生活以身作则，才能建立富足的社会。

一味享受，年轻人及基层人员，欲望被带起了，抢、偷、行骗，成了物理法则的必然现象，这种社会一旦崩坏，真的要"十年勿用"了。

道德不一定是好的，有时候容易僵化，不知应变，但政治人物及企业大老板却绝对需要道德，他们的言行是引动社会平稳与否的根源。

### ■建立精神的养生制度

曹参在面对齐国的官商勾结，黑白两道物欲横流之际，力行无为而治，在上者清静简朴，富者不贵、贵者不富，使清廉的政治能够落实，齐国在短期内获得大治。

诸葛亮治蜀国，也是以外来政权，面对本土的特权勾结，法纪松弛。他组织一批清廉、实干、认真的政府干部，由自己做起，力行清廉，朴实政风，三年内，蜀国大治，路不拾遗，夜不闭户，两千年后，四川人仍追怀其德政。

颐卦的四爻起，进入外卦，要解决下阶层的贪欲，只有由上阶层自己不贪做起。

四爻动，阴生阳，之卦为☲☳火雷噬嗑。

断然咬断自己的贪欲，清静无为而民自化也。

颐卦六四爻爻辞曰：

六四，颠颐吉，虎视眈眈，其欲逐逐，无咎。

六二颠颐，是基层追求高层的物质享受。六四颠颐是上层自动减薪，实施下层的薪资标准。

清廉之士执政，生活简单，以身作则，必以严厉如老虎的眼睛监视下层，不得放纵物欲，刑罚虽严但绝对公平、公正，对所有欲望，包含想成名、成功的欲望都清得干干净净，制法宽松，讲求情理，但执法严厉，绝不苟且，此诸葛亮治蜀的政风也。故能大吉。

颐卦六四爻象辞曰：

颠颐之吉，上施光也。

这种自动减薪，放弃享受，与民共同守持清廉、朴实的政风，是在上者真正的德政及光辉也。

## ■清静无为等待民众自化

在上者真正做到心灵改革，必须连自己成名成功的欲望也得清除。

颐卦五爻动，阴生阳，之卦为☴☳风雷益。

五爻为全卦主爻，真正风气的带动者。六五爻阴处刚位，故宜消极、被动，由自己行为以身作则，不要求别人，严厉管制高层干部，清除物质欲望，也清除精神欲望，垂拱而治，清静无为而民自化，故为益卦。

颐卦六五爻爻辞曰：

六五，拂经，居贞吉，不可涉大川。

六五爻阴居刚位，眼见社会混乱、物欲横流，决心以身作则，转变风气。

本来在上位者，工作辛苦又责任重大，吃得好，睡得饱，穿着体面，打打高尔夫球或麻将，也无可厚非。但为了力挽狂澜，在上者决心违反经常作风，严厉要求自己，放弃享受，以共体时艰的心，居于下阶层的生活标准，虽是拂经，却是贞吉。

不但断绝物质享受，也断绝精神享受，连大计划都不可有，完全安静、消极，故不可涉大川。

颐卦六五爻象辞曰：

*居贞之吉，顺以从上也。*

六五以顺柔体贴上九的刚健，严厉要求自己降低享受，革除所有贪欲，作为民众的示范，是居贞之吉，顺以从上也。

### ■福祸一肩挑，任何困难都能克服

颐卦的上卦三爻也都违反常理，此处变之道，不得不有的严厉作为。

颐卦上卦的唯一精神支柱及力量来源是上九，刚健至上的天道动能，是想要带动风气，力挽狂澜，不得不有的作风。这是物理学法则不能少的动力，而不是伟大不伟大的道德法则。

上爻动，阳生阴，之卦为☷☳地雷复。

要在国计民生及经济发展上，建立清廉的主流政权的确非常困难，是以要用"复"卦的态度，由基础生活做起，彻底清除欲念的根源。

颐卦上九爻爻辞曰：

上九，由颐，厉吉，利涉大川。

上九天道也，物理动能的原理，一切作为依天道而行，是为"由颐"。

天道恒动，阴阳互生，成败互见，福祸都会发生，再好的政策，都会有人反抗，都会造成挫折及伤害。

执政者秉持天道原则建立制度，福祸一肩挑，不在乎批评诽谤，不在乎自己的名誉、形象，只要有利于导正风气的，皆严厉要求。

只要在上者带动的风气形成了，一切大吉，并可接受任何的挑战，故能利涉大川。

颐卦上九爻象辞曰：

由颐厉吉，大有庆也。

创造财富自然很好，但导正财富之用将更为重要。

处理国计民生，绝对要富者不贵、贵者不富，此天地之道，阴阳互生共用的物理法则也。

是以能有颐卦上九的毅力、智慧及动能，"由颐厉吉，大有庆也"。

## ■颐卦的自然发展现象

山雷颐☲☵，养生之卦，属巽卦的六世变，即离魂卦。巽卦在五世变为噬嗑，去除发展的阻碍，外卦初爻变回，九四被转为六四，阻碍已除，便成颐——养生之卦。

外卦稳固，内卦警觉而奋起，以平常心过着平凡的日子，温柔地对待自己，虽阳能初动，但警觉而不辛苦，才是颐的基本精神。

颐卦的本质是阴柔的巽能。

# 第二十八大过卦——太过分也

## ■矫枉过正时的调适方法

颐卦面对物欲横流的社会，要求力挽狂澜、导正风气，但也经常因而矫枉过正。

是以颐卦之后，接下来是大过。

**大过，泽风☵☵，巽下兑上。**

风也做木解，木应浮于泽上，如今反沉于泽底，泽的力量太过了。

**综卦：仍是☵泽风大过，**自己相综。

**错卦：☲山雷颐。**大过和颐相错，养生制度大过，势必带动物欲横流，但矫枉过正也会带来不必要的痛苦。

**互卦：☰乾为天。**内涵道于刚健，乾能强到底，亢龙必有悔，大过也。

泽风大过

| | | | | |
|---|---|---|---|---|
| 1 | $2^0$ | | 0 | 0 |
| 2 | $2^1$ | | 2 | 1 |
| 4 | $2^2$ | | 4 | 1 |
| 8 | $2^3$ | | 8 | 1 |
| 16 | $2^4$ | | 16 | 1 |
| 32 | $2^5$ | | 0 | 0 |

自　电
然　脑
数

泽风大过能量
2+4+8+16=30

**泽风大过，《周易》序卦数第二十八。**

大过卦属中能量之卦，必须有足够警觉，但不可太努力或坚持。

大过卦卦辞曰：

　　　　大过，栋桡，利有攸往，亨。

大过为乾能卦象，大过刚强的动能，可能拆毁房屋的栋梁，造成无法忍受的压力。

内在四阳爻极力想脱出，使外面二阴爻承受不了，不过这股阳能值得利用，故利有攸往，而且亨通。

大过卦象辞曰：

　　　　大过，大者过也。栋桡，本末弱也。刚过而中，巽而说
　　　行，利有攸往，乃亨。大过之时大矣哉！

经营者矫枉过正，过于刚强，是为大过。

上爻如屋顶，初爻如地基，这两爻阴爻被中间四个阳爻逼得受不了，本末都太弱了，房屋自然要栋折梁毁了。

接着孔子指出了诊断大过卦的药方，他认为刚虽大过，但要秉持中道，重点在九二及九五两个内外卦的中爻，政策要有风的柔软及速度，抓到兑卦精神，用和悦的心来执行之。法令虽严，执行虽彻底，但执行的人却能和颜悦色，便可弥补大过的缺点，所以可利有攸往，也才能亨通。

大过的好坏会差别很大，所以时机及用的当下时间，能否掌握是非常重要的，影响也是非常大的。

大过卦象辞曰：

泽灭木，大过。君子以独立不惧，遁世无闷。

木头应浮在泽上，泽风大过，使木被泽水淹没，力量实在太过分了。

但即使因为矫枉过正而被批评、被诽谤，仍要坚持正道，独立踽踽而行，成为彻底的局外人，虽然应略为调整大过的作风，但绝不反其道而行，即使不被认同，也本着领导者的责任，坚持到底。

是以独立而不惧，遁世而无闷。

### ■审慎小心，面对批评

大过的初爻，便是被压抑着的初爻，也是大过开始的处理方法。

大过卦初爻动，阴生阳，䷪泽天夬，大过了，必须马上有所决定。

大过卦初六爻爻辞曰：

　　初六，藉用白茅，无咎。

以白茅垫底放祭品来祭祀，表现特别的恭敬，自然可以无咎。

初六爻阴处刚位，又为大过中被压的阴爻，一点力量也发挥不出，但如能小心对以上四阳爻明白表现恭敬顺从之意，即使过刚也可无咎。

意即在大过时，如果大家以祭典的严肃及恭敬之心相对待，仍可无咎。

大过卦初六爻象辞曰：

　　藉用白茅，柔在下也。

上级太刚，矫枉过正，下级若顺从审慎之心待之，仍可无咎。而上级在发现大过时，态度审慎小心地调整也可以彼此降低冲突，自可无过。

### ■态度转为温和及怜悯则吉

大过的二爻阳爻，刚处柔位，宜减低刚健之气，和初爻和谐相处。

大过二爻动，阳生阴，之卦为䷩泽山咸。

咸者无心之感也，没有动机和目的去感受对方，建立自然的同理心、同情心，便可克服大过的伤害。

大过卦九二爻爻辞曰：

九二，枯杨生稊，老夫得其女妻，无不利。

《易经》的爻辞及象辞中常出现很奇怪的字眼，例如本卦九二的老夫娶少妻和九五的老妇嫁少夫，其实周公及孔子都是在描写阴阳互生互动的数学方程式而已，文字本身有价值判断，所以用文字来写数学方程式，难免有些奇怪的描述。阅读千万不要以为孔子在讨论婚姻形态的好坏，经常从这方面的想法来读《易经·系辞》，不但会看不懂，而且常会闹笑话的。

"枯杨生稊"是枯萎的杨树又长出嫩芽，可喜可贺，特别珍贵，如同老夫娶少妻，更应对新娘温柔体贴。

阳在柔位，比附初六阴爻，如同刚健的主管，发现大过后，对因此所造成的部属的伤害及不满，以同情宽容的心对待之，弥补大过的缺乏，自然可以无不利了。

大过卦九二爻象辞曰：

老夫女妻，过以相与也。

如同老夫娶少妻，太过分了，所以要以审慎、怜爱、同情的心，与少妻相处，才不会有麻烦。

## ■栋梁将折毁，有大凶

三爻是内卦上爻，将进入外卦前夕，大过了将有大凶。

三爻动，阳生阴，之卦为 ䷜ 泽水困。

水在泽下，泽中无水，鱼虾皆困也。三爻大过了，房子的栋梁必折毁，是大凶卦象。

大过卦九三爻爻辞曰：

> 九三，栋桡，凶。

三爻为卦的中爻，如房子的栋梁，大过了，栋梁将会折断，房子也因而崩毁，大凶也。

大过卦九三爻象辞曰：

> 栋桡之凶，不可以有辅也。

刚愎自用，使栋梁折毁之大凶，这种主管是不会有人敢来辅助的。

## ■态度温和，虽严苛不致崩毁

大过已到外卦，但九四刚处柔位，如能温和以待，尚可无大碍。九三阳处刚位，刚到底故有凶，若能像九四阴阳相辅，尚可有救。

大过卦四爻动，阳生阴，之卦为 ䷯ 水风井。

井者养生之工具，可存水也。三爻变则困，泽中无水，此爻变为井，可解三爻之困也。

大过卦九四爻爻辞曰：

九四，栋隆，吉，有它吝。

栋隆是栋梁被加强了，虽然压力过大，强化的栋梁总算暂时独木撑住大局了，故吉。

以柔位来辅助刚强本性，阴阳相辅，总算暂时渡过难关，但独木到底难撑，长期以往，必有窘迫的困境。

大过卦九四爻象辞曰：

栋隆之吉，大桡乎下也。

强化栋梁，以柔辅刚，这种短暂的吉，只是减少下阶层的压力而已，并未根本解决问题。

### ■以温和的态度来包装

五爻为卦之主爻，体认大过了，但却刚愎不改本性，只以和颜悦色来暂时包装，或许可暂缓危机，但只是表面工作罢了。

五爻动，阳生阴，之卦为☳☴雷风恒。

恒者恒久也，雷响后风雨起，这种雷解决不了风雨。反而使风雨更恒久了。

大过卦九五爻爻辞曰：

枯杨生华，老妇得其士夫，无咎，无誉。

枯杨生华，是枯萎的杨树开花了，虽显出华丽生命力，但花到底不久远，很快便又会枯萎了。

五爻阳处刚位，比附上爻阴柔，故如少男娶成熟的妇女也。女人老得快，虽说四十一枝花，正值艳丽期，但到底容易衰老，幸福只在眼前。

周公以"无咎无誉"解释此爻之意，即短暂的包装，虽不算有过错，但马上失去了，所以也不会有何声誉。

大过卦九五爻象辞曰：

枯杨生华，何可久也。老妇士夫，亦可丑也。

枯萎的杨树，开出来的花，即使美丽也不长久。成熟妇女嫁少男，虽可幸福一时，但女人老得快，故"亦可丑也"，时间过了，总会有问题。

由于一时压力，表面的温和，是解决不了大过的压力及其缺失。

### ■刚强到底，恐有大凶

许多独裁者，最后都遇刺而亡，便是此卦之象。战国时的吴起及商鞅，推动改革，刚强过度，最后遇害，舍身达成自己理念，虽凶无咎也。

大过上爻动，阴生阳，之卦为 ☰☴ 天风姤。

晴天吹大风，变化很多不可预测，凶险或成功均难料矣，亦即会受偶然因素之影响。

例如吴起及商鞅遇害，是因为原本支持他们改革的楚悼王及秦孝公突然病逝，造成政敌乘机围剿之。

大过卦上六爻爻辞曰：

上六，过涉灭顶，凶，无咎。

大过又过头了，上六虽阴处柔位，但被阳爻逼垮了，本身力量又少，是以很容易被三振出局，有如徒步涉过洪水，惨遭灭顶之凶，但这是自己愿意的，故无怨悔。

大过卦上六爻象辞曰：

过涉之凶，不可咎也。

经营者刚愎自用，大过了，还坚持到底，终遭暗杀，怎能归咎于他人？

改革派的英雄，若警觉不足，常会陷入大过的悲剧，宜省思之。

■**大过卦的自然发展现象**

泽风䷛大过，阴柔的风在湖泽下吹动，负担自然太重，根本吹不起湖水，是为大过卦之象。也有以巽为木，草木在湖泽之下，自然无法顺利发展。

大过依八宫卦序为震的六世变，即离魂卦。

震的五世变为井，九五仍承担外卦的坎坷，以储存能量，六世变，外卦初爻变回阳，使外卦力量大于内卦，是为大过。内在四个阳爻，极力压迫外面两个阴爻，阳能将突破而出，是为大过之象。

是以大过的本质是震能，是以内卦宜恢复震，以均衡之，否则有阳能太强，伤及天地和谐的疑虑。

## 第二十九坎卦——险难，艰苦奋斗也

### ■放松地生活在艰辛不安中

虽然经由剥、复、无妄、大畜中，领导中心已经稳定了，但在颐及大过中，仍充满着险难之象。《易经》常以吉凶悔吝来描述生命动能的变化，四个中有三个不顺畅，所以我们也常说一动不如一静，人生不如意事十常八九。

未来是个奥秘，《易经》虽可推算预测，但时空上仍无法掌握，特别对突变的动能，是可知而不可为的。所以不稳定，不安全成了生命的真相，活着的本身便是不安全。因此对安全的过分执着，也成了人生中最大的盲点。

大过后面的坎，说明生命必须在不安全中学习，称之为"习坎"，以学习在坎中生活也。

**坎卦，坎上坎下，坎为水☵。**

古代交通工具不发达，特别是北方人大多不识水性，所以碰到水，便有艰险了。易辞中常有利涉大川的句子，便在说明该卦的能量足以涉过大河流的险难。

坎卦在卦名中，注明为习坎，人生必须在坎卦的艰辛中生活学习也。

**综卦**：☵ **仍是坎为水**。没有相综之卦。

**错卦**：☲ **离为火**。火水互为错卦。

**互卦**：☳ **水雷屯**。坎中必以创业精神奋斗到底。

坎为水

| | | | | |
|---|---|---|---|---|
| 1 | $2^0$ | ▬▬ ▬▬ | 0 | 0 |
| 2 | $2^1$ | ▬▬▬▬ | 2 | 1 |
| 4 | $2^2$ | ▬▬ ▬▬ | 0 | 0 |
| 8 | $2^3$ | ▬▬ ▬▬ | 0 | 0 |
| 16 | $2^4$ | ▬▬▬▬ | 16 | 1 |
| 32 | $2^5$ | ▬▬ ▬▬ | 0 | 0 |

自然数　电脑

坎为水能量

$2+16=18$

**坎为水，《周易》序卦数第二十九。**

坎卦虽属艰辛卦，但宜放松并警觉之卦，并不需太多努力，故为低能量之卦。

坎卦卦辞曰：


习坎，有孚，维心亨，行有尚。


习坎，人类应学习以能够习惯于坎险中，有孚即平常心，临危不乱，履险如夷，行为保持高格调，不可投机取巧。

坎卦象辞曰：

习坎，重险也。水流而不盈，行险而不失其信。维心亨，乃以刚中也。行有尚，往有功也，天险不可升也，地险山川丘陵也。王公设险以守其国，险之时用大矣哉。

坎卦重叠，故习坎为重险也。水流着但非盈而出岸，所以也不是洪水，虽然有艰险，但不是很大，所以要有信心，以平常心处之。

临危不乱，履险如夷，是为"维心亨"，以阳爻仍在上下卦之中也，故谓之"以刚中也"。

行事要有规划，保持一定格调，不莽撞，不投机，是"往有功"。天险虽艰辛，冷静应付即可。地险则需配合山川丘陵之险。

险可以设，也可以守，守险是利用险阻，设险以守其国也。

适时涉险、防险、设险、守险都是非常重要的。

坎卦象辞曰：

水洊至，习坎。君子以常德行，习教事。

洊至，水流不停也，坎是河川，故水流不停，表明人生艰险是永不停止的，故君子以学习在坎险中生活，并成为平常心的态度，随时教导自己应付艰险的方法和技巧。

习坎，最重要的便是"以常德行"和"习教事"了。

## ■在艰辛中不要陷住

天道恒动，乾卦："天行健，君子以自强不息。"

坎中的阳爻是常动的，虽陷于水的艰险中，但在艰险中要自强不息，不可陷住。

习坎，初爻动，阴生阳，之卦为 ☵☱ 水泽节。

初入坎中，难免不习惯，急于脱险，这样会更危险。所以节制自己情绪，在坎中乐观奋斗，力量够了自然脱险。

坎卦初六爻爻辞曰：

初六，习坎，入于坎窞，凶。

在艰险中，不但要有勇气和毅力，更要机警，不要踏入陷阱中。坎窞便是艰险中的陷阱，陷入了便出不来，故大凶。坎窞大多属心理层次，很容易自陷其中。

坎卦初六爻象辞曰：

习坎入坎，失道凶也。

初六，阴在刚位，力不足，不应该强进，否则踏入坎窞中，陷住了，必凶。

坎道在习，习惯于坎境中，放松、警觉、有耐心地奋战，力量够了，自然脱险。

### ■先解决简单的事

习坎二爻，阳在柔位，虽奋发不已，但力量仍不足脱险，宜先解决简单的事。

坎卦二爻动，阳生阴，之卦为 ☵☷ 水地比。

坎中更需合作，放松地共同习于坎中，是为亲附之比卦象。

坎卦九二爻爻辞曰：

九二，坎有险，求小得。

九二阳处柔位，宜比附九五之阳刚，共同解决较小的难题。由于本身在内卦之中爻，中而刚，虽处柔位，仍可有小得。

坎卦九二爻象辞曰：

求小得，未出中也。

九二在内卦中，为上下阴爻包围，虽比附于九五，得以先解决些小问题，也小有收获，但未能出中爻之困，故无法成大事。

## ■内外皆艰辛，宜等待勿勉强

坎卦三爻为六三，阴处阳位，由内险进入外险，内外皆险，无力脱困，宜小心。

坎卦三爻动，阴生阳，之卦为䷯水风井。

下卦由坎成巽，内柔外险，动不得也，故自限于井中。

坎卦六三爻爻辞曰：

六三，来之坎坎，险且枕，入于坎窞。勿用。

六三在内外卦之间，上险下险，两个坎重叠，故"来之坎坎"。暂时动不得，可将险难当枕头，放松休息在险难中，如井中之象。故是入于坎窞（艰辛的陷阱）中，用不得也。

坎卦六三爻象辞曰：

来之坎坎，终无功也。

前坎后坎，内外都是艰险象，再努力也难有收获，应小心应对，不要急着脱险，否则将陷得更深。

**■处坎境时宜真诚共同合作**

坎卦第四爻已进入外卦，六四又在九五之下，九五为本卦之主要阳能，六四阴处柔位，如能以诚心供奉九五，来共同面对外卦险象，或可无咎。

四爻动，阴生阳，之卦为☵泽水困。

泽中无水，鱼虾皆被困之卦，艰险已到外卦，必困，但外卦转坎为兑，是六四比附九五所形成的和谐卦象。

坎卦六四爻爻辞曰：

六四，樽酒，簋贰用缶，纳约自牖，终无咎。

以樽酒，两碗饭，放于瓦器中，由自己的牖（盘子）送入九五之府邸，表示恭顺上交之意，只要诚心诚意，上比九五以求合作，终可无咎。

坎卦六四爻象辞曰：

樽酒簋贰，刚柔际也。

以樽酒及两碗饭，表示诚心诚意，六四柔顺，以交九五以刚强，故称"刚柔际也"。

### ■习惯于艰险中，以等待时机

坎卦五爻是卦的主爻，九五阳在刚位，宜有所作为，然内外皆艰险，时不我予，力量虽足，但客观条件不够，应再等待时机。

坎卦五爻动，阳生阴，之卦为☷☵地水师。

师为战斗之卦，九五虽可为出征主帅，但内外皆艰险，时机未到，宜以最审慎的态度处之。

坎卦九五爻爻辞曰：

九五，坎不盈，祗既平，无咎。

坎不盈是指大川虽有险难，但水流不盈，所以不是大洪水，不致太危险，只要以平常心，审慎而热情地奋斗即可，处以平常心，平常作为便可无咎。

坎卦九五爻象辞曰：

坎不盈，中未大也。

九五是外卦中爻，阳处刚位，应有所作为，但前后被阴爻包围，虽没有危险，但前后皆艰险，中爻无力发挥，故中未大，宜耐心等待时机。

### ■坎卦中绝不可退让或放弃

上爻代表坎卦的极点，上六阴柔，又居于坎卦之极，易于退缩，而不能在坎卦中坚持到底，恐有大凶。

上爻动，阴生阳，之卦为 ䷺ 风水涣。

风卦阴柔，水卦艰险，风吹水上，阴柔对艰险，恐怕会因而涣散，在险困的坎卦中，此是大凶。

坎卦上六爻爻辞曰：

上六，系用徽纆。置于丛棘，三岁不得，凶。

纆音墨，徽纆是绑人用的黑绳子。用黑绳子绑起，放置在荆棘丛中，三年无法有得，故大凶。

三年是以三爻一卦，每三年可有上卦或下卦之变，上六以阴柔处坎之极，就好像被绑在荆棘中，完全受困，三年不得解开。

坎卦上六爻象辞曰：

上六失道，凶三岁也。

坎卦中宜放松地奋斗不已，才能解除艰险，上六以阴柔处坎之极，可能会退缩或放弃，丧失处坎之正道，可有三年的大凶，无法脱解。

## ■坎卦的自然发展现象

依分宫卦象次序，坎的自然发展如下：

本卦：坎为水☵。

第二卦：初爻变，☵水泽节。

初入坎中，难免心浮气躁，急于脱险，其实这是最不好的，节制自己情绪，安静地在坎境中认识自己的条件，再决定如何来处坎。

第三卦：二爻变，☵水雷屯，在坎境中困难重重，要以创业的心奋斗到底。

第四卦：三爻变，☲水火既济，内卦全变了，水成为了火，充满热情奋斗之心，继续迈向外卦坎境，是为既济。

第五卦：四爻变，☲泽火革，坎卦进入外卦，内在准备已够，不断强化力量去革变外卦。坎到外卦已进入革变期。

第六卦：五爻变，☲雷火丰，在坎卦中奋斗到底，如能革变成功，必有重大丰收。

第七卦：为坎的游魂卦，外卦初爻变回☲地火明夷，脱坎虽然成功，本身也已伤痕累累了，故为明夷。

第八卦：归魂卦，内卦三爻变回☵雷水解，雷响水上，风雨必解，所谓一雷破九台。坎卦既成脱险，困境自然解除。

## 第三十离卦——亮丽也，光明也

### ■在成功中更要警觉而努力

所谓功亏一篑，形容成功时常失败在最后一步。赢了百分之九十九，轻视忽略了百分之一，可能全盘皆输。

坎是困难之卦，离是成功之卦。

**离卦，离下离上，离为火☲。**

离，丽也。火卦，火的光辉，太阳的灿烂，都是离卦之象。

分裂常在成功时，火的能量向外散，也是离心离德的卦象。

**综卦**：☲离卦。仍是离为火。

**错卦**：☵坎为水。火水互错，坎离相生，艰险中更容易成大功，成功也常是艰困的开始。

**互卦**：☱泽风大过。成功时更要平常心，以免太过分了。

离为火

离为火能量
1+4+8+32=45

**离为火，《周易》序卦数第三十。**

离卦为中高能量之卦，成功显于外，能量放射，故会相当的忙碌，也需要较多的能量。

离卦卦辞曰：

离，利贞，亨。畜牝牛，吉。

离为火，火的光辉、美丽、光明、文明皆为离卦之象，离也象征成功，成功时更需严守正道，是为利贞，利贞才能亨通。

成功容易骄傲，而且气势高涨，对成功者，这其实是不利的，所以说要培养母牛一般的柔顺，不骄傲、不强势、谦虚、真诚待人，才能大吉大利。

离卦象辞曰：

离，丽也。日月丽乎天，百谷草木丽乎土，重明以丽乎正，乃化成天下，柔丽乎中正，故亨，是以畜牝牛，吉也。

离卦，亮丽也。离为火，如同太阳和月亮在天上的光明，如同百谷草木等在大地所显示的大自然美景。离卦者，两离卦之重叠，故"重明以丽乎正"。

离以阴爻在上下卦之中爻，故谓"柔丽乎中正"。阴柔领导者，较能被接受，故亨。

阴爻的柔丽，是母性的美丽，母性为生命力基础，故"重明以丽乎正，乃化成天下"。

柔丽之美及明亮是母性的，所以成功者一定要柔顺，明亮如女性，是以畜牝牛之心，才能大吉大利。

离卦象辞曰：

明两作离。大人以继明照于四方。

明两是两个明接续出现，是动态的，内外卦是前后相继出现，所以君子之德是以继明（**两离卦相继**），将他的光明照于

数位易经

532

四方。

明必须相继，才不会出现两明之间隔断的黑暗，所以成功者必须更小心警觉，否则亮丽中也有"离心"之力，可能让自己产生困难。

## ■成功者小心迷惘

离是成功、光明、亮丽之卦象。

离卦初爻动，阳生阴，之卦为☶火山旅。

旅是旅人、旅行，新环境、新条件出现了，充满了新奇、兴奋，但也带有多多少少的不安。

刚成功那一刹那，心中有如旅人，引诱多，情绪高，却又有不少的担心及焦虑。

离卦初九爻爻辞曰：

> 初九，履错然，敬之，无咎。

刚刚成功，引诱马上跟着来，光怪陆离，无奇不有。履是生活的执行，履了就得面对这些引诱的挑战，陷进去，就完了，成功常是腐化及失败的开始。

所以最好保持警觉而审慎，敬而远之，消极地不接受，才能彻底把引诱看得清清楚楚，并从其中超脱而出。

不要对抗，对抗表示对方有引诱力，越对抗将会越放不开，抗拒反而会陷进去，保持漠不关心，保持消极，敬而远之，反而可以无咎。

离卦初九爻象辞曰：

履错之敬，以辟咎也。

能够在经历错然（履错）的刹那，敬而远之，保持距离，以策安全，自然可以避免过错。

## ■成功时不可显得太强烈

成功最怕的是骄傲，气势一强，危机便会跟着来。

离卦二爻动，阴生阳，之卦为☲火天大有。

太阳在天上，阳光普照大地，大有之象也。

离卦六二爻爻辞曰：

六二，黄离元吉。

这个离（太阳）是黄色的，也就是晨曦或落日余晖前的太阳，比红太阳稍微强一点，是黄色的，但绝不强烈，不是烈日当空。

六二爻是阴居柔位，下卦的中爻，处正位而不强烈，成功时不用太吝啬，但也不太奢侈。保持中道，和黄色的太阳一样，不强也不弱，必能清新而大吉。

离卦六二爻象辞曰：

黄离元吉，得中道也。

成功有如黄色的太阳，分享光芒但不炽热，慷慨但绝非散财童子，这样必能元吉，不强也不弱，合乎中道也。

### ■功成身退，永不盈满

三爻是内卦上爻，成功已到顶点，心里必须调整，否则爬得高，跌得重。

离卦三爻动，阳生阴，之卦为 ☲☳ 火雷噬嗑。

三爻内卦之极，内心因成功而傲，这是最大的危险，宜去除之，是噬嗑也。

离卦九三爻爻辞曰：

> 九三，日昃之离，不鼓缶而歌，则大耋之嗟，凶。

日昃之离是落日的太阳，成功已到顶点，将进入黑暗，不退休去享受生活，敲打缶器歌唱自娱，还在争权夺利，就要被指责老贼了。大耋是老年人，心里埋怨多，感叹多，是谓"老而不死，是为贼"也，故大凶。

离卦九三爻象辞曰：

> 日昃之离，何可久也。

成功不要自满，自满只会让自己把成功拉到极高点，虚张声势，必定会掉下来，大凶也。

老贼不一定年纪大，成功而骄傲，自认了不起，不再虚心上进的，便是老贼，很快就会被淘汰的。

古人以功成必身退，便在自我警觉，谦虚才能让自己重新成长。

### ■骄态外露，天地必不容

成功的自满，在内心已是大凶，急需去除，却表现到外面来了，更是要不得。

离卦四爻动，阳生阴，之卦为 ䷕ 山火贲。

贲则整饬、修饰。整饬有时是必要的，但只是外在整饬，便会落入虚伪，只作表面文章，这样的成功必不持久。

离卦九四爻爻辞曰：

> 九四，突如其来如，焚如、死如、弃如。

稍有成就，便骄傲起来，一副暴发户模样，便是"突如其来如"，突然间行为变了。

焚如是燃烧，新官上任三把火，要求太多，把人逼得忧心如焚，一定会先烧到自己的。

把人逼死了，逼人的人也会僵死，这种人天地不容，一定会被抛弃，众叛亲离也。

离卦九四爻象辞曰：

> 突如其来如，无所容也。

一副暴发户的嘴脸，人性泯灭，这种人天地不容。

## ■谦虚辛苦，诲人不倦的成功者

离卦五爻，是全卦主爻，但阴居阳位，力不足，性温柔，没有九四阳居阴位的残暴，战战兢兢地经营成功的事业，这种人虽辛苦，必获大吉之大吉。

离卦五爻动，阴生阳，之卦为☲天火同人。

虽成功却不骄傲，反而谆谆劝善，愿将成功的经验分享给别人，这种能彻底同人的，必成大功。

离卦六五爻爻辞曰：

　　六五，出涕沱若，戚嗟若，吉。

弱势的成功者，六五爻阴居阳位，体会自己力量不足，所以用诚心来感人，出涕沱若是谆谆劝人，别人不听，哭诉着劝告再劝告，看到别人不成功，面带忧戚地感同身受，一点也不在乎自己成功的身份，这种人才真正伟大，故是大吉中的大吉。

民初的名乞丐武训，节俭存钱，自办学校，协助失学的贫穷孩子，有些孩子不用功，一上学，武训常跪在路旁，谆谆苦劝，涕泪四下，令人感动万分，不得不努力向学。武训的精神便是离卦的六五。

这种人是真正伟大的人，先天下之忧而忧，不以自己的成就自满。

离卦六五爻象辞曰：

六五之吉，离王公也。

六五爻不追求权势，以自己的光照亮别人而不求功，虽然他们不是王公大人，却比王公更亮丽，更令人羡叹不已。

**■以成功的力量来兼善天下**

离卦的上爻，成功者如何使用成功以后的力量。

成功者绝不可独善其身，或将财富藏在家里，伟大的成功者必将财富及力量用来改善这个社会。

离卦上爻动，阳生阴，之卦为 ䷶雷火丰。

成功者的极端是兼善天下，由成功得来的财富及力量要回馈社会，不让自己盈满，反而会享受更丰盛的生命，让自己的财富及力量更能成长。

离卦上九爻爻辞曰：

上九，王用出征，有嘉，折首，获匪其丑，无咎。

成功到了极点，要用自己的力量及财富去清除社会的丑象，如同君王出征，征伐叛逆，必能获得很好的效果。

要彻底清除环境的障碍，也清理自己的骄傲，把所有内内外外的丑都清除，即使用了出征的暴力行为，也不会有太大的过错。

离卦上九爻象辞曰：

王用出征，以正邦也。

成功的人以自己的财富及力量来协助社会清除贪婪及暴力的混乱，是为了端正环境，兼善天下也。

离卦的上爻，是以最高的光明，清除外卦，也清除内卦，清除别人的障碍，也清除自己的障碍，所以可无咎也。

### ■离卦的自然发展现象

依分宫卦象次序，离卦自然发展如下：

本卦：离为火☲。

第二卦：初爻变，☶火山旅。成功的开始充满着繁忙及不安。

第三卦：二爻变，☴火风鼎，成功会让自己提升到一个鼎新的现象，虽然提升了，但也充满挑战。

第四卦：三爻变，☵火水未济，成功到内卦上爻，常升起自满、骄傲的心，必须马上加以救济，所以明显呈现未济象。

第五卦：四爻变，☶山水蒙，成功到了外卦，整个情况改变了，必须有新的适应，必须做新的启蒙。

第六卦：五爻变，☴风水涣，成功的喜悦必须和人分享，才不致盈满。陶朱公最懂得这种智慧，每年都会以赚得的利润一半为投入资金，一半和亲族或业界的穷人分享。

第七卦：离的游魂卦，外卦的初爻变回☰天水讼，天水一线，划分清楚。离卦的力量很大，最后还要"王用出征"，所以必须如天水一线般的分明清楚。

第八卦：离的归魂卦。内卦三爻都变回☰天火同人，离卦的新局面是同人，成功后容易骄傲，盈满了会众叛亲离，所以最重要的事在于同人，可以与人同心，不自私、不骄傲，才能继续成功。

## 宁静致远——咸、恒、遁、大壮

咸，感也。柔上而刚下，二气感应以相与。止而说，男下女，是以亨，利贞，取女吉也。天地感而万物化生，圣人感人心而天下和平，观其所感，而天地万物之情可见矣。

从乾卦到离卦是《易经》的上经，共三十卦，重点是以宇宙的阴阳变化来观察人文现象的变化。

从咸卦到未济卦是《易经》的下经，共三十四卦，由生命阴阳变化的观点，来看社会现象的变化。

### 第三十一咸卦——无心之感，感化也

#### ■生命的能量来自女性

宇宙的动以乾能为主，天行健，君子以自强不息，天道恒动，没有动机，没有目标，没有欲望。恒动的天，使宇宙成为可能。

生命的动，却是坤能。怀孕的母亲是滋养生命的根源，即使

植物也凭借着大地之母的能量而成长。

**《易经》的下经，以咸卦为开始。**

**咸卦，艮下兑上，泽山 ☶☱。**

泽下有山，泽为少女卦象，艮为少男卦象，少女配少男是天经地义之事，但结婚前为吸引女友，男人常自我约束以讨好少女，是常见的。不过咸卦却是结婚以后，年轻的先生，仍愿意居于妻子之下，就是咸卦之本义了。

俗语曰："惊某大丈夫，打某猪狗牛。"就是这个意思了。咸是无心之感，是自然的，非刻意装出来的。

**综卦：☳☴雷风恒。**恒者恒久也，有咸才不会有冲突，所以才会恒，恒的基础来自咸，但能恒久也常能咸而深。

**错卦：☶☱山泽损。**损卦是损上益下，自己退让一步，虽有所损，但也才能有所咸。

**互卦：☰☴天风姤。**姤者邂逅也，引诱也，有引诱的内涵，才有咸的发生。

泽山咸

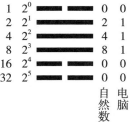

| | | | | 自然数 | 电脑 |
|---|---|---|---|---|---|
| 1 | $2^0$ | | | 0 | 0 |
| 2 | $2^1$ | | | 2 | 1 |
| 4 | $2^2$ | | | 4 | 1 |
| 8 | $2^3$ | | | 8 | 1 |
| 16 | $2^4$ | | | 0 | 0 |
| 32 | $2^5$ | | | 0 | 0 |

泽山咸能量
2+4+8=14

**泽山咸，《周易》序卦数第三十一。**

咸卦为低能量之卦，消极、宁静、柔顺的心，没有"自我"的能量，才能真正有所咸。

咸卦卦辞曰：

咸，亨，利贞，取女吉。

咸，无心之感，没有动机，没有头脑作用的感动，才能真正的感人。

感的本质必须是亨通，而且有利于正确的稳定。

咸的精神在坤能，女性、柔顺宁静的感受，所以取女吉。

取者娶也。少女嫁少男，得到男方真正的尊重，这个家庭是以柔顺和悦的精神为主，故取女吉。

咸卦象辞曰：

咸，感也。柔上而刚下，二气感应以相与。止而说，男下女，是以亨，利贞，取女吉也。天地感而万物化生，圣人感人心而天下和平，观其所感，而天地万物之情可见矣。

咸者，柔在上，刚在下，阴下沉，阳上升，是以阴阳二气可以感应而相与，这也是咸卦的精神。

止者艮也，说者泽也，山在下，泽在上，故为止而说，男性的乾能自愿在坤能的女性下，阴上阳下反而能够相感。所以说"男下女，是以亨，利贞，取女吉也"。

由于阴阳能相感，天地之间的万物，因而能够化生。宇宙由阴阳二能组成，宇宙万物，包含人类的生命和生活仍不外是阴阳的化生，所以阴下沉，阳上升，会使阴阳二能更融合，所以说"天地感而万物化生"。

圣人能感众人之心，使天地能量更调和，是以天下和平。这是孔子对咸卦最重要的断言，若阴阳能有真正的感，是和谐及和平最重要的基础。

所以"观其所感，而天地万物之情可见矣"。

咸卦象辞曰：

山上有泽，咸。君子以虚受人。

这是个心胸宽大的男人，可以虚心地接受太太的要求，免除中国社会传统的大男人主义，便是咸卦的最重要精神了。

## ■内心的感动，仍要由外在行动开始

咸卦，无心之感，是非常深入的接触，但仍需由最简单的外在接触开始。

咸卦，初爻动，阴生阳，之卦为☲泽火革。

内卦动了，艮止成离火，接触开始了，双方的情况有了新的革变。

咸卦初六爻爻辞曰：

初六，咸其拇。

拇，拇指也，足之大指。最下的一个接触，是以咸其拇也。

这是咸的开始，一次轻轻的接触，如同少夫在洞房中爱抚少妻的足部，刚开始的咸，影响有限，故不言吉凶。

咸卦初六爻象辞曰：

咸其拇，志在外也。

咸由外而内，不过这外在接触，层次太低了，只能在外在而已，实在谈不上咸。

## ■居心中正而方法不对，虽凶仍吉

咸的真义在内心，所以外在的接触，虽可能是咸的基础，但如果外在动作太强，可能会成为拍马屁，拍到了马腿。

特别是咸卦下卦是阳能，外卦是坤能，内卦的男性动作太多了，可能会让外卦的女性，心里反而不舒服。

咸卦二爻动，阴生阳，之卦为☰☰泽风大过。

动作稍重了一点，难免太过分了，还好二爻阴在柔位，虽过分还不致有伤害。

咸卦六二爻爻辞曰：

六二，咸其腓，凶。居吉。

腓者小腿肚也，外在的接触由拇指到小腿肚，对新娘可能太敏感了，会有不舒服，特别是心里的感受，有不受尊重的感觉，可能有些凶了。

不过，六二阴居柔位，居住的位置仍属中正之位，虽有点不舒服，但丈夫并无存心不良，所以还是可以原谅的。

是以能凶而居吉。

咸卦六二爻象辞曰：

虽凶居吉，顺不害也。

咸其腓，会有些不舒服，但二爻在中正，阴柔导向故能顺外卦也，是以"虽凶居吉，顺不害也"。

### ■外在的刺激太过分了必吝

咸卦是内心的动能，太依赖表面行为的刺激，势必造成不利。

经营者过分在外在条件引诱部属，而疏忽士气和真诚的感情领导，虽有效率，但太过分了反而会令人不信服。

咸卦三爻动，阳生阴，之卦为 ䷬ 泽地萃。

泽水溢过岸边，流下大地为萃，故能滋润大地，但若太过溢出，可能会成为洪水。

咸卦九三爻爻辞曰：

九三，咸其股，执其随，往吝。

股是大腿，咸其股是触摸到大腿了，这个外在的接触太强了。九三阳居刚位，虽属正位，但对应属低能量的咸卦并不好。

九三力太过，下面两个阴爻也随着动，使咸卦的内心不感，外感太强，所以大家都会不对劲，故往吝也。

咸卦九三爻象辞曰：

咸其股，亦不处也。志在随人，所执下也。

九三力量强，一直往外冲，是以咸其股，不会停下来，故不处也。

爱抚到了大腿，也停不下来了，接下去，新娘就要害羞了。

经营者在此可能会控制不住了，太重视外在，经营者反而显得一味讨好人，所以部属野心大了，对领导权形成了挑战。

### ■内心有感，虽不稳，不会有悔

咸卦到了外卦，少女总算能感到心了，不过这个感可能不稳定，所以仍须小心，才可以不会有悔。

咸卦四爻动，阳生阴，之卦为☶☵水山蹇。

九四爻阳居阴位，虽有所感，但力不足，所以有如水由山上往下流，前进困难，故蹇。

咸卦九四爻爻辞曰：

九四，贞吉悔亡，憧憧往来，朋从尔思。

九四爻阳居阴位，外卦已有所感，这个感动，若能贞而吉，则可以无悔也。

上卦少女感下卦少男之心，但心的初步感受，有如小鹿乱撞，非常不稳，是谓"憧憧往来"，不过既能感到外卦，内卦的少男已完全依外卦少女的想法而动了，虽不稳定。可无悔了，是谓"朋从尔思"也。

咸卦九四爻象辞曰：

贞吉悔亡，未感害也，憧憧往来，未光大也。

外卦的"感"动了，领导者总算能用内在力量来感人了，所以更需贞而吉，才能没有悔恨，是因为这种感可以无害也。

不过这种感是不稳定的，所以总是"憧憧往来"的，力量不足，未能光大也。

### ■真诚的安抚，一切无悔

九五是咸卦的主爻，阳居刚位，故有主导之力，但咸卦属低能量之卦，用力了只能无悔，无法大吉。

咸卦五爻动，阳转阴，之卦为☳☶雷山小过。

咸的九五为表现真诚，用力了些。虽会给对方一些压力，不过只是稍微过分些而已，不会有太大的不舒服，所以可无悔过矣！

咸卦九五爻爻辞曰：

九五，咸其脢，无悔。

胳者，背部之肌肉也，完全拥抱在一起，互抚其背，其"咸"虽稍激烈，但总算真心相爱，故可无悔。

领导者之咸，能至于全身，或许稍感肉麻，但彼此心心相印，也不会有太多的麻烦。

咸卦九五爻象辞曰：

咸其脢，志末也。

咸到了背肉，等于全身都关心到了，连最微末处也不疏忽，故可以无悔了。

### ■甜言蜜语型的领导者

咸卦的最高点，是咸到面孔的部分，特别是嘴巴，口舌之感也。

咸卦上爻动，阴生阳，之卦为☰☶天山遁。

遁者逃避也。甜言蜜语之咸，非真心也，君子宜远之。天无穷，山有限，远而不及之象也。

咸卦上六爻爻辞曰：

上六，咸其辅颊舌。

咸到头部，到达最高点了，感到口舌之处，甜言蜜语而无其实，这种感太虚伪了，不会有什么好处。

咸卦上六爻象辞曰：

咸其辅颊舌，滕口说也。

滕者，通也。由口中说出的甜言蜜语，虽能有所感，但这种领导者，实在不可靠。

咸卦的爻辞，都不太好。不是"感"不好，而是"感"不容易真的做到。要有无心之感，没有动机，没有目的，没有想控制及掌握的欲望。这样的无心之感，不容易做到。

卦辞大多以男欢女爱的"象"来描述，由脚趾、腿肚、大腿，到男欢女爱、抚其背到口舌之交，其象为男女性行为，但必须有无心之感，才有真爱。

性比较容易，爱不一定要有性。有性又有爱，其实不容易做到，有爱而无性则是咸卦的精神。

大多数的夫妻是有性而无爱，所以咸卦各爻，都不能达大吉大利，以其有性却不一定有爱也。

领导人更宜无心之感，没有动机、目标、欲望的感，有目标或过于努力想去感的，只会引发更多的乱象而已。

### ■咸卦的自然发展现象

泽山咸☶☱依八宫卦序，是兑卦的三世变。

咸是无心之感，是以和悦之心来面对环境变化的真诚态度，内心稳定如山，外表和悦如湖泽。

内卦的艮虽有阳刚之气，但是由兑三变而来，本质上仍属阴柔，有如山上湖水，阳光照射下，波影荡漾，柔中有刚，刚中有柔，咸卦的本质精神也。

## 第三十二恒卦——恒心，恒久也

### ■自然的常变最能持久

无心之感是完全自然的，处于自然的常变状态中，是最能持久的变易，故咸之后为恒。

**恒卦，雷风☳**。雷在风上，先响雷再起风雨，这个风雨是由雷的变动能量而来，是以不会再改变，会持久下去，故为恒。

**综卦：☶泽山咸**。咸而有恒，恒而有咸，两卦相综互生。

**错卦：☴风雷益**。恒久的关系在互益，但恒久经常会僵化，是以宜保持警觉，不可错过互益。

**互卦：☰泽天夬**。能恒者在决心。风雷互动，非恒即益，这两个刚柔动能的上下变化，必须有所决定。

雷风恒

| | | | | 自然数 | 电脑 |
|---|---|---|---|---|---|
| 1 | $2^0$ | | | 0 | 0 |
| 2 | $2^1$ | | | 0 | 0 |
| 4 | $2^2$ | | | 4 | 1 |
| 8 | $2^3$ | | | 8 | 1 |
| 16 | $2^4$ | | | 16 | 1 |
| 32 | $2^5$ | | | | 0 |

雷风恒能量
$4+8+16=28$

**雷风恒，《周易》序卦数第三十二。**

恒卦为中低能量之卦，保持安定之象，比寻求努力更重要。

恒卦卦辞曰：

恒亨，无咎，利贞，利有攸往。

下巽上震，先震后巽，故暂不变，当下得到安定之象为恒，恒久也。但天道恒动，故要恒久必先亨通，才得无咎。

恒久之象，仍稳定而正确，这种能量光明正大，故有利于卦象的未来发展，利有攸往也。

恒卦象辞曰：

恒，久也。刚上而柔下，雷风相与，巽而动，刚柔皆应，恒。恒，亨，无咎，利贞，久于其道也。天地之道，恒久而不已也。利有攸往，终则有始也。日月得天，而能久照，四时变化，而能久成。圣人久于其道，而天下化成，观其所恒，而天地万物之情可见矣。

恒不是不动，而是常易。经常性的规则变易，如昼夜之互生，春夏秋冬的循环。常易之变自然可以恒久。

所以恒，是久而不变的常易。刚在上，柔在下，先刚后柔，天地运作之常理，如同雷响风起，风雨之起，刚的乾能及柔的坤能，相应而动，故能完全依常规而动，是为恒。

要保持恒久的卦象，能量必先亨通，常易而不做其他变化，故能无咎而利贞，以其变化能久于其道也。

延伸常易的恒久卦象，便是天地变化之道，恒久而不停止，也不会有太大其他突变。

这股稳定的能量，必利有攸往，以其循环变化，终而有始，冬天过了春天再生，最黑暗的时刻，也是破晓的开始。

日出月沉，月下日升，日月的变化依天道，故能常易而恒久地照亮大地。春夏秋冬四时的变化，乾坤两仪变化而生四象，四象以阴阳变化，因循而恒久，万物的生命因而化成。

延伸在人事上，圣人以常易之道，无为而天下自化，他们能理解自然的和谐力量，顺其自然必可无咎矣。

是以完全无心，无欲，只警觉地观察自然能量的变化，观其所恒，便可完全洞识天地万物变化之奥秘神妙之情了。

恒卦象辞曰：


雷风，恒；君子以立不易方。


雷风之恒是常易而非僵死，顺自然能量变化，循环常变，是为恒。君子以恒之道，处世立身，不改变其方向及方位，完全顺其自然，是处恒的真义。

### ■生活常态由最简单的做起

建立恒久的经营制度，领导者宜由最简单的着手，如果想得太深，意图追寻永续经营的本质，无异于自找麻烦。

恒卦初爻动，阴生阳，之卦为☳☰雷天大壮。

大壮者太壮也，初爻动，常会倾向由本质的变化着手，意念太强，欲望必升，恒卦是低能量之卦，大壮则必有凶事生。

恒卦初六爻爻辞曰：

初六，浚恒，贞凶，无攸利。

浚则刚猛也。恒的精神是常易，是循序变化，所以浚必违反恒道精神，即使正确仍会有凶险，所以无所往而有利也。

恒卦初六爻象辞曰：

浚恒之凶，始求深也。

初爻刚动，就急着探求太深的常变道理，有如小学生学微积分，完全不切实际，是以必凶。

■**坚持不变，虽非适应之道，但可无悔**

恒卦二爻为阳能，刚居柔位，态度消极，坚持不做变化，虽不能完全适应环境，但位处中正，应可无大过错。

恒卦二爻动，阳生阴，之卦为䷽雷山小过，巽风成艮止，坚持不变地保守能量，虽稍有过分，但无大害。

恒卦九二爻爻辞曰：

九二，悔亡。

悔亡者无后悔也。阳居阴位，不当位，且过分坚持，但以其恒守中道，故可以无悔。

恒卦九二爻象辞曰：

九二悔亡，能久中也。

九二的动能，阳居阴位，但属内卦中爻，亦即经营者在心中能坚守其原则，阳能居柔位，守中而不失，不急不躁，是可以无后悔也。

### ■不堪寂寞，违反恒常之道

恒卦三爻为阳爻，阳居刚位，富积极之心，尤其是内卦上爻，急于表现在外卦，违反恒卦本有精神，故必有凶。

恒卦三爻动，阳生阴，之卦为䷧雷水解。

雷响于云气之上，卦象必变是为解，恒卦本求安定，卦象若为雷响所破，应有不利的凶事。

恒卦九三爻爻辞曰：

九三，不恒其德，或承之羞，贞吝。

不恒其德即其德不恒也，能量急着有变动，故不再是常易了，九三急于求进，违反本卦真义，盲目冒进，必有羞吝之事，即使存心正确，但方法错了，做起事来仍会有太多阻碍。

恒卦九三爻象辞曰：

不恒其德，无所容也。

恒卦的精神在常变而恒久，如今其德不恒，强求冒进，好高骛远，恐怕难有容身之处。

### ■滚动的石头不生苔

恒卦四爻动，已由内卦动到外卦，阳爻居柔位，又为外卦初爻，位和能都不宜，更不合乎恒卦的本卦意义。

恒卦四爻动，阳生阴，之卦为 ䷭ 地风升。种子在地底下，生命能量往上蹿升，对恒卦的本卦并不好。

恒卦九四爻爻辞曰：

九四，田无禽。

九四阳居柔位，虽有意蹿升，但位及能都不对，常会徒劳无功，如前往打猎却无禽兽可得。

想要表现，力量不足。虽然升高了卦象的紧张迫力，却反而破坏恒卦本意。

恒卦九四爻象辞曰：

久非其位，安得禽也。

恒卦是常易之卦，一切循序渐进，九四刚居柔位，急着蹿升，缺乏耐心及毅力，安能获得猎禽？

### ■恒卦时的领导者温和为宜

恒卦以消极的常易，顺其自然变化，故领导者以温和柔顺为宜，五爻动，阴居阳位，进虽不足，守成可也。

恒卦五爻动，阴生阳，之卦为☱☴泽风大过。

木在泽下，种子生在湖底，压力过大，恐夭折，故宜以消极警觉之心，解除危机，积极则不利。

恒卦六五爻爻辞曰：

六五，恒其德，贞。妇人吉，夫子凶。

恒卦五爻也是卦中主爻，六五柔居刚位，力不及，位中正，维持温和导向，以柔克刚，必大吉。但若硬要积极主导，反而会弄巧成拙，形成大过之卦，则凶。

恒卦之德为坤，属低能量，故其德若正确应本温柔之性。故妇人吉，夫子凶。

恒卦六五爻象辞曰：

妇人贞吉，从一而终也。夫子制义，从妇凶也。

恒卦以温柔为主，孔子描绘五爻动之象，是如同妇人的贞吉，从一而终，坚守温柔顺从之本性也。若以夫子来领导，刚柔强弱间抓不到分寸，反而有凶事发生。

所以本卦之六五成九五必有大过之害。

■**制度化、平常心，绝对急不得**

恒卦上卦为震，上爻动，震到了极点，虚张声势，急功近利，对恒卦是非常不好的。

恒卦六爻动，阴生阳，之卦为 ䷱ 火风鼎。

恒者持久也。持久必须安定，如今急着创造新局势，将破坏恒卦的本义了。

恒卦上六爻爻辞曰：

上六，振恒，凶。

恒者安静、持久之卦，上六却想振之，虽然阴居柔位，能量及位置正确，但违反恒卦精神，故只是没有必要的努力而已，必凶。

恒卦上六爻象辞曰：

振恒在上，大无功也。

虽然人也对，位也对，但力量用在不需用的地方，仍会徒劳无功。

咸、恒两卦，本卦的意义都不错，但由于都属宁静无为的精神性卦象，宜深入、消极、被动、安静地顺其自然调整能量，是以所有的爻动，对本卦都不算是太好，宜小心之。

### ■恒卦的自然发展现象

雷风恒 ䷟ 在八宫卦序属于震卦的三世变。

内卦由震的阳刚已完全转成阴柔的巽，外卦离仍震动多变，但内心阴柔以应，是为恒。

恒者恒常也，以平常心坚守立场，柔中带刚，是为恒卦的精神，仍隐现着震卦的本质。

## 第三十三遁卦——退避也，引退也

### ■以退为进，休息为走更远的路

咸、恒均属低能量之卦，以让公司发挥自动自发的经营力量。

为了确定这股力量的恒常性，经营者宜更进一步，退出主导活动，以观察公司自己运作下的问题。

故恒卦之后，受之以遁卦。

**遁卦，艮下乾上，天山☶☰遁。**

初爻、二爻阴气渐生，阳气退避也。天下有山，何处不可隐遁？

**综卦：☳☰雷天大壮。**大壮之后常有不必要伤害，退隐以避祸也。退隐休息后，能量累积，反而能大壮之，以能走更远的路，是以遁与大壮相综。

**错卦：☷☱地泽临。**遁后以旁观者观世态之变，但仍宜由本身事做起，不可因退隐而生疏，是遁之时不可错过临也，遁和临相错相生。

**互卦：☰☴天风姤。**退隐是为等更好的机会，是以仍应如诸葛亮以卧龙隐居南阳，待机而出也。

天山遁

| 1 | $2^0$ | ████████ | 1 | 1 |
| 2 | $2^1$ | ████████ | 2 | 1 |
| 4 | $2^2$ | ████████ | 4 | 1 |
| 8 | $2^3$ | ████████ | 8 | 1 |
| 16 | $2^4$ | ██  ██ | 0 | 0 |
| 32 | $2^5$ | ██  ██ | 0 | 0 |

自然数　电脑

天山遁能量
1+2+4+8=15

**天山遁，《周易》序卦数第三十三。**

遁卦属低能量之卦，审慎观照时局，宁静、消极、被动之时机。

遁卦卦辞曰：

　　遁，亨，小利贞。

艮下乾上，外卦刚健，内卦艮止，以消极、被动之心，面对挑战，宜退避也。

退避是为走更远的路，是以仍应保持亨通。退隐并非与世界断绝联系，只是以独行之心，做个局外人而已，对世事保持独善其身的态度，故"小利贞"。

遁卦象辞曰：

　　遁亨，遁而亨也。刚当位而应，与时行也。小利贞，浸而长也。遁之时义大矣哉。

遁，不是断绝，而是亨通。退避后，时间多，心态客观，故对时局反而看得更清楚。

主爻九五刚居外卦之中，阳得刚位，故可以和时局的需要配合而动，暂时成为局外人，是谓"刚当位而应，与时行也"。

退隐之时，踽踽独行，宁静地体会生命之义，是谓"小利贞，浸而长也"。

休息是为走更远的路，退避是为将事情看得更清楚，是故虽消极其实更积极也，虽被动其实更主动也，故"遁之时义大矣哉"。

遁卦象辞曰：

天下有山，遁。君子以远小人，不恶而严。

天体浩瀚无边，山高则有限，以有限求无边，危殆矣，故宜隐遁。阴能升高，不利阳能之动，冬天将到，生命能量宜潜藏，故谓遁。有如君子必须远离小人之能量，不必和他们对抗，但却宜严守自己的立场。

### ■退隐得慢的，干脆不要逃避

遁卦初爻变，是最低层的遁。初爻是阴爻，动作慢了一些，隐退得不够迅速，干脆不要退隐。

遁卦初爻动，阴生阳，之卦为☰天火同人。

初爻地位低，其实不一定非退不可，退得不够快，可能会逃不掉，干脆不逃了，与人同心去，反而比较不危险，是为同人卦象。

遁卦初六爻爻辞曰：

初六，遁尾，厉，勿用有攸往。

初六是地位最低，无足轻重者，虽阴能来犯，其实也不一定有退隐的必要。退隐时跟在后面，当作尾巴的不一定逃得掉，不如不要逃，作同人状，在晦藏处静候，不要再往前逃，反而有利一点。

遁卦初六爻象辞曰：

遁尾之厉，不往，何灾也。

充当遁之尾者，可能会被追杀，何等危险！反而干脆不退了，态度暧昧，易于晦藏，何灾之有？

■**逃不远的，留下来面对挑战**

初爻逃不掉，但也不投降，混在晦暗处，反而安全。二爻地位明显，退不退犹疑不决，但看情势也逃不远，所以表明立场，留下来，面对挑战。

遁卦二爻动，阴生阳，之卦为☰☴天风姤。

天下有风，变化多，机会多，警觉地面对挑战可也。

遁卦六二爻爻辞曰：

六二，执之用黄牛之革，莫之胜说。

六二，阴在柔位，力不及，也同样遁不远，但位在本卦中爻，位正能量也对，故坚守本位，仍不会太危险，由于容易被九三吸引，所以最后用坚韧的黄牛皮带将自己绑起来，使自己逃不掉，反而更安定志向面对挑战，不会被姤卦所吸引。

遁卦六二爻象辞曰：

执用黄牛，固志也。

六二阴柔，易受引诱，故用黄牛皮革自缚，固定自己的意志，打消遁意。

### ■假装无大志以避其祸

九三是内卦上爻，也是内卦唯一阳爻，阳处刚位，强力想退遁，但却为六二所阻，一时间也有逃不掉之可能，必须设法自处。

遁卦三爻动，阳生阴，之卦为☷☰天地否。

九三处于内外卦之间，犹疑不决，必有危厉及灾难。是为否境，处否之道，藏志以避祸也。

遁卦九三爻爻辞曰：

九三，系遁，有疾厉。畜臣妾，吉。

本可退避，但心有所系，放不下初六及六二，所以犹疑不决，以致逃不掉了，是以难免会有伤害及危险。为了保护自己，可以用好色及畜养小老婆的行为，装作沉湎酒色，以无大志，虚与委蛇以避祸，或可获吉。

遁卦九三爻象辞曰：

系遁之厉，有疾惫也。畜臣妾吉，不可大事也。

求退隐而又心有牵挂，以致退隐不成，这时必会意志消沉，面对随时可能的伤害，假装沉湎于酒色以避难，虽可暂时获吉，但不可以策划大事，以免被看穿，而形成更大危险。

### ■逐渐退出的好来好去

遁卦四爻已到外卦，退隐已没有问题，但退隐的动机和心情，仍会影响其吉凶。

遁卦四爻动，阳生阴，之卦为 ䷴ 风山渐。

遁卦九四为外卦初爻，刚居柔位，力不足，即使退遁，态度上仍温和，逐渐退出，以求好来好去。

遁卦九四爻爻辞曰：

九四，好遁，君子吉，小人否。

九四阳居柔位，虽已决定退遁，但为求降低冲突，好来好去，采用逐渐引退的方法，是为"好遁"。

君子好遁，态度温和，心志坚定，虽多些时间，但仍可顺利退隐，故吉。

小人心不定，容易受引诱，好来好去常只是借口，犹疑不决，想踏两条船才是事实，想退不退，陷入矛盾中，前途必为否。

遁卦九四爻象辞曰：


　　君子好遁，小人否也。


君子的好来好去，逐渐退去，没有问题，小人心神不定，欲去还留，想获得其他名声及利益的，反会陷入否境。

### ■光明正大的退隐，正确而大吉

遁卦九五是卦的主爻，也是遁的主要精神，阳居刚位，领导诸爻，光明正大的退隐，是为大吉。

九五动，阳生阴，之卦为 ䷷ 火山旅。

山上有火，象征旅人之象，退隐的九五，到处视察民情，理解基层需要，以自己的地位及经验，解决民间疾苦，是退休者最光明正大的工作。

日本历史故事中的水户黄门，脍炙人口，电影电视屡次演出，受欢迎的风潮毫不褪色，这个历史故事就显示了遁卦九五之精神。

遁卦九五爻爻辞曰：


　　九五，嘉遁，贞吉。

引退后，仍然将自己奉献于社会，发挥剩余价值，为人服务，是为嘉遁，既贞又吉矣。

遁卦九五爻象辞曰：

嘉遁贞吉，以正志也。

退休的老人，能够将自己完全利用，发挥生命最后的功能，更能显现自己恢弘远大的志向，不因退出权力圈而受影响。

## ■功成身退，无往而不利

遁卦上爻，是退隐的最高目标，不是被逼退的，而是功成而身退。

遁卦上爻动，阳生阴，之卦为☱☶泽山咸。

功成而身退，是自然界常动，能量引退复生的道理，故为无心之感精神的完整表现。

遁卦上九爻爻辞曰：

上九，肥遁，无不利。

肥遁者已完成自我任务，宽裕温厚，功成身退之象也，见机而退，重整能量，以完成最后的生命，是最高智慧的表现，故无往不利矣！

遁卦上九爻象辞曰：

肥遁无不利，无所疑也。

功成身退，而不是道不行，所以心中坦然无挂碍，也没有什么要去做的任务，自由自在，游戏人生，无往而不利矣！

### ■遁卦的自然发展现象

天山遁☰☶依八宫卦序属乾的二世变。

外强内忍，在强大压力下不得不退避，但这种退避不是逃避而是不苟同世俗的独善其身，是以基本仍是强烈阳刚本质的。

时不我与，君子之心仍不动如山，进退谨守本分，才是遁的精神。

虽然退避，但本质上仍是阳刚本质的。

## 第三十四大壮卦——壮盛，虚张声势也

### ■大胆积极迈进时

遁是退隐、退避，有功成身退的遁，也有休息是为走更远之路的遁。

遁是消极、被动而宁静。满腹怨言，急躁不安是小人之遁，必凶。

咸、恒、遁，均属低能量之卦，静极思动，累积的能量将会爆发开来，是为大壮。

**大壮，乾下震上，雷天☱☰。**

雷响天上，阳能壮盛，震响宇宙，刚健之人太勇于进取，是

谓大壮。

物极必反，由咸、恒到遁，安静太久了，累积能量太多，非爆发不可了。

**综卦：**☶☷**天山遁。**大壮是迈进，遁是退隐，两者正是相综的两极卦象。

**错卦：**☴☷**风地观。**大壮是能量的爆发，气势太强，可能对环境造成太大影响，故不可错过观，完全客观的无心观照，使大壮的阳能可用在正确的导向。

**互卦：**☱☰**泽天夬。**大壮中动作必多，常会碰到重大影响关键，随时都需有决心，是以其内涵隐藏有夬卦意义。

雷天大壮

雷天大壮能量
4+8+16+32=60

**雷天大壮，《周易》序卦数第三十四。**

大壮卦是高能量之卦，全力以赴的冲刺中，亦宜保持适度警觉，以免冲过了头。

大壮卦卦辞曰：

　　大壮，利贞。

雷在天上，阳能壮盛，是全力迈进之时，故更应稳健而正道，进以正，才能有大利。

大壮卦彖辞曰：

> 大壮，大者壮也。刚以动，故壮。大壮利贞，大者正也。正大而天地之情可见矣。

雷响高天，阳能大而壮也。内刚健为天，外雷震而动，故刚健以动，能量爆发，是为大壮。

大壮时宜利贞，走正而大之路，大者必正，宇宙浩瀚大气，是宇宙最高秩序，完整的整体，宇宙的"一"，孔子谓吾道一以贯之，这个"一"便是大者正也。

大壮卦象，必须以至大至正为基础，则天地之情可见矣。

大壮卦象辞曰：

> 雷在天上，大壮。君子以非礼弗履。

乾能震动，力量大壮，拥有这种条件的君子，更宜警觉自制，非合乎于礼者不行，此大壮之正且大之道也。

## ■急功近利，盲目妄进，有凶象

大壮初爻，阳居刚位，能量及位都对，但能量开始外放，力仍不足，不宜求急功，应脚踏实地，逐步迈进。

大壮初爻动，阳生阴，之卦为 ䷟ 雷风恒。

恒者常之变也，循序渐进，不可强求，大壮之初期，阳能虽动但力仍不足，故宜有足够耐心，持续努力则可。

大壮卦初九爻爻辞曰：

初九，壮于趾，征凶，有孚。

开始的壮，如同阳能只在脚趾震动，力犹不足，盲目前进必凶，是由于内在力量尚小，故信心不足也。

大壮卦初九爻象辞曰：

壮于趾，其孚穷也。

阳能只在脚趾震动，内在仍没有力量，信心必穷也。

### ■温和有节制地运用大能，必吉

大壮的二爻，阳居柔位，震动而有所节制，大壮中有所警觉，必能获吉。

大壮二爻动，阳生阴，之卦为☲☲雷火丰。

雷在火上，雷响于太阳之上，晴天霹雳，阳能动而不烈，只是更丰盛而已。

大壮卦九二爻爻辞曰：

九二，贞吉。

大壮九二，阳居柔位，强而不烈，阳能震动却不过分，是以能稳定而大吉。

大壮卦九二爻象辞曰：

九二贞吉，以中也。

九二阳能居柔位，但处于内卦中爻，有毅力、有耐心，阳能强大却合乎中道，温和有节制，是谓"贞吉，以中也"。

### ■小人冒进，君子潜藏

大壮的三爻为内卦上爻，刚健的天之动能，将跃进雷震中，但阳能仍在内卦，力犹不足，机会虽大，风险亦多，君子在此时机，能洞识环境条件，戒急用忍，等待真正机会。小人急于求功，必乘机冒进，反会造成伤害。

大壮九三爻爻辞曰：

九三，小人用壮君子用罔，贞厉，羝羊触藩，羸其角。

九三阳处刚位，气势强大，难免有冒进之心。但其实能量仍在内卦，离真正大壮还有一段距离。

小人急于表现，便用此大能，贸然前进。君子能洞悉真相，不为表面气势迷惑，故以罔掌握自己的心，暂时潜藏不动，以累积更多能量。

因为条件不足，即使目标正确，力量不及，仍会遭到严厉挑战。

如求进心切，有如公羊用角去撞击坚固的藩篱，徒然无功，只会让自己的角受伤害而已。

大壮卦九三爻象辞曰：

小人用壮，君子罔也。

表面气势壮，其实时机未到，小人心急，盲目冒进，君子洞识生命真相，暂时潜藏，以毅力及智慧等待真正机会到来。

### ■壮大的能量必用于服务他人

大壮之四爻，已进入外卦，而且是外卦唯一阳爻，再不用就没有了，但九四阳居柔位，不致太贸然前进，能警觉周围的需要，将此壮大的能量用以服务他人。

大壮四爻动，☷地天泰。

以大壮之能量，不为己用，而服务于社会，天自愿居于地之下，巧者为拙者奴，天地呈现泰境——国泰民安也。

大壮卦九四爻爻辞曰：

九四，贞吉悔亡，藩决不羸，壮于大舆之輹。

大舆之輹，是车子的辐轴，是为车子所用者。"壮于大舆之輹"，是将此大能量，壮之于大车的轮轴，是为天下之人服务之意。

如此的九四，必能贞吉而且无悔，其羊角触抵藩篱时，藩篱都会因而崩溃，自己的角当然也不会有所伤害。

大壮卦九四爻象辞曰：

藩决不赢，尚往也。

大壮的阳能，既贞且吉，是以用角也可以抵毁坚固的藩篱而不被伤害。有这样的力量，自然可以勇往直前了。

### ■气势虽强，条件不够，宜警觉

大壮第五爻，以阴爻居中正刚之位，作为大壮之主爻，力虽不足，但若能因而警觉，被动，反而是有利的。

大壮五爻动，阴生阳，之卦为☰泽天夬。五爻在大壮卦中阴阳爻交易之际，也是改变的重要关键期，是下定决心的时候了。

大壮卦六五爻爻辞曰：

六五，丧羊于易，无悔。

羊性急，常会模仿躁进，易是大壮阴阳爻交易之处，羊经常在这关键期，贸然前进而丧命。

但如能以六五，柔居刚位，进展中有所警觉，虽然用尽阳能，仍可无悔。

大壮卦六五爻象辞曰：

丧羊于易，位不当也。

阳能如羊般的贸然前进，丧失在阴阳转易间，大壮而不得其功，以位不当而条件不够之故也。

## ■盲目用壮，会陷于进退两难中

其实一物必有两面，气势大壮，也只限于表面，内在条件不足，虚有其表而已。故大壮诸爻，只有九四可用，其余都有力不从心之象。上爻之动，大壮用到极点，更需要小心。

大壮卦上爻动，阴生阳，之卦为☲☰火天大有。

阳能太强，气势够条件不足，贸然前进，可能会有危险。但阳能刚健恒动，大公无私，虽陷险境，但若能坚持到底，突破难关，柳暗花明又一村，将是大有之象。

大壮卦上六爻爻辞曰：

上六，羝羊触藩，不能退，不能遂，无攸利，艰则吉。

上六，如同公羊用角抵撞坚固的藩篱，不能成功，但也不能退，自陷进退不得的险境，故无往而有利，不过如能面对艰苦的困境，奋斗到底，阳能终会突破艰困之局，获得大吉大利。

大壮卦上六爻象辞曰：

不能退，不能遂，不详也。艰则吉，咎不长也。

陷入进退维谷的困境，是由于未能详细观察客观环境之条件所造成的，经过此教训，若能于艰苦中奋斗不已，必能大吉大利，受困的痛苦是不会太长的。

## ■大壮的自然发展现象

雷天大壮☳☰，八宫卦序属坤卦的四世变。

阴极阳生，坤能由复而临，由临而泰，内卦已完全转阳。

四世变外卦初爻阴转阳，是为雷天大壮。

雷虽有震撼之威，但仍是二阴乘孤阳，力犹未足，是以大壮卦象，显示外表虽强，但内在实力仍不够坚实，虽然气势鼎盛，内藏不足的危机，故不宜操之过急。

大壮卦的主爻为六五，以阴柔领导诸阳爻，是以本质上仍属坤能。

# 第九章　经营常变

晋，进也。明出地上，顺而丽乎大明，柔进而上行。是以康侯用锡马蕃庶，昼日三接也。

——《易经·晋卦象辞》

## 利害互生——晋、明夷、家人、睽

家人，女正位乎内，男正位乎外，男女正，天地之大义也。家人有严君焉，父母之谓也。父父、子子、兄兄、弟弟、夫夫、妇妇，而家道正。正家，而天下定矣！

大壮之后，必有大进，故接着是晋卦。

晋者，日出大地，旭日东升也。

下坤上离，火地☲☷晋。太阳升起地平线，光明再现之卦象。

### 第三十五晋卦——上进，旭日东升也

#### ■日出的时候，大地一片光明

**晋，坤下离上，火地☲☷晋**。日出大地，光明初现之象。

**综卦：☷☲地火明夷**。夷是伤害，光明受伤，日在大地之下，大地一片黑暗。阴中有阳，阳中有阴，光明和阴暗之卦象相综也。

**错卦：☵☰水天需**。水在天上，云气未能转成及时雨，故为需要也。光明象征精神，需要象征物质，两者必须合而不可缺其一，故晋、需相错也。

**互卦：☵☶水山蹇**。晋者进也，旭日刚东升，情况刚改变而不

清楚，是以晋中有难行的内涵。

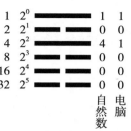

火地晋

火地晋能量
1+4=5

**火地晋，《周易》序卦数第三十五。**

晋卦为超低能量之卦，旭日东升，一天的开始，虽充满了希望，但能量不强，故宜以警觉观察为主。

大壮之后，必晋，但晋之后，情势不明，能量不足，故宜保持被动。

晋卦卦辞曰：


晋，康侯，用锡马蕃庶，昼日三接。


康侯是安国之侯，"康侯，用锡马蕃庶"，描绘的是诸侯晋升其部属时，所用的礼仪景象。

锡马是赐予各种不同用途的马匹，并在一日三次接见，以示恩宠。

内卦三阴爻，进入外卦之离火，九四介于六五及内卦三爻间，是以用一日三接以描绘阴阳爻变化之象。

晋升礼仪，虽隆重而亮丽，但上卦的中爻六五是全卦主爻，阴居刚位，力必不足，面对环境改变，大意不得。

晋卦彖辞曰：

晋，进也。明出地上，顺而丽乎大明，柔进而上行，是以康侯，用锡马蕃庶，昼日三接也。

明出大地，一片光明，坤柔顺却进入外卦的离火，故丽乎大明，柔进而上行。

内卦温和柔顺，能量低，进入外卦光明，能量外射，故必严重不足，显现晋卦，表面隆重亮丽，内部却是虚华也。

如同康侯晋升功臣的仪式，隆重而亲切，实质的意义可能不大。

晋卦象辞曰：

明出地上，晋。君子以自昭明德。

旭日刚东升，晋也。亮丽显现在大地上，如同君子之德政，召告万民而已。

### ■扎实的表现是晋升的基础，不可急

晋卦的初爻，初入公司便想晋升，尚未为老板赏识，不获晋升，也是正常，何况柔居刚位，力不足，宜宽裕等待之。

晋，初爻动，阴生阳，之卦为☲☳火雷噬嗑。

内心虽动，力求晋升，但气势不足，阻碍仍多，首要工作宜除去阻碍，争取上司的重视。

晋卦初六爻爻辞曰：

初六，晋如摧如，贞吉，罔孚，裕无咎。

初六，柔居刚位，力量不及，虽想晋升，阻碍却多，去除阻碍，行为正当稳定则吉，必须建立信心及真诚，宽裕自处地等待，当可无过错。

晋卦初六爻象辞曰：

晋如摧如，独行正也，裕无咎，未受命也。

晋升的通道，阻碍仍多，必须克服，但虽不为所识，行为仍宜正确，宽裕自处，才能无咎，以未获正式任命，急不得也。

## ■不为赏识，仍坚持努力

晋卦的二爻，阴居柔位，又处内卦中爻，温和中正的坤能也。

晋卦二爻动，阴生阳，之卦为☲☵火水未济。

未济是尚未获得救济，亦即机会未到，这时候坚持努力到底是最重要的。

晋卦六二爻爻辞曰：

六二，晋如愁如，贞吉，受兹介福，于其王母。

六二，阴处柔位，力不足，在晋升的过程中，常有挫折，故难免愁肠百结了。但若能继续坚持努力，则必可获吉。

阴柔之人，温和而有毅力，必能获得王母般的福气。王母为阴能之最高者，亦即能温和宽容又坚毅不拔的人必获得最高的福气。

晋卦六二爻象辞曰：

受兹介福，以中正也。

六二，阴柔而位中正，是以能温和中坚毅不拔，所以将得到最高的祝福也。

## ■温顺的人有福了，可受人信任

晋卦六三，为内卦上爻，阴居阳位；又于不三不四间，应是有悔，不过晋卦本阴柔卦象，六三合乎本卦精神，柔顺中可发挥其功能。

晋卦三爻动，阴生阳，之卦为☶火山旅。

旅者繁忙、不安之象也，六三阴居刚位，又想进入外卦，故必不安而忙碌，但温柔本性，符合晋卦精神，可得众人之信任。

晋卦六三爻爻辞曰：

六三，众允，悔亡。

六三温柔本性，为众人所敬服，故虽阴居刚位，仍可得到信任而无悔也。

晋卦六三爻象辞曰：

　　　　众允之志，上行也。

六三，欲晋外卦，本无实力，但以其为内卦坤能的上爻，得众爻之信任，是以仍有力量进入外卦，是为上行也。

## ■贪心的人，必有所悔

晋卦四爻为外卦初爻，阳居柔位，气势强而位不当，对晋卦而言，应属不宜。

晋卦四爻动，阳生阴，之卦为☶山地剥。

晋者进也，身份、地位或生活条件的提升，自然也会引发欲望的提升。欲望和条件出现差距时，便成了贪心，贪心必有悔恨，因此在晋卦中，这种贪欲必须剥除，否则将引来祸害。

晋卦九四爻爻辞曰：

　　　　九四，晋如鼫鼠，贞厉。

鼫鼠生性贪而猜忌，畏首畏尾。九四已在外卦，位高而不正，如同鼫鼠的疑神疑鬼，即使目标正确，仍会造成不少的冲突及紧张。

晋卦九四爻象辞曰：

鼫鼠贞厉，位不当也。

晋卦中，最忌讳贪欲及猜忌，所以晋是低能量之卦，一切宜顺其自然。鼫鼠般的性贪而猜忌之个性，以九四阳居柔位，又在外卦初爻，晋升欲望太强，位不当也。

**■顺其自然，得失不计较**

晋卦之五爻，为卦之主爻，阴居阳位，力虽不及，但柔顺警觉、审慎执政，以离火之亮丽呈现在外卦，便是晋的最主要精神。

晋卦五爻动，阴生阳，之卦为 ☷☰ 天地否。

晋之五爻若气势强硬，反而使外卦刚健。对应内卦的柔顺，天地之气不通，成为否卦之意。所以晋卦是低能量之卦，外卦中爻的五爻，更需保持柔顺无为之作风，以免破坏晋卦之宁静。

汉文帝刘恒，在功臣支持下，以外藩入主皇位。太强势必和功臣冲突，太弱势则成为傀儡皇帝，分寸的把握非常困难。汉文帝在陈平协助下，实施黄老治术，清静无为，垂拱而治，建立中国空前绝后的盛世，是为晋卦最精彩的表现。

晋卦六五爻爻辞曰：

六五，悔亡，失得勿恤，往吉不利。

晋卦六五，柔居正位，合乎晋的精神，虽位不正，仍可无悔恨之事，若能顺其自然，信任部属，不计得失心，使部属鞠躬尽痊，本身垂拱无为，这样的六五，必获大吉，且无往而不利。

晋卦六五爻象辞曰：

失得勿恤，往有庆也。

六五的主要精神在宽厚、警觉、顺从环境发展、防微杜渐、不计得失，未来的发展自然可喜可庆。

## ■求进心强，钻牛角尖，必有麻烦

晋卦是顺其自然成长之卦，太急或太坚持，都不是好现象。

晋卦上爻动，阳转阴，之卦为 ䷏ 雷地豫。

雷响大地，预备之卦，可准备，但应好整以暇，不必急于行动。

晋卦上九爻爻辞曰：

上九，晋其角，维用伐邑，厉吉，无咎，贞吝。

"晋其角"，便是晋升的要求钻到牛角尖了。"维用伐邑"，是这种过分要求进步的心，是用在整顿自己的私邑（自己的心），也就是要求自己钻入了牛角尖，可能会有激烈的心理冲突，但仍可吉而无咎，态度虽正确，但却仍会阻碍自己的正常发展。

晋卦上九爻象辞曰：

维用伐邑，道未光也。

晋卦之道，是体认自然能量进展，以无为呈现旭日东升之象，所以不自然地过度要求自己，处处钻牛角尖，便无法发挥晋卦之道。

晋是超低能量之卦，一切依自然成长，内卦为坤，柔顺而宽大，外卦之离，初升的太阳，亮丽而不热，是宁静之卦，不必努力，也不必不努力。

### ■晋卦的自然发展现象

火地晋䷢，旭日东升之卦，八宫卦序中属乾的六世变，为游魂卦。

乾卦的五世变为剥卦，以最大勇气剥除最后一个阳能，让全卦进入坤能，阴极阳生，上卦初爻变回成离卦，象征火升地平面，为旭日之卦，虽仍缺乏实力，但历经阴能剥阳后的乾卦，更成熟而内敛，是以晋的游魂之后，七世变，成为火天大有。

## 第三十六明夷卦——伤害，光明受伤也

### ■日落大地，黑暗来临时

晋者进也，旭日东升之卦。

明夷，落日也，黑暗来临之时。

**明夷，离下坤上，地火䷣**。火在地下，光明受到了伤害，黑暗来临，地狱之火燃起来了。

**综卦：䷢火地晋**。明夷和晋。阴中有阳，阳中有阴，晋和明夷相综相生。

**错卦：☰☵天水讼**。天水一线。分明也。明夷之时，心中天人交战，环境恶劣，但却绝不能妥协，是以明夷和讼相错也，明夷之时更不可错过讼。

**互卦：☳☵雷水解**。雷在水上，一雷破九台，风雨能量强烈振动，必解也。明夷的难境极高，明夷中宜宁静思考破解之道。

地火明夷

地火明夷能量
8+32=40

**地火明夷，《周易》序卦数第三十六。**

明夷卦属中高能量之卦。明夷，地狱之卦象。周文王被囚羑里，其子前来搭救，反为殷纣王所杀，煮成肉羹，送给文王吃，文王心中清楚，但仍忍泪食子之肉以避祸，演绎出明夷卦。明夷中虽宜顺从、和悦，但条件恶劣、严酷，是以非有高度警觉和毅力不可。

明夷卦卦辞曰：

明夷，利艰贞。

下离上坤，明在地下，大地一片黑暗，前途茫茫，艰困中只有高度守困的坚毅精神，方能度过艰难，是以"明夷，利艰贞"矣。

明夷卦彖辞曰：

> 明入地中，明夷，内文明而外柔顺。以蒙大难，文王以之。利艰贞，晦其明也，内难而能正其志。箕子以之。

**明夷为《易经》四大难卦之一，地狱之卦也。**

孔子非常重视此卦，特别以两大圣人——周文王和商箕子的处明夷作为，为此卦之断言。

光明进入了地中，大地一片黑暗，前途完全不可知。周文王以内文明（离火）、外柔顺（坤地）的态度，来经验如此的大灾难。

文王内心保持正道、宁静、光明，外面的行为温顺、宽容，一切都可接受，此周文王姬昌处明夷之道也。

商末的箕子，劝导殷纣王无功后，渡海赴朝鲜避祸，面对艰难环境，保持其贞正之心，模糊其光明态度，内心虽难过和艰困，但志向仍迈向正道，绝不妥协，此箕子处明夷之道也。

明夷卦象辞曰：

> 明入地中，明夷，君子以莅众，用晦而明。

晦是模糊其态度之意，内心光明，但态度模糊以避大祸。孔子描述此黑暗艰困时的君子之道，是明已入地中，社会黑白勾结，一片混乱，君子不察察为明，反而体认大众不安之心，以模糊的态度处事，同情重于惩罚，慈悲重于严厉，是为君子之明。

曹参以黄老无为治术，整饬齐国战后乱象，并在出任相国后，协助摇摇欲坠的刘氏政权度过吕后夺权的阴影，是此卦象说辞之精神也。

### ■消极地坚守正道，不妥协世俗

地火明夷䷣，初爻，阳处刚位，地位虽低，面对艰困局势，力求避开，但心中绝不妥协。

明夷所以属中高能量之卦，以其必须有不妥协的坚毅为后盾。

明夷卦初爻动，阳生阴，之卦为䷖地山谦。

明夷中，前程完全晦暗，生机完全丧失，但君子之心，仍绝不妥协，该做的事做了，其他只有谦虚地自处以等待了，这便是周文王处明夷的精神。

明夷卦初九爻爻辞曰：

> 初九，明夷于飞，垂其翼，君子于行。三日不食，有攸往，主人有言。

初九，是明夷刚开始，阳处刚位，态度虽较消极，但意志仍坚定。有如鸟在明夷中飞行，尽量放低翅膀，累积能量，但绝不退避，仍踽踽独行，继续往前。

体会时局艰困，集中力量，争取时间，连续三天，不吃喂食它们的饲料，只是一意向前，等待主人给它们的指示。

明夷初九爻象辞曰：

君子于行，义不食也。

专心一意在明夷中飞行，不吃喂食它们的食物，是拒绝任何引诱，坚持不妥协之象。

## ■逆来顺受，专心避难则吉

明夷六二，不只环境不利，本身也受到具体伤害了。这时候更要安静地专心迅速处理危机。

明夷卦二爻动，阴生阳，之卦为 ䷊ 地天泰。

六二是内卦之中爻，阴处柔位，在明夷中保持安静，但若能外柔内刚，坚毅到底，必可进入泰境。

明夷卦六二爻爻辞曰：

六二，明夷，夷于左股。用拯，马壮吉。

明夷中，已伤及左腿，这时宜全力拯救时局，若得壮马的协助，应可大吉。

六二在受难中保持平静，腿受伤了，自然需要其他交通工具协助，故赶快去找，如果得到壮马，便可以很快地脱离险境了。

明夷卦六二爻象辞曰：

六二之吉，顺以则也。

明夷六二爻动，之所以能获吉，在于能在危难中冷静地面对客观的需要，全力救艰解难。

### ■面对问题，找到症结，彻底解决

明夷之九三为卦中阳刚最重之爻。即将进入外卦，便不再有机会强加解决，是以九三是解决明夷的重要机会。

明夷卦三爻动，阳生阴，之卦为☷☳地雷复。

这是争取光明恢复的唯一机会，虽然力量不强，离真正解决问题尚远，但若能恢复阳能，至少可以阻止继续黑暗下去了。

明夷卦九三爻爻辞曰：

九三，明夷于南狩，得其大首，不可疾，贞。

离在南，故找光明必须往南方。

明夷的艰困局势中，决心恢复光明，往南方狩猎，若能猎得明夷之大首（**罪魁祸首**），所谓擒贼先擒王也，便可一举解决明夷的问题。

但机会只有一次，不可急躁，要做好完善规划，方向正确，才可脱离明夷之大难。

明夷卦九三爻象辞曰：

南狩之志，乃得大也。

决心去寻找光明，往南方的离火狩猎，就是这种大志，使问题获得了解决。

明夷卦中的二阳爻，分别是初九及九三，本质上可运用来解决并面对明夷的阳刚能量。

### ■体会艰难本质，暂时安在明夷中

明夷卦第四爻——明夷的压力已到了外卦，六四阴在柔位，以温顺的态度去面对已到外在的伤害。

明夷卦四爻动，阴生阳，之卦为☳☲雷火丰。

否极泰来、乐极生悲是《易经》阴阳互动相生的本质，所以明夷卦的爻动，通常会迈向较好的卦象。

四爻的明夷已到外卦，六四阴柔以对，不但可度过危难，更可使自己的生命更为丰盛。

明夷卦六四爻爻辞曰：

六四，入于左腹，获明夷之心，于出门庭。

六四爻阴在柔位，以平静、宽容的心面对明夷，深入这个伤害的核心去寻求原因。所谓入于左腹，深入明夷核心，了解明夷发生的来龙去脉，在接受中彻底地超脱，以能在明夷中，仍能维持正常的生活及生命态度。

明夷卦六四爻象辞曰：

入于左腹，获心意也。

失败中能享受失败，挫折中能享受挫折，这是禅学最主要的精神。苏格拉底面对死亡的冷静态度，以及颜渊住在陋巷不改其乐，都是明夷六四的精神。

完全深入理解明夷的原因，平静地接受，是超脱焦虑、痛苦的唯一途径。

### ■人生难得糊涂时

明夷五爻是卦中主爻，阴居刚位，以柔顺态度处明夷卦象，反而可以使伤害降到最低。

明夷卦五爻动，阴生阳，之卦为 ䷾ 水火既济。

六五爻阴居刚位，在明夷中以暧昧态度自保，装疯卖傻，人生难得糊涂。

明夷卦六五爻爻辞曰：

六五，箕子之明夷，利贞。

殷商末年，王族贤人箕子眼见纣王残暴乱政，百劝不听，王子比干更因而殉难，箕子披发佯狂，讥嘲热讽后，以晦明守正、不妥协，但在模糊状态中，得以身免。

是以箕子处明夷之态度，利贞也。言其明晦中守正道，正确而有利也。

明夷卦六五爻象辞曰：

箕子之贞，明不可息也。

六五，是箕子之明夷，以柔顺态度，正确绝不妥协立场，佯狂讥谏君王，暧昧中不失其光明，也使得光明之道，不致受到完全的伤害。

**■爬得高跌得重**

明夷卦的上爻，对光明的伤害到了极端，那些伤害最大的，摔得最重的，经常是光明到达最亮丽的地步。

这便是爬得高，摔得重的意义。

明夷卦六爻动，阴生阳，之卦为 ䷕ 山火贲。

贲者整饰也，过分亮丽的，经常虚于内，内卦离火，外卦艮止，火会把山整饰得亮丽，但也经常变成了虚有其表。

明夷卦上六爻爻辞曰：

上六，不明，晦，初登于天，后入于地。

明夷到最高，完全黑暗了，故不明，晦也。

之所以会黑得如此彻底，是因为曾经爬到了最高点，是以"初登于天"，便会"后入于地"。

秦王朝在统一六国后迅速崩溃，汉王朝在汉武帝建立帝国后陷入衰微，都是明显的例子。

明夷卦上六爻象辞曰：

初登于天，照四国也，后入于地，失则也。

离火高升，晋也，晋时光明照于四国，离火入地，光明丧失，大道沦落也。

### ■明夷卦的自然发展现象

地火明夷☷☲，是晋的综卦，八宫卦序中属坎的六世变，即游魂卦。

明夷者光明受伤，前程艰难阻碍更多了，是以要有坎卦克服艰辛的心理准备，以邪不胜正的精神继续奋斗。

坎的七世变为师，便象征这个精神的落实，赴之以行动了。

## 第三十七家人卦——亲情，家和万事兴也

### ■齐家、治国、平天下

在外打拼不幸受了伤害，自然想要回家找避风港了，所以明夷时候，最先想到的便是家人。

**风火家人☴☲**。下离上巽，内中女外少女，两个阴柔卦象，象征和家之道。

家人卦除上九的阳爻居柔位外，其余各爻均在正位，象征家道正，正家，也正天下矣。

**综卦：☲☱火泽睽**。睽，睽者相违也，自家人团结，很容易因而敌视邻居，邻居有敌意时，自家人便特别团结，所以家人和睽相综。

**错卦**: ☳☵**雷水解**。天下无不散的筵席，愈好的家人愈怕分离，愈怕则焦虑及痛苦愈多，解和家人相错相生，这种焦虑及恐惧如何化解，要对家人卦有更深的理解才行。

**互卦**: ☲☵**火水未济**。家人必须不断地传宗接代，分分合合中的人生悲欢离合其实都是不可免的，所以家人卦中有未济之象。

风火家人

| | | | | |
|---|---|---|---|---|
| 1 | $2^0$ | | 1 | 1 |
| 2 | $2^1$ | | 2 | 1 |
| 4 | $2^2$ | | 0 | 0 |
| 8 | $2^3$ | | 8 | 1 |
| 16 | $2^4$ | | 0 | 0 |
| 32 | $2^5$ | | 32 | 1 |

自然数　电脑

风火家人能量
1+2+8+32=43

**风火家人，《周易》序卦数第三十七。**

家人卦属中高能量卦象，愈亲密者爱虽深，恨亦较多，兄弟阋墙比敌人更凶，所以维持一家和乐也并不那么简单。

家人卦卦辞曰：

　　　家人，利女贞。

阴柔谓之女，在家中以柔顺的态度相处，互相包容是最重要的，故"家人，利女贞"。

家人卦象辞曰：

家人，女正位乎内，男正位乎外，男女正，天地之大义也。家人有严君焉，父母之谓也。父父、子子、兄兄、弟弟、夫夫、妇妇，而家道正。正家，而天下定矣！

家人卦，内卦为离火☲，中爻为阴，故"女正位乎内"。外卦为巽风☴，中爻为阳，故"男正位乎外"。中爻各在正位，相互对应而能量相生，意谓男女结合而成家生子，繁衍下代，故"男女正，天地之大义也"。

家庭中，各人有各人的角色，没有一个人是完全相同的，两个弟弟中必有一个兼有哥哥职，所以每个人都在角色地位中，扮演好自己的角色便不会有问题，是以"父父、子子、兄兄、弟弟、夫夫、妇妇，而家道正"。

家道正，以此秩序延伸用在社会、国家、天下，而天下定矣！

家人卦象辞曰：

风自火出，家人。君子以言有物，而行有恒。

火燃烧了，空气密度变了，形成风，是以火灾区风特别大。

家人和乐相处，柔顺互动，感情如火，气氛有如微风，此风气之来源也，故风自火出，家人。

家人相处，要维持应有礼节，话不必多，要言而有物，否则一定会有人受不了。行为则有一定的秩序，不可能有太大变化，即使有变，也是循序渐进的，儿子大了娶媳，女儿大了嫁人，父母老了颐养天年，变化中有其恒象。

### ■家中也要有游戏规则

维持家人最起码的规则便是家的游戏规则。

家人的初爻，阳居刚位，由最基本的规则开始，家人相互包容中，但基础不可乱。

家人卦初爻动，阳生阴，之卦为☴☶风山渐。

家人最基本的游戏规则，不是合约定出来的，而是逐渐建立起来的，有的根据社会传统，有的是家人自己发展出来的，但都是渐渐出现的。

家人卦初九爻爻辞曰：

初九，闲有家，悔亡。

闲者家规也，防卫家庭组织成员互动的游戏规则，家人要有基本的规则，否则家不家，麻烦便来了。

有了游戏规则，大家共同遵守，就不会有悔恨了。

家人卦初九爻象辞曰：

闲有家，志未变也。

有一定的规则，大家共同维护，便不会受到外界引诱，成为家人的志向不变。

## ■主妇治家，养生而不居功

家人内卦的中爻，也就是二爻，是象辞中的"女正位乎内"的重要爻，在家人卦中有重要的地位。

家人卦二爻动，阴生阳，之卦为☴风天小畜。

六二，阴居柔位，主内卦之中正位，象征主妇在内治家，不是争主导权，而是在滋养家人物质生活，重养生也，故为小畜。

家人卦六二爻爻辞曰：

六二，无攸遂，在中馈，贞吉。

家人，利女贞，以柔顺之道相处，六二主内，不争主导权故谓"无攸遂"，没有什么必须强迫别人跟循的。"在中馈"是主持家中餐点，注意饮食健康，固守女贞，是柔顺之道主家，必吉。

家人卦六二爻象辞曰：

六二之吉，顺以巽也。

六二对应九五，外卦巽风，是以六二要如微风一般柔顺来主内，必可大吉。

## ■唯女子与小人为难养也

《论语》中有"唯女子与小人为难养也"的语句，大家便责备孔子有大男人沙文主义倾向，其实这是不公平的。

中国自有父系社会后，父亲便是一家之长，齐家的责任在他。

小人不一定对君子，有时对大人，大人者成人也，小人者还未长大之小孩也。

女子也非泛指女性，而是家中年轻的妾。

男主人在齐家的责任中，小孩和妾妇这两种人最令他头痛。

对他们太好会爬上头顶，疏远了又会有埋怨，这也是家人卦中的九三。

家人卦三爻动，阳生阴，之卦为☴☳风雷益。

三爻动能本为阳，虽阳在刚位，但进入柔顺的上卦巽前夕，表现得太积极反而会前后失据，如能阳极生阴，以自然态度，不愠不火，取之中道，反而比较有益。

家人卦九三爻爻辞曰：

九三，家人嗃嗃，悔厉吉。妇子嘻嘻，终吝。

嗃嗃，严厉、严肃之意。家人间太严肃了，缺乏感情，所以内在冲突多，悔厉也，不过如果父亲能外刚内柔，疼爱在内心，获得家人了解，严厉中有慈悲及大爱，仍可以严父出孝子，是终获吉。

家人中嬉笑无度，特别是妾妇及小孩，任性好娇，反而会有很多阻碍，造成羞吝之事发生。

家人卦九三爻象辞曰：

家人嗝嗝，未失也。妇子嘻嘻，失家节也。

家人严肃、保守，虽缺少温柔，并未背离家人游戏规则。但嬉笑无度，特别是骄纵的小孩及妾妇，可能会失去家中的基础伦理，则大乱矣。

家人自处之道在中正柔顺，是以过犹不及也。

### ■家和万事兴

富不在金钱，而在生命，家人感情可抵得上千万财产。

家人卦四爻动，阴生阳，之卦为 ☰☲ 天火同人。

六四，阴居柔位，为家人卦精神的象征，阴生阳后，又能同人，所以齐家、治国、平天下也。

家人卦六四爻爻辞曰：

六四，富家，大吉。

富不在钱财，在家人的感情。家人卦六四，不论阴阳，都属吉象。家和万事兴，大吉大利也。

家人卦六四爻象辞曰：

富家大吉，顺在位也。

柔顺在柔位，女正位乎内，家和万事兴，六四，家人卦柔之至上之爻也，是以顺在柔位，必吉。

## ■至真至诚，爱威适中

家人是中高能量卦，是以阳爻主中是非常重要的，九五阳在刚位，为上卦中爻，主刚健，爱威适中，不偏不倚。

家人卦五爻动，阳生阴，之卦为 ☲ 山火贲。

贲者整饰，为众人的示范，故多少要有点包装，家长为众人的典范，有时也得有些模样，不过内在仍应至诚至真，不能造假。

家人卦九五爻爻辞曰：

九五，王假有家，勿恤，吉。

君王主家时，和一般家庭不太一样。所谓的第一家庭，特别是中国的君王之家，不可以太心软，有爱还要有威，兄弟姊妹的伦常不可破坏，继承人制度一定要完整，否则兄弟夺权，必有大悲剧。

以李世民之英明，便因和长兄建成争夺皇权，酿成玄武门悲剧。

味全公司兄弟争权，三十年的老企业，拱手让人。故"王假有家，勿恤，吉"。

假者至也，君王齐家时，威爱并重，不可因宠心软，破坏体制，才能得吉。

家人卦九五爻象辞曰：

王假有家，交相爱也。

君王的家庭，容易因夺权而生变，所以重点在培养所有成员，交相爱，不只父子、母子间有爱与威，兄弟姊妹更要真诚地交相爱。

### ■先爱后威，是齐家的要点

爱威要持中，但何者为先？在家人上九，告诉我们先有爱再有威，爱中生威易，威中生爱难。

家人卦上爻动，阳生阴，之卦为 ䷾ 水火既济。

上九阳在刚位，柔顺中有刚健，是为爱中有威之象，阳中生阴，能使上爻阴阳之数得正位，则一切既济矣！完美了，也完整了！

家人卦上九爻爻辞曰：

上九，有孚，威如，终吉。

上九，刚居柔位，积极有诚信，自己正，威严自内而发，虽外表严肃，家人终获大吉。

有孚再威如，是先爱再威之象，内在有真爱，外表自然生威。真爱不是宠爱，而是要让家人有正确的学习，是非明辨，而不可把孩子照顾成温室里的花朵。

家人卦上九爻象辞曰：

威如之吉，反身之谓也。

以身作则，而且常常自反其身，如同曾子的一日三省吾身，这种家长，即使用威，也能威爱适中，必能大吉。

**■家人卦的自然发展现象**

风火家人☲☴，在八宫卦序中为巽☴的二世变，巽的精神是成长，生命力的累积，共同扶持，是内卦中爻的二世变，成为家人之卦。

家人是能量的集合，在容忍及谅解中，消除冲突，使能量不致流散，是为家人卦的基本精神。

## 第三十八睽卦——误会，背离分手也

**■同中有异，有异才有进步**

愈亲密的人愈容易有争执，而且常争吵得更凶，所以家人和睽相成综卦，如何处理这类的争执，便是睽卦的智慧了。

**睽，兑下离上，火泽☲☱。**

火泽睽。睽，误会、背离之象。火往上，泽往下，相背而行，能量相异也。

火泽☲☱，除了初爻外，所有爻皆阴在刚位、阳在柔位，完全不对位，故睽。

**综卦：☲☴风火家人。**愈亲密的人常争执得愈凶，故家人和睽相综，人不但要学会处同，更重要是学会处异。

**错卦：☶☵水山蹇**。有睽必有蹇，睽生蹇，蹇生睽，但能体会蹇道者，便可解除睽境，所谓患难得知交，吴越同舟，如同手足。

**互卦：☲☵水火既济**。睽卦出现，应着手救济之，深入争执的重心，一次解决问题，睽卦的内涵有既济。

火泽睽

火泽睽能量
1+4+16+32=53

**火泽睽，《周易》序卦数第三十八。**

睽卦为高能量之卦，睽卦出现，相互违离，处异之时，争执多，也必多克制，故为需高度努力的卦象。

睽卦卦辞曰：

睽，小事吉。

违背之时，必须努力异中求同，由小事着手，先处理容易处理的事，则吉。

两岸的事，先做事务性谈判，处睽之道也。

睽卦彖辞曰：

睽，火动而上，泽动而下。二女同居，其志不同行。说而丽乎明，柔进而上行，得中而应乎刚，是以小事吉。

天地睽而其事同也，男女睽而其志通也，万物睽而其事类也，睽之时用大矣哉。

孔子非常重视处睽之道，在彖辞中分两段解释，不但让我们了解睽卦的内容，也指出了解决睽境的契机。

睽，火泽，火的动能往上，泽的动能往下，上下不通，故睽。离火为中女，兑泽为少女，是以"二女同居"，火愈上，泽愈下，故"其志不同行"。

兑泽在下往上发展成离火，同为女卦象，阴柔本质，故谓"说而丽乎明，柔进而上行"。象征和悦的心处睽，必能以顺柔趋向光明，手段柔进不用暴力，是处睽的基本精神。

接着孔子对睽做了一个相当大的突破性解释，他指出天上地下相互背离（睽），但万物却在其中生养。男与女性能量相背离（睽），但在一起却可成家室繁衍后代，万物的特色也各有不同，但却也各有其作用，因此形成了宇宙现象，背离的能量若能适时使用，将可发挥重要功用。

睽卦象辞曰：

上火下泽，睽。君子以同而异。

面对违背的能量，形成的睽卦，君子处睽的重点是寻求异中之同，并尊重相异的立场。

## ■塞翁失马，焉知非福

初九是睽卦唯一能与位对了的爻，阳居刚位。不过初爻只是开始的睽，最单纯的背离及误解。

火泽睽䷥，初爻动，阳生阴，之卦为䷿火水未济。

尚未获得救济的卦象，挫折刚开始而已。火上水下起初的冲突，水成为泽，冲突必更大矣。

刚开始的冲突，会有很多不方便，但问题还不太大。

睽卦初九爻爻辞曰：

初九，悔亡，丧马勿逐，自复。见恶人，无咎。

不会有什么后悔事，这个刚开始的睽，如同丧失掉了马，但不必去急着找回来，其实它自己会回来的，安静下来，睽的问题常会自己化解，就算是脾气暴躁的恶人，只要以真诚心面对，当可无过错。

睽卦初九爻象辞曰：

见恶人，以辟咎也。

心静下来，面对睽境，消除不必要的误会，自可避免过咎。

## ■台面下的化解，也可无过错

睽卦二爻，阳居柔位，九二心较积极，急着解决，但对应上卦的六五，两个人皆不对位，而且九二强、六五柔，内卦较积极，所以这种暌境宜在台面下化解。

暌卦二爻动，阳生阴，之卦为 ☲☳ 火雷噬嗑。

噬嗑，积极除暌也，下卦意志较强，故往上力求咬断造成暌的障碍。

暌卦九二爻爻辞曰：

九二，遇主于巷，无咎。

九二、六五相对应，六五是全卦主爻，阴在阳位，性柔和。九二阳居阴位，虽强但力不及，所以只能在巷子内以柔和态度和六五探讨以除暌也。

巷表示不是大道，而是较见不得人的地方，也就是台面下的商讨以除暌也，但由于九二态度积极，故应可无咎。

暌卦九二爻象辞曰：

遇主于巷，未失道也。

九二刚强，位虽不对，但在内卦中爻，是以能忍辱负重，积极往上和六五沟通，以除暌之障碍，虽属台面下作业，但未失正道也。

### ■阻碍重重，温和以对，终将除暌

暌卦三爻，阴居阳位，又在内卦三爻，能量及位不对，前有九四，后有九二，均阳居柔位，阴爻陷阳爻中，进退不得，但六三温柔，只要安静地以柔克刚，仍可克服困难。

睽卦三爻动，阴生阳，之卦为 ☰ 火天大有。

六三以温柔态度处睽，是处睽的正确态度，虽然六三的困难很多，但以温和态度面对艰困，若能有所突破，可会出现大有之象。

睽卦六三爻爻辞曰：

六三，见舆曳，其牛掣。其人天且劓。无初有终。

六三夹在两个阳爻间，如同被两个刚强的恶人包围了，九二在后面，有如车子被绑住，动弹不得，九四在前面阻其路，好像牛被掣住了，行不了，前后都进退不得，最上面的上九也是阳居柔位，将六三当头打了一棒，鼻子也削落了。这时候的六三可谓焦头烂额，狼狈万分了。

六三面对此困境，开始一点办法也没有，但如能本阴柔本性，坚毅不拔地除睽，终将会有好的结果。

睽卦六三爻象辞曰：

见舆曳，位不当也。无初有终，遇刚也。

所以会如同车子被由后面绑住而前进不得，是六三柔居刚位，位不当也。除睽的动作开始不佳，但结果却能不错，甚至出现大有之象，是在于以柔克刚者也。

**■真诚除睽，压力虽大仍可无咎**

睽卦之九四，阳居柔位，却又被六三及六五两个阴爻包围，故有孤阳之象，又不对位，自然会有相当的无力感，这便是睽的原因。

睽卦四爻动，阳生阴，之卦为☷山泽损。

损上则益下也，阳不对位，只好牺牲自己的阳能，山虽损于泽，挑战虽大，但若能益下，应可无咎。

睽卦九四爻爻辞曰：

> 九四，睽孤，遇元夫，交孚，厉无咎。

九四为六三及六五包围，形成孤阳，故生睽境，是为睽孤。但九四为上卦初爻，下应内卦初爻的初九，是为阳居刚位，是卦中唯一对位之爻，所以损上必可益下，是以"遇元夫，交孚"。

损卦挑战大，故必厉，但损上而益下，应可无咎。

睽卦九四爻象辞曰：

> 交孚无咎，志行也。

九四位不对，形成孤阳，但若能以诚信相交，必可无咎，在于阳刚动能之志可行也。

**■完全坦诚，处睽之秘诀也**

睽卦五爻，阴居刚位，但在外卦中爻，位中正性阴柔，故能完全坦诚，在九四及上九之间，虽成孤阴，但能以接受之心，以柔克刚，必能解除睽境。

睽卦五爻动，阴生阳，之卦为☰☱天泽履。

履者执行也。柔爻夹在刚爻中，虽阴爻但位正中，故能完全坦然对应上九及九四，又与内卦中爻的九二坦诚相对，这样确实努力地除睽，自然可以彻底解决问题了。

睽卦六五爻爻辞曰：

　　六五，悔亡。厥宗噬肤，往何咎？

六五柔居刚位，在睽中反而有利，故能无悔，厥宗是坦诚而识大体，和对方深洽于肌肤，大家亲密配合，往前往后又有何咎？

睽卦六五爻象辞曰：

　　厥宗噬肤，往有庆也。

能够坦诚而识大体，并且双方深洽于肌肤，以此种态度处睽，不但无过错，而且可有福庆也。

## ■解睽之道在阴阳调和

《易经》以一阴一阳之谓道，阴阳互动调和，易的变化便可圆满进行。所以睽卦到最上爻，解睽的最高秘诀是阴阳调和。

睽卦上爻动，阳生阴，之卦为☳☱雷泽归妹。

上爻阳居柔位，和六五阴阳调和，如同男女在热恋下结婚，故为归妹之卦。

睽卦上九爻爻辞曰:

上九,睽孤,见豕负涂,载鬼一车,先张之弧,后说之弧,匪寇婚媾,往,遇雨则吉。

睽卦最大特色是除初九外,所有爻位都不对位,故成了睽。

上九刚居柔位,又为六五隔离,所以也是孤阳。

上九由上往下看,一路的爻均不对位,如同躺在地上的豕一般,更如同载了一车的鬼。不过两个阴爻,六五紧靠上九,所以称"先张之弧",弧者弓也。阴爻断线,如弓之弧,六三在后,是下卦兑卦之弧,故称"后说之弧",这两个阴爻和上九可以阴阳调和,虽不甚理想,却仍是可以结婚的对象,所以努力往前,不再批评、猜疑,各方衷心协调,阴阳互动而化成雨,必有大吉之象了。

睽卦上九爻象辞曰:

遇雨之吉,群疑亡也。

阴阳能调和化成雨,不论阳居柔位或阴居刚位,意见可以沟通,去除猜疑,便可有大吉之象了。

### ■睽卦的自然发展现象

火泽睽䷥,在八宫卦序中,睽是艮卦的四爻变,外卦的初爻也由阴转阳，内卦则由艮转兑，是以外火内兑，火向上，泽向下，阴阳不变，是为睽。

艮的精神已完全被破坏了，动能使上下卦愈离愈远，但仍要努力寻求共识，最好从比较没有冲突性的小事开始，是以睽时小事吉。

## 反败为胜——蹇、解、损、益

蹇，难也，险在前也，见险而能止，知矣哉！蹇利西南，往得中也。不利东北，其道穷也。利见大人，往有功也。当位贞吉，以正邦也，蹇之时用大矣哉。

下经的卦象，大多是相综相对的卦象。晋对明夷，家人对睽。是人生中的正面卦对其负面卦，以理解经营的常变道理。

本章则以艰险卦为主，人生中常见的艰险卦，和他们相对的正面卦。

蹇对解，损对益。

蹇者，艮下坎上，水山，水由山上流下，登山寸步难行。日本名将德川家康常说："人生如背着重的包袱爬山，艰困也。"

经营者的写照，经常会有蹇卦出现。

## 第三十九蹇卦——寸步难行也

### ■艰险中最重要是人才寻觅

刘备三顾茅庐找到诸葛亮，便是在艰困中得到经营奇才的卦象。

**蹇，水山☵☶。**

**综卦：☳☵雷水解。** 人生不如意事十常八九，对经营者困难是常态。蹇似乎是每个经营者必须自己体认，是相当寂寞的感觉。面对这些不断的蹇，唯一要反应的是不断地解。解了，不同的蹇又发生了，又需要不断地去解，所以蹇、解两卦两综。

**错卦：☲☱火泽睽。** 所以有蹇发生，在于有睽的事实，找到睽的原因，解决了睽，蹇也自然解了。蹇、睽相错相生。

**互卦：☲☵火水未济。** 蹇是困难，困难便需要处理，蹇是未处理的状况，所以内涵中有未济之象。

水山蹇

| | | 自然数 | 电脑 |
|---|---|---|---|
| 1 | $2^0$ | 0 | 0 |
| 2 | $2^1$ | 2 | 1 |
| 4 | $2^2$ | 0 | 0 |
| 8 | $2^3$ | 8 | 1 |
| 16 | $2^4$ | 0 | 0 |
| 32 | $2^5$ | 0 | 0 |

水山蹇能量
2+8=10

**水山蹇，《周易》序卦数第三十九。**

蹇卦为低能量之卦，水山艰险，寸步难移，所以要保持警觉，步步为营，而不是闭着眼睛往前冲。

蹇卦卦辞曰：

蹇，利西南，不利东北。利见大人，贞吉。

蹇，下艮上坎。水山蹇，困难、寸步难行。

后天八卦，西南为坤，东北为艮，利西南是处蹇之道，以坤卦之能量为吉，以艮卦的能量为不利，是以重点是下卦的山，要设法转为坤。

九三若转阴，下卦为坤，出现水地的比卦之象，艰难中更需亲比，要亲比外卦的中爻九五，是以要往上亲比，所以"利见大人，贞吉"。

蹇卦彖辞曰：

蹇，难也，险在前也，见险而能止，知矣哉！蹇，利西南，往得中也。不利东北，其道穷也。利见大人，往有功也。当位贞吉，以正邦也，蹇之时用大矣哉。

蹇，险难在前，其实对经营者而言，这也是经常会碰到的，所以经营者最重的修养是"不动如山"，但"如山"中仍要保持警觉，只是见险而暂止而已。

西南为坤，内卦在艮止后，转山为地，成为水地，阳能亲比外卦中爻的九五，是往上而得中也。

东北为山，艮止也，外卦水，内卦山，水流不下来，是以不利。动不了，所以其道穷也。

蹇卦时宜往上亲比九五，所以利见大人，尽力去找人才——经营的真正将才，是为"往有功也"。

如能找到九五，阳居刚位，统领诸阴爻，是为"当位贞吉，以正邦也"。

蹇卦重要的是不动如山，以警觉面对艰困，寻找真正人才，自能解蹇。

所以，蹇之时，如何处蹇、用蹇，如何发挥西南的坤能是非常重要的。

蹇卦象辞曰：

山上有水，蹇。君子以反身修德。

山上多水，外卦艰险，寸步难行，故蹇。处蹇之道，是以坤能，安静、承担压力机警地反省自己，健全经营的实力，便可解除蹇境。

## ■安静地处在寸步难行中

蹇卦的初爻，是蹇的开始，初六，阴居刚位，能量不足，地位又过低，根本不可能解蹇，所以只有安静地等待了。

蹇卦初爻动，阴生阳，之卦为 ䷾ 水火既济。

开始的蹇，比较容易解决，静静地等待，找出真正的原因，便可以很快给予救济了。

蹇卦初六爻爻辞曰：

初六，往蹇来誉。

刚开始的蹇，艰险度不大，故宜静心等待面对之，警觉之，便可以不让之恶化，而有知蹇之誉。

蹇卦初六爻象辞曰：

往蹇来誉，宜待也。

面对艰难，静静观察，找出原因，至少可得到知蹇之誉，并求能进一步解决蹇难。

### ■没有目标地以蹇处蹇

蹇卦二爻，阴居柔位，位正但力不足，若静心警觉，必可理解蹇难的原因，以为处蹇和治蹇之依据。

蹇卦二爻动，阴生阳，之卦为☵☴水风井。

井者养生之卦也，储水以养生，内卦柔顺以面对外卦艰险，静静地储存实力也。

蹇卦六二爻爻辞曰：

六二，王臣蹇蹇，匪躬之故。

六二是基层首长，故称王臣。蹇蹇是以蹇之心来处蹇之境，无怨无悔，辛劳地在蹇境中努力工作。但所有的目的不是邀功，而是应付和解除蹇境，是谓匪躬之故，匪躬者不为自己也。

蹇卦六二爻象辞曰：

王臣蹇蹇，终无尤也。

面对不断而来的蹇境，基础干部能无怨无悔地奋斗到底，最后必能解除一些蹇境的问题，而不致有后悔了。

### ■中上干部的处蹇态度

蹇卦的九三是下卦上爻，虽阳在刚位，却夹在六二及六四两阴爻间，初爻也是阴爻，是以九三在内卦力量显然不足，想要治蹇恐有困难。

蹇卦三爻动，阳生阴，之卦为 ䷇ 水地比。

蹇卦属低能量之卦，九三是第一个阳爻，又在内卦上爻，急思有作为，但内卦多阴，九三只有上比九五，以求有效地面对蹇卦，这也是象辞中"蹇利西南（**内卦之坤**），往得中也（**九五**）"之意义。

蹇卦九三爻爻辞曰：

九三，往蹇来反。

九三无力单独治蹇，只有往上比附九五，往下理解初六、六二两阴爻，在中间承上启下，沟通意见，使大家力量可以联合发挥，此是中上层干部应有的处蹇之道。

蹇卦九三爻象辞曰：

往蹇来反，内喜之也。

九三在九五及初六、六二间协调沟通，使大家可集中力量处蹇，内部上下也都可以安心。

## ■处蹇之道，沟通最重要

蹇其实是经营者的常态，困难经常是一件完了，另一件又来，经营者主要工作便在解蹇，解蹇最重要的是真诚地沟通。

蹇卦四爻，阴居柔位，能量对于爻位，但阴柔本质，属高级幕僚之卦，任务自然是协调经营者和公司内外的所有沟通了。

蹇卦四爻动，阴生阳，之卦为☷☶泽山咸。

孔子在《系辞传》的先天八卦中写道，泽山通气也，中国西北高山及西南海洋间的气流变化，是中国气象的主导，故泽山通气也。

泽山为咸卦，无心之感，没有动机及目标的感应也。九四的任务在上下内外的沟通，身为中介幕僚，不宜有自己的立场，是为咸。

蹇卦六四爻爻辞曰：

六四，往蹇来连。

九四的任务是沟通九五和内卦诸爻间的意见，联络大家的感情，使能一致以处蹇也。

蹇卦六四爻象辞曰：

往蹇来连，当位实也。

九四是专业幕僚，阴在柔位，以协调沟通为主，而不坚持自己的意见，这联系的工作算是他的"当位实也"。

### ■经营者处蹇的态度在争取亲附

面对蹇卦，经营者要负最大的责任。九五是经营者，也是处蹇及解蹇的重心。

蹇卦五爻动，阳生阴，之卦为☷☶地山谦。

蹇时内外均有冲突，上下沟通不良，又是低能量之卦，经营者愈是积极，困难将愈多。处蹇的态度利西南，宜阴柔，亲比的态度，是以最重要的是谦卦之道了。

蹇卦九五爻爻辞曰：

九五，大蹇朋来。

蹇卦的主要责任者便是经营者，故称大蹇。处蹇及解蹇主要在亲附的比卦，争取朋友，以上下同心，全力以赴，才能彻底破除蹇难。

蹇卦九五爻象辞曰：

大蹇朋来，以中节也。

处理大蹇的经营者，以九五中爻的地位，及阳居刚位的主导力量，带人带心，吸引上下内外的亲附，以谦卦的精神处世，合乎中道之自我节制也。

### ■刘备三顾茅庐请孔明

蹇难之境，大多时候靠九五个人力量，常难以有效对应，是以寻找治世之良才，是经营者最重要的任务。

蹇卦的上爻，阴居柔位，在九五之上，是经营者老师之象——国师也。

蹇卦上爻动，阴生阳，之卦为☴☶风山渐。

渐者渐进也，上爻者是处蹇期最重要的顾问，处蹇是长期的事，因此这个经营顾问专才要逐渐培养，要信任之，但不一次给他太大压力，在渐进中巩固其地位及实力。

此刘备三请孔明，并全心培养孔明为蜀国经营重心之卦象也。

蹇卦上六爻爻辞曰：

上六，往蹇来硕，吉。利见大人。

硕者，真知灼见的专家，也是以下的"利见大人"中的大人。九五承担处蹇重任，是以请出了上六。

上六能下山为世所用，自然可以大吉大利了。

蹇卦上六爻象辞曰：

往蹇来硕，志在内也，利见大人，以从贵也。

上六之所以愿下山入世，是对应九五的诚心及信任也，故谓志在内。九五迎聘上六，是利见大人，使上六有足够尊贵的地位及权力，以能协助九五彻底地解除蹇境。

### ■蹇卦自然发展的现象

水山蹇䷦，在八宫卦序中是兑卦的四世变。

蹇卦时险在艮前，见险而能止，处蹇之智慧也。处蹇最重要的是耐心，并且要以和悦之心来等待，兑的三世变为咸，咸是无心之感，真诚地面对环境变化，以这样的心来面对蹇之艰难，是为贞吉。

是以，蹇卦的本质精神是兑。

## 第四十解卦——解除，解蹇济困也

### ■一雷破九台，化解也

蹇，必须解之，故蹇和解相综相生。

**解，坎下震上，雷水**䷧。雷响在云气上，必破坏云气中的结构，不是下大雨就是大雨骤停之。

**综卦：**䷦**水山蹇**。蹇境必须解，解后蹇又来，蹇来必再解，故蹇、解两卦相综。

**错卦：**䷤**风火家人**。解，必须争取支持，大家意见或许不同，但有家人般的利害与共感情，才有解难的力量，是解卦不可错失家人也。

**互卦：☲☵水火既济**。解卦在打通塞住之蹇气，故宜水火的动能互荡，以能救济不通之象，解卦的内卦必有既济。

雷水解

| | | | 自然数 | 电脑 |
|---|---|---|---|---|
| 1 | $2^0$ | | 0 | 0 |
| 2 | $2^1$ | | 0 | 0 |
| 4 | $2^2$ | | 4 | 1 |
| 8 | $2^3$ | | 0 | 0 |
| 16 | $2^4$ | | 16 | 1 |
| 32 | $2^5$ | | 0 | 0 |

雷水解能量

4+16=20

**雷水解，《周易》序卦数第四十。**

解卦属中低能量之卦，解除蹇境和危机，需要集结较多的能量，雷长男，坎中男，属男性之卦，但困难多，故要保持警觉，看清真相，不可一味冲刺，急着解困。

解卦卦辞曰：


解，利西南，无所往，其来复吉，有攸往，夙吉。


西南在后天八卦中属坤卦，是以内卦宜由坎转坤，心中安静，警觉观照真相即可，故"无所往"。

若能以坤之能量，成为☳☷雷地豫，以和悦之心，做好预备的工作，便可恢复吉相，努力向前排除蹇境，并且愈早愈好。夙者早晨也，能及早求解，终能大吉。

解卦彖辞曰：

　　解，险以动。动而免乎险，解。解利西南，往得众也。其来复吉，乃得中也。有攸往夙吉，往有功也。天地解而雷雨作，雷雨作而百果草木皆甲坼，解之时大矣哉。

　　坎在内，雷在外，故称"险以动"，坎险迈进雷动，所以需要动，目的在解险也，动而免乎险，故谓解。

　　解的本质仍应用坤能（利西南），以宁静、包容的心，吸引众人的支持。

　　内卦的二爻动，由坎成坤，中爻变动而有利，故谓"其来复吉，乃得中也"。

　　二爻动成雷地豫。故准备好了，便可前往解蹇。愈早解决，愈能有成效，是谓"夙吉，往有功也"。

　　雷响云水之上，天地能量剧变，故作大雷雨，初雷响谓惊蛰，冬眠的虫醒了，大地能量复生，植物种子裂解而萌芽，大自然的生命复苏了。

　　是解之时的意义是非常大的。

　　解卦象辞曰：

　　雷雨作，解。君子以赦过宥罪。

　　雷响雨来，天地闷气大解，所有过去的恩怨、怒气、闭塞之境，一起解开，不究既往，一切重新开始，故君子也以赦过宥罪来回应。

## ■温柔地亲近是解的开始

解卦初爻，阴居刚位，力量微小，只以温柔的心，亲近大家，以求解的第一步。

解卦初爻动，阴生阳，之卦为☳☱雷泽归妹。

以娶媳妇、办喜事的心，温和而阴柔，作为解的第一步棋。

解卦初六爻爻辞曰：

初六，无咎。

初六，阴居刚位，温和的开始。不论成败，都能无过错。

解卦初六爻象辞曰：

刚柔之际，义无咎也。

初六以阴柔居阳刚位，面对九二以阳居柔位，阴阳颠倒其位，故应以温和之心相互对应，如同归妹，则可阴阳协调，于义于理，当可无咎。

## ■基层干部态度宜积极

解卦之二爻，阳居柔位，最基层的干部，虽权限不大，但面对塞境，却积极运作，对解卦将有很大贡献。

解卦二爻动，阳生阴，之卦为☳☷雷地豫。

豫者预备也，以和悦之心，积极进行预之工作。九二是内卦中爻，虽位不对，仍可发挥中道的力量。

解卦九二爻爻辞曰：

九二，田获三狐，得黄矢。贞吉。

解卦共有四个阴爻，六五为主爻不计，尚有三阴爻。阴者消极也，对解不利，故称三狐。九二刚居柔位，上亲附对应六五，以阳刚统领三阴爻以积极求解也，田者狩猎也。九二在田猎中，擒获三狐（三阴爻），并获得六五的信任（得黄矢）。黄象征君王之色，黄矢者君王之令符也。

九二的积极态度，得到经营者支持，带动较消极的其他同事，共同赴"解"之工作，故能贞吉也。

解卦九二爻象辞曰：

九二贞吉，得中道也。

九二居中柔之位，积极而不欺人，故能贞吉，以其位居中道也。

### ■急功近利，非但难解，反受其害

解卦三爻，阴居刚位，又在内卦上爻，急欲迈向外卦，自己力又不及，面对两个阳居柔位的九四及九二，被夹在中间，进退不得，非但不解，反受其辱。

解卦三爻动，阴生阳，之卦为☳☴雷风恒。

恒者持久也，亦即宜保持现状，不宜跃进。六三柔居刚位，又在不三不四间，上有九四，下有九二，能位都不对，却急于求功，必反被九二及九四所辱，动不得也。

解卦六三爻爻辞曰：

六三，负且乘，致寇至，贞吝。

六三阴居阳位，又扮演内卦上爻，急欲进入外卦，重大的包袱，力又不足，急于求进，故谓"负且乘"，负重物而乘坐高轩，内虚而外洋洋得意，是以被前后两个阳爻九四及九二夹杀了，是谓"致寇至"，就算行为正确，仍是阻碍不通的。

解卦六三爻象辞曰：

负且乘，亦可丑也，自我致戎，又谁咎也？

负重物又乘高轩之车，虚有其表，真是丑陋也。自己引来别人嫉妒，被前后夹杀了，要归咎于谁呢？

### ■幕僚在解卦所扮演的角色

解卦四爻，阳居阴位，未免太积极了些，但如能由最基层人员的问题做深度了解，仍可扮演好幕僚长的角色。

解卦四爻动，阳生阴，之卦为☷☵地水师。

师者劳师动众也。蹇卦要完全解除，必须做完整的了解，所以整个单位，特别是幕僚人员，更要整个动员起来，深入基层，对问题进行深度研究，才能真正有助于解卦力量的发挥。

解卦九四爻爻辞曰：

九四，解而拇，朋至斯孚。

九四为外卦初爻，对应内卦初爻的初六，拇者拇指也，代表初爻。九四若能深入基层，解除初六之困难，必能得到内卦诸爻的支持，所以说可以诚信来吸引朋友到来，是谓"朋至斯孚"也。

解卦九四爻象辞曰：

解而拇，未当位也。

九四以刚居柔位，思有所作为，但力量不足，所以只能由基层人员的需求了解起，无法对基层干部及中层干部的九二及六三有较大的影响，是因为幕僚本非直接主管，力不足，位未当也。

### ■彻底地解决要由人事上着手

解卦的五爻属经营者之爻，经营者主要任务是人才的培养，在人事上找到能够胜任工作的人。

解卦五爻动，阴生阳，之卦为 ☵ 泽水困。

解卦属中低能量之卦，主爻的经营者不宜积极，六五阴居阳位，谨慎行事，若转成阳能，以强势作风，反而容易被困住。

解卦六五爻爻辞曰：

六五，君子维有解，吉，有孚于小人。

维者正其心，以温和谨慎的态度处世也。君子柔而不刚，以中道精神解蹇，则吉。即使好争斗的小人，也能感其诚信，而不再结党营私斗争了。

解卦六五爻象辞曰：

君子有解，小人退也。

以君子守正，温和不刚强的态度，解除蹇的艰险，让好争斗的小人知难而退，感化于整个气氛中。

## ■极端分子只好以强力消除之

解卦的上爻，是面对那些不容易解决及感化的极端分子，野草除不尽，春风吹又生，为彻底解除蹇卦，对少数极端分子，只有强力对付了。

解卦上爻动，阴生阳，之卦为 ䷿ 火水未济。

未济尚未救济也，尚未完成也，上六柔居阴位，本属温和之能量，但以蹇的原因，有些除恶而不尽，必须强制去之，但任何暴力行动，总是有伤害的，有伤害必须救济，故出现未济之象。

解卦上六爻爻辞曰：

上六，公用射隼，于高墉之上，获之，无不利。

对坚持不解的极端分子，只要准备弓箭，站在高墙之上，射杀之，若能除去此冥顽不化的能量，也不会再有什么不利了。

解卦上六爻象辞曰：

公用射隼，以解悖也。

经营者必须转柔为刚，采取强制射鸟的行动，是为了解除悖乱的行为，快刀斩乱麻也。

### ■解卦的自然发展现象

雷水解☷，依八宫卦序是震卦的二世变。

解卦解除之象也，雷在外，水在内，一雷破九台，雷响于外，坎险解除于内。

雷的响声虽大，但能量不足，是以一世变成豫，雷响大地，预备之卦象。到二世变才能有足够的能量进行解除之象。

是以解卦的本质精神为震。

## 第四十一损卦——损减、损伤，损下而益上也

### ■裁减薪津及福利以共体时艰

**损，兑下艮上，山泽☶损。**

不景气时，经营面临大困境，赔钱吃老本，经营者已难以支

撑，只好裁员减薪，共渡难关了。

**综卦: ☴☳风雷益**。损下益上则损，损上益下则益，损必有益，益必有损，两者相综相生。

**错卦: ☱☶泽山咸**。损下益上的目的是为求生存。裁员减薪的目的为求永续经营，经营者应感部属诚心，全体上下更应本无心之感——咸，以共度艰难也。

**互卦: ☷☳地雷复**。损再怎么不得已，仍属不公平之事，故经营者心中必有"复"的想法，尽快在危机解除后，恢复员工应有的权益，故损之内涵必有复。

山泽损

| | | | | | |
|---|---|---|---|---|---|
| 1 | $2^0$ | ▬▬▬▬ | | 1 | 1 |
| 2 | $2^1$ | ▬▬ ▬▬ | | 0 | 0 |
| 4 | $2^2$ | ▬▬ ▬▬ | | 0 | 0 |
| 8 | $2^3$ | ▬▬ ▬▬ | | 0 | 0 |
| 16 | $2^4$ | ▬▬▬▬ | | 16 | 1 |
| 32 | $2^5$ | ▬▬▬▬ | | 32 | 1 |

自然数　电脑

山泽损能量
$1+16+32=49$

**山泽损，《周易》序卦数第四十一。**

损卦为中高能量之卦，损卦中经营者必保持高度警觉，善意及努力，以能尽快解除困境，恢复受损者的权益。

损卦卦辞曰：

损，有孚，元吉，无咎，可贞。利有攸往。曷之用？二簋（音轨）可用享。

损者损九二以益六五也，泽愈深而山愈高，下级遭受损伤，弱者遭到裁撤，必是不得已的困境，故经营者宜以最大的真心及诚意面对此不得已的伤害。

损下是为保持公司仅有的生机，是为"元吉，无咎"，经营者的立场是公正的，则可以用损，可以勇往直前。

二簋是指两盘小菜，也可用来祭祀。经营者已尽了全力，为了维持生机，为了永续经营，已完全没有力量了，就算用两盘小菜祭祀，上天也可接受的。

损卦象辞曰：

损，损下益上，其道上行。损而有孚，元吉，无咎，可贞，利有攸往。曷之用？二簋可用享，二簋应有时，损刚益柔有时，损益盈虚，与时偕行。


损卦，损九二益六五，故为损下益上之卦，为了生存，部属提供能量供经营者使用，故"其道上行"也。

损卦是经营者若有诚心，是为了公司生机，为求一元复始则吉，并可无咎，可以大胆地用损，用到最极端，就算只用两盘小菜以祭天，上天会了解，部属也会原谅的。

所以只用两盘小菜，必是面临不得已的困境时，牺牲部属拼命赚取的能量，提供给缺乏实力的经营者使用，这也是不得已的啊！损、益、盈、虚，各有其时，因其时而用之，应可无害。

损卦象辞曰：

山下有泽，损。君子以惩忿窒欲。

山下有泽，泽愈侵蚀愈深，山则愈高，是为损下益上。但山虽愈高，其实基础必愈不稳固，故经营者应保持高度警觉，在损卦时，更应停止自己的怒气，保持平静，阻塞自己的欲望，与部属共休息，以渡难关，此用损之道也。

### ■最下级的损应有程度

损卦的初爻是最下级的损，初九损己以应六四，但宜顾及自己最起码的生机，否则根基全没有了，整个山还是会崩塌的。

损卦初爻动，阳生阴，之卦为 ䷃ 山水蒙。

蒙者蒙昧不清，损的开始情况不清楚，不可一味地要求裁员减薪，应顾及基层人员最起码的生计，否则根基可能完全崩溃了。

损卦初九爻爻辞曰：

初九，已事遄往，无咎，酌损之。

初九，必须将自己的工作完成了，自己最起码的生机顾到了，再前去应召上级的要求，应可无咎。但仍应斟酌自己的能力，自动地减损以益上，当无不可。

损卦初九爻象辞曰：

已事遄往，尚合志也。

已做好最基本的生计照料，再去应付上级损下益上的要求，这样才算合乎上级和自己的本意啊！

基层仍是根基，任何损下益上的不得已措施，仍应保障其最基本的衣食生活。

## ■基层干部在损卦时更宜坚守岗位

损卦二爻是基层干部的态度，九二阴在刚位，力虽不足，仍应奋斗不懈，否则损的意义便丧失了。

损卦二爻动，阳生阴，之卦为☶☳山雷颐。

颐者养生之卦也，基层干部是公司能量的重心，不可崩塌，是以他们的生活一定要获得照顾，让他们安心地坚守岗位，奋斗不懈，才能解除不得不损的困境。

损卦九二爻爻辞曰：

九二，利贞。征凶，弗损，益之。

损卦的主要精神，是损九二以益六五。但九二是经营力量的重心，故虽损之，仍应稳定其心则有利。若只求一味损下益上，使中坚干部心为之动摇，凶危也。所以尽可能地不让他们损太多，而且多加鼓励，让他们坚守岗位，奋斗不懈，才可能脱损。

损卦九二爻象辞曰：

九二利贞，中以为志也。

九二虽阳居柔位，位不对，力有限，但其为内卦中爻，中坚干部，故宜稳定之有利，这样才合乎中道之本意。

## ■损下益上，三去其一可也

损卦三爻是中上干部之卦，六三阴在阳位，位不当，力不足，对奋战脱困无益，可损其三分之一也。

损卦三爻动，阴生阳，之卦为䷙山天大畜。

大畜是畜其大者，或畜其德，六三是高级干部，力不足，位不对，领的薪水又比人多，在损卦之时，宜以大畜为主，牺牲自己三分之一的薪津，或三人裁减一人，以益上，可也。

损卦六三爻爻辞曰：

六三，三人行，则损一人。一人行，则得其友。

这是最标准的三角恋爱卦象，三人混恋一起，总有一人受损，但放弃的人，能变成一人行，必可交到新的朋友，此自然动能之变化也。

六三，阴居刚位，又在下卦上爻，力不足，位不对，又急着向上表态，故必有损伤也。六三对应上九，但六四、六五同为阴爻，三人行恐必损六三也。但若六三自愿受损，或许可得上九的善意回应，而结其为友也。

中上层干部在损卦时，宜勇敢站出来承担责任，可先损而受得其友。

损卦六三象辞曰：

一人行，三则疑也。

剥除一人之利益，尚属可行。若连续牺牲三人，经营者处损的诚意将受到怀疑。

### ■戒除浪费以报答下层之损

损卦四爻是高层幕僚在损卦的态度。下层损下而益上，四爻是第一个受益者，更应给予善意回应，减少所有的浪费，使下级之损，可真的发挥协助永续经营的力量。

损卦四爻动，阴生阳，之卦为 ☲☱ 火泽革。

革者革新之卦也。下级已提供其心血以益上，身为上级最低层的幕僚单位，应立即有善意回应，节省开支，杜绝浪费，以集中力量，突破损之困境。

损卦六四爻爻辞曰：

六四，损其疾，使遄有喜，无咎。

六四在损卦中，应立即革新自己的过错，杜绝所有浪费，使下级提供的能量能发挥治损的功效，则可无咎。

损卦六四爻象辞曰：

损其疾，亦可喜也。

六四，这位上级的幕僚，不但未损反而有益，但若能彻底革新，杜绝浪费，力求经营成效以救损，亦可喜也。

## ■维持向心力是经营者职责

损卦的五爻，是受益的主角，也就是经营者。

不管经营者本人权益是否也受损，但既然下层均肯损下益上，经营者仍是最大受益者，是以他更应善意回应，积极结合大家力量，以脱离损之困境。

损卦五爻动，阴生阳，之卦为☲风泽中孚。

中孚，真心诚意之谓也，损卦的经营者最重要是诚心诚意，以感动之心接受下级牺牲的心血，努力奋斗，谨慎经营，以报答部属之心意。

损卦六五爻爻辞曰：

六五，或益之，十朋之龟，弗克违，元吉。

能获得下属提供的心血，这个领导者必定颇得众望，是以得到相当于二十个普通龟背壳大的大龟壳的保佑，不违其运道，如此受部属爱戴的经营者，自然可克服损境，恢复大吉大利了。

损卦六五爻象辞曰：

六五元吉，自上祐也。

六五阴居刚位，守中而不强烈，在困境中能获全体员工牺牲贡献以表支持，此大吉大利之象，是因为经营者能谨守天道，而得到上天的保佑啊！真是命好不怕运来磨。

### ■大公无私，损下益上无碍矣

损卦的上爻，刚居柔位，以大公无私之心，接受下级奉献的能量，努力经营，终能恢复经营实力，并可得到一批衷心为公司服务的部属，真正大吉之象。

损卦上爻动，阳生阴，之卦为䷒地泽临。

临者临其事也，在下级提供其最大牺牲的资源下，经营层更应亲临基层，和部属共同奋斗，以解决损卦之困境。

损卦上九爻爻辞曰：

上九，弗损，益之无咎，贞吉，利有攸往，得臣无家。

上级无损下之心，是不得已而为之，下级自动益上，显其诚心，如此损下益上，仍可无咎，双方态度正确，有大吉之象，共同向前奋斗必可成功，上级并可借此损卦之境，得到一批不顾自家，忠心为公司工作的部属。

损卦上九爻象辞曰：

弗损，益之，大得志也。

上无损下之心，下有益上之实，这样的公司必能大得其志，发展事业没有不成功的。

## ■损卦的自然发展现象

山泽损☶☱，六五和九二均不对位，是以为损下而益上，辛苦了九二，轻松了六五。若两爻互调则成☴☳风雷益了。

在八宫卦序中，损为艮的三世变，即内卦转为兑。内和悦，外不动，内卦必须讨好外卦，是以损下以益上也。艮的二世变为大畜，大畜是长期的努力卦象，对短期的利益自然有所损。

是以损卦常来自艮的坚持。

## 第四十二益卦——益惠、助长，损上益下也

**益，震下巽上，风雷☴☳益。**

风在雷上，雷雨开始，大地接受滋润，初雷响谓惊蛰，冬眠的生物复苏，大地的养分再生，以益万物众生也。

植物的水分由叶尖，被阳光照射挥发后，根部便能由土地补充水气，以供树干及树叶，上损水而下益水，树木的生命因而更为厚实。

### ■大公无私的领导风范

益卦为诸葛亮治蜀之卦象，面对蜀国奢靡风气，特权横行，黑白挂钩，社会一片贪婪之风气，诸葛亮组织一批廉洁之士，力求治弛世用重典，定法合情合理，执法严而不懈，一年后，蜀国路不拾遗，夜不闭户。陈寿在《三国志》中称赞他为治国良才也。

风在雷上，诸葛亮大公无私之政风，使蜀国全民受益。

**综卦：☶☱山泽损**。损下益上则损，损上益下则益，损益相综

相生。

**错卦：☳☴雷风恒**。经营者大公无私，损上益下，在培养基层实力，以求永续经营，故益及恒不可错失也。

**互卦：☶☷山地剥**。损上益下，真心诚意做到，经营必须把自己的私欲剥得干干净净，故益之内涵有"剥"之卦象。

风雷益

风雷益能量
1+2+32=35

**风雷益，《周易》序卦数第四十二。**

益卦为中能量之卦，警觉中维持一定的努力，但益不可强求，必须只问耕耘，不问收获，没有贪欲之心，才能获得真正的"益"。

益卦卦辞曰：

益，利有攸往，利涉大川。

为求建立基层实力，以能永续经营，经营者损上益下，大公无私的领导风范，必能领导全体员工向前发展，可面对任何的艰险和困难。

益卦彖辞曰：

益，损上益下，民说疆。自上下下，其道大光。利有攸往，中正有庆，利涉大川，木道乃行。益动而巽，日进无疆。天施地生，其益无方，凡益之道，与时偕行。

益者，损上而益下，部属受其益，故能喜悦而无尽，经营者自上方身躬临下，与部属共甘苦，故其领导之风范必大受敬仰，是谓"自上下下，其道大光"。

益卦时可全力以赴，以九五的领导者，阳在刚位，中正不阿，故在其领导下，前程有庆也。

风则巽木也，上卦为木，木浮性强，故可以利涉大川，面对任何艰难，以巽之柔顺风范，宁静中可度风雨也。

下震上巽，益动而巽，巽者木也，根部强，木则持续长高，故进步发展永无休止。天施风能、地生震能，上下阴阳和谐，万物众生皆受其益。

风在雷上，瞬时而过，故宜抓住机会，故"益之道，与时偕行"也。

益卦象辞曰：

风雷益。君子以见善则迁，有过则改。

风助雷威，雷长风势，益的能量，瞬间而过，君子宜抓住机会，迁善而改过，受众人景仰，受益必大。

## ■让基层全力以赴的能量

益的初爻，受益者基层人员，虽获得的好处不大，但可建立雄厚根基，有利未来长远的发展。

益卦初爻动，阳生阴，之卦为 ䷓ 风地观。

观者观照、观察也。在上者由上而观，利益虽未见实发，但益在其根基，有助长远发展。

益卦初九爻爻辞曰：

初九，利用为大作，元吉，无咎。

大作者雷之动也，初九为震卦是阳爻，是一切之根基，以其为受益者，虽不可立见其效，但坚实根基，仍属大吉之象，故可无咎。

益卦初九爻象辞曰：

元吉，无咎，下不厚事也。

初爻地位低，能力有限，无法承担重任，但受益之，更可得其衷心感谢，全力以赴地工作，仍可获得元吉之象，故必无咎。

## ■基层干部受益，实效立见

损卦以损九二益六五，益卦则损九五益六二也。

六二是基层干部，所谓的课长级，常是实务工作的真正承担者，也是最辛苦的人，使他们受益，功效立见。

益卦二爻动，阴生阳，之卦为☴风泽中孚。

中孚，诚心诚意以养其身、养其心也。经营者让基层干部受益，是真心诚意，而不是有任何动机及谋略的。

益卦六二爻爻辞曰：

> 六二，或益之，十朋之龟弗克违，永贞吉，王用享于帝，吉。

如果能让六二这个基层干部受益，让他全力以赴地卖命工作，其回报有如二十个普通龟背壳大的大龟壳，无比的灵气及能量，没有不赞美的，是以能永远贞祥吉利也。

这股能量足够让君王作为祭祀上天最好的祭祀品了，故能大吉大利。

基层干部，卖命的全力以赴，其能量可感动天地，公司的发展力无穷无尽矣！

益卦六二爻象辞曰：

> 或益之，自外来也。

基层干部的受益，必须让其感受到经营者重视他们，倚赖他们的心意，让他们感动而愿意卖命工作。

## ■中层干部受益，可共赴艰难

益卦三爻，中层干部之卦，六三阴居刚位，位不当，力不足，但诚心用之，平常或许难见其功，但有困难时，则可发挥其稳定的力量。

益卦三爻动，阴生阳，之卦为☲☴风火家人。

家人之亲密关系，平时不会有太多感受，患难时则可见其力量，所以家庭是成员最重要的避风港。

益卦六三爻爻辞曰：

六三，益之用，凶事无咎。有孚，中行。告公用圭。

公者诸侯君王也，圭者公卿见君王时所执之玉也。

六三，是中层干部，使其受益，平常或许无太大功效，但有危难时则可无咎。经营者对他们有诚信，这些人必可发挥承上启下的中行作用，有事必会立刻向上层报告，并且能共赴患难，以稳定局势。

益卦六三爻象辞曰：

益用凶事，固有之也。

六三受益，能在凶事发挥其稳定的作用，是巩固经营实力的中坚力量，不可疏忽之。

### ■高层幕僚的救难心态

益卦到了第四爻，属外卦，是损上益下的开始。四爻是高层幕僚，要随时和经营者分忧，协助解决紧急之困难。高层幕僚能充当胜任的救火队，经营者自然可以好整以暇了。

益卦四爻动，阴生阳，之卦为☲☳天雷无妄。

无妄，无妄念，不邀功，无私心，应环境的需要而动，高层幕僚不求表现，能承担最紧急、最繁忙的工作，以为经营者分忧担劳。

益卦六四爻爻辞曰：

六四，中行告，公从。利用为依，迁国。

六四阴居柔位，位能皆对，当可发挥其功用。高层幕僚接获中上层干部告之有事，不敷衍，不吃案，立刻回应，必要时亲赴基层，了解实情，以报告君王，尽快处理危难，此高层人员损上益下的开始。

益卦六四爻象辞曰：

告公从，以益志也。

对中上层干部的报告，立刻回应处理，是为了强化经营者损上益下之本意也。

## ■高度授权，谨慎经营，同甘共苦

益之五爻，经营者之爻也，九五，阳处刚位，飞龙在天之象，但损上益下者，俭朴自持，高度授权，垂拱而治，则可免亢龙有悔之尴尬也。

益卦五爻动，阳生阴，之卦为☶☳山雷颐。

颐，养生之卦也。经营者最重要的工作，是照顾部属的生计，改善其生活，不但是物质，更宜扩及精神面，使他们在工作中有成就感，是益卦损上益下最高的精髓。

益卦九五爻爻辞曰：

九五，有孚惠心，勿问，元吉。有孚，惠我德。

九五阳居刚位，飞龙在天之象，威德并见，故不用努力，只要表现诚心诚意，以德惠部属之心意，授权部属，不必事必躬亲，必能大元大吉。只要以诚心，自可德施于众人也。

益卦九五爻象辞曰：

有孚惠心，勿问之矣，惠我德，大得志也。

九五威德并用，有诚心表达益于部属，使可完全授权，让部属自己去打拼，亦即完全制度化，故不必事必躬亲去问了。

能够制度化，才能够管理愈多的人，管理者愈授权，事业则愈大，故"惠我德，大得志也"。

### ■事必躬亲的经营者，即使有益仍必凶

益卦的上爻，是益到了极点，经营者损的不但是钱财及权力，连时间及健康都损了，事必躬亲的经营者，虽益仍有凶也。

益卦上爻动，阳生阴，之卦为☵☳水雷屯。

屯，艰险卦象也，事情过犹不及，益到极点，经营者损到极点，累死了，反而引起部属依赖之情，愚笨至极也，必大凶。

益卦上九爻爻辞曰：

上九，莫益之，或击之。立心勿恒，凶。

上九，阳居阴位，努力过头了，对部属不见得有益，事必躬亲，不但累坏了，而且会引起部属反弹。完全用自己的想法及情绪处事，必无法建立制度化，必凶也。

益卦上九爻象辞曰：

莫益之，偏辞也。或击之，自外来也。

这种过度辛苦的经营者，是过犹不及之故也，事必躬亲的反弹，必来自内卦的基层人员也。

### ■益卦的自然发展现象

风雷益☲，九五对六二，能位皆对，九五刚健，六二服从，是以损上而益下也。

依八宫卦序，益为巽卦的三世变，内卦转巽为震，长男对长女，长男家计长女持家，相辅相成，必有益也。

巽的精神是阴柔的引动，长女以阴柔引导，所谓成功的男人背后必有优秀的女性，是益卦之象也。

# 第十章　决策机用

夬，决也，刚决柔也。健而说，决而和。扬于王庭，柔乘五刚也。孚号有厉，其危乃光也。告自邑，不利即戎，所尚乃穷也，利有攸往，刚长乃终也。

——《易经·夬卦彖辞》

## 政策风险——夬、姤、萃、升

夬，决也。刚决柔也。健而说，决而和。扬于王庭，柔乘五刚也。孚号有厉，其危乃光也。告自邑，不利即戎，所尚乃穷也。利有攸往，刚长乃终也。

蹇、解、损、益是经营的常变循环，重点在如何运用，用蹇、用解、用损或用益，经营者必须与时偕行。

经营必须拟定政策，执行并审核其效果。

从拟定、决策、执行到评审，参与其结果又提出一个新的政策，持续循环不停，其中隐藏无数的问题、困难、风险及成就感，便由夬、姤、萃、升四个卦象来加以说明。

### 第四十三夬卦——决断，决心，决而去之

**夬，乾下兑上，泽天☱☰。**

阴在五阳之上，内在力量非常刚健，外面最上一爻阴沉，阻挡住阳刚之气，有待决而去之。

#### ■决定的关键时刻

**夬，泽天☱☰。** 内刚强，外和悦。那股力量即将溃堤而出了，

非好好宣泄一番不可了。

**综卦:** ☴☰ **天风姤**。姤者邂姤也，机运也，引诱必多。夬时常犹疑不决，充满了机会，也充满着风险，夬和姤相综而互生。

**错卦:** ☶☷ **山地剥**。一阴挡在最上面，决而去之可也，决是去最后的一阴，剥是去最后的一阳，去阴称夬，去阳称剥，两者不可错失也。

**互卦:** ☰☰ **乾为天**。夬卦阳能极强，待破茧而出了，故夬的内涵为乾。

泽天夬

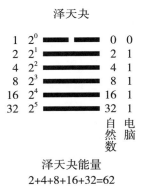

| | | | | | |
|---|---|---|---|---|---|
| 1 | $2^0$ | | 0 | 0 |
| 2 | $2^1$ | | 2 | 1 |
| 4 | $2^2$ | | 4 | 1 |
| 8 | $2^3$ | | 8 | 1 |
| 16 | $2^4$ | | 16 | 1 |
| 32 | $2^5$ | | 32 | 1 |

自然数　电脑

泽天夬能量
$2+4+8+16+32=62$

**泽天夬，《周易》序卦数第四十三。**

夬卦属于超高能量之卦，夬需要非常高度的警觉，也要极高度的能量才能决而去之。

夬卦卦辞曰：

> 夬，扬于王庭。孚号有厉。告自邑，不利即戎，利有攸往。

夬是高能量之卦，最后的阻碍有待决而去之，故必须把此决心在朝廷上公开宣布，态度必须严肃而认真，即使真诚仍需面对强力挑战。

夬之时必须彻底检讨自己，反观，反求自己，不责于人，虽不得不决之，但问题仍由自己承担，故称"孚号有厉，告自邑"。

不必要争吵，冷静面对冲突，争吵必不利，厘清彼此的观念，勇于负责，承担必须一决的压力，则可有利。

夬卦象辞曰：

> 夬，决也。刚决柔也。健而说，决而和。扬于王庭，柔乘五刚也。孚号有厉，其危乃光也。告自邑，不利即戎，所尚乃穷也。利有攸往，刚长乃终也。

夬，决也，决断，决心也。五刚决上爻的阴爻，内刚为乾卦，外和悦为兑卦，故健而说，是以夬必须温和，不宜有太大冲突。

阴柔以一乘五阳刚，于理于情皆不合，故可公然决断之，是以可以扬之于王庭，己方绝对站得住脚。但任何决断仍难免风险，被决断者将严厉抵抗，但危机是危险和机会，危险中能量更能光大，是谓"孚号有厉，其危乃光也"。

检讨自己，反观、反求诸己，不责于人。争吵是不必要的、不利的，因为阴的能量本已到最后，其道已穷了，内刚健，外和悦，决断不必冲突，只要保持刚健之气，最后必能有结果的。

夬卦象辞曰：

泽上于天，夬。君子以施禄及下，居德则忌。

孔子对夬卦的景象描写是泽上于天，故其水必决也。夬的时候虽是迫不得已，但君子仍以宽容为怀，给以被决之人一定的报酬，不可得理不饶人，自认居于有德的一方，态度强硬而傲慢，是为大忌。

### ■力量不足，宁可暂停决断

夬卦五阳决一阴，但一阴也可能反击到底，阳爻虽有绝对优势，为免冲突，不宜太强势。特别初爻是夬卦的基层人员，这种决断之事，其实管不到，是以不必过分参与。

夬卦初九动，阳生阴，之卦为☱☴泽风大过。

对于力量不足，地位不高的基层人员，要他们参与决断，其实并不公平，压力太大了，不是他们所能承担的。

夬卦初九爻爻辞曰：

初九，壮于前趾，往不胜为咎。

夬是超高能量之卦，故必须有壮气，但初九只能壮于前趾，地位低，力量小，实在无济于事，所以勉强参与，不但得不到效果，平添挫折及阻碍而已。

夬卦初九爻象辞曰：

不胜而往，咎也。

基层人员不必参与决断之事，明知不胜任，却多管闲事，必定自找烦恼而已。

### ■谨守中道，有争执勿担心

夬的二爻是基层干部的决断，九二阳居柔位，难免气势强了些，幸好仍在内卦中爻，虽有争执，但伤害不大，不必太在意。

夬卦二爻动，阳生阴，之卦为☲泽火革。

革者革变，革新也。泽往下，火往上，冲突必生，但若能及时革变，方可全力消弭冲突于无形。

夬卦九二爻爻辞曰：

九二，惕号，莫夜有戎，勿恤。

惕者警惕也，九二是基层干部，而能决断，大声喊叫，要求大家警惕，所以如此紧张，职责所在也。

莫夜，暮夜也，到了傍晚，产生了争吵，也不用担心，仍应站稳立场，坚持到底。

夬卦九二爻象辞曰：

有戎勿恤，得中道也。

就算有争执，也不用太担心，九二宜谨守中道立场，力争到底。

## ■承担责任却不用发脾气

九三的决断在内卦三爻，由内往外，阳刚之气日现，有可能会积极过分，宜冷静检讨自己的行为。

夬卦三爻动，阳生阴，之卦为 ☱ 兑为泽。

泽卦喜悦之象，和悦、平静，九三是中上干部，在决断时常需承担较大责任，容易冲过了头，所以宜以和悦之心自处。

夬卦九三爻爻辞曰：

> 九三，壮于頄，有凶。君子夬夬，独行，遇雨若濡，有愠，无咎。

九三是中上干部，阳居刚位又在内卦上爻，难免在决断中表现过于积极，頄者脸颊也，也就是决之壮气，表现到脸上了，一脸严肃，态度不佳，在决断时将有凶象。

心中保持平静，该决断则决断，独自负责到底，或许会惹上一些小麻烦，伤及自身，就算承受了怨气，也认了，这样的态度，必可无咎。

夬卦九三爻象辞曰：

> 君子夬夬，终无咎也。

中上干部在决断时，必须承担最大的压力，但仍应平心静气，该决断的还是要决断，心刚健，态度和悦，终可无咎也。

## ■该断不断，必受其害

夬卦四爻，阳居柔位，信心不足，又在外卦初爻，心急力不足，位又不当，踌躇不决，反受其误。

夬卦四爻动，阳生阴，之卦为☵☰水天需。

需者需要也，水在天上，云未成云，无法滋润大地，若仍犹豫不决，反会误了大事。

夬卦九四爻爻辞曰：

九四，臀无肤，其行次且，牵羊悔亡，闻言不信。

九四是上卦下爻，有如臀部，垫底的作用。如今臀无肤，无法安静坐下，行动又踌躇不前，不安的幕僚也。

羊是阳的谐音，九四为高层幕僚，不妨牵着初九、九二、九三群阳的意见，反应给九五，至少可以免除悔恨。但由于非决策人员，不宜在决断中扮演太积极角色，但心仍宜保持安定，幕僚人员猜疑心最重，接到下层人员建言，却不抱信任之心，提供的资讯不明，对九五的决策毫无帮助，这样的九四是非常不胜任的。

每样事情都有待研究，积压案子的高层幕僚，在夬卦时，常耽误了决断的政策。

夬卦九四爻象辞曰：

其行次且，位不当也。闻言不信，聪不明也。

夬卦时，最怕犹疑。孔子描绘这位不胜任的高级幕僚，行动踌躇不前，进止无方，是因为阳在柔位，位不当之故。

接获资讯，无法正确判读，猜疑不定，积压公文，是由于不够聪明之故也。

## ■领导者不可苟且敷衍

夬卦的重心在九五，九五阳居主刚之位，本可有大作为，但上六这个阴爻却离九五太近，是他的爱妃或幸臣，使九五在决断时，反而态度敷衍，决与不决，举棋不定，是夬卦时最常见的盲点。

夬卦五爻动，阳生阴，之卦为 ䷡ 雷天大壮。

大壮者太壮也，雷在天上，晴天霹雳，却未见下雨，虚张声势也，夬卦在以阳决阴，刚健清除阴柔的阻碍，但身为主爻的九五，却只响雷而少决断，对夬卦是相当不利的。

夬卦九五爻爻辞曰：

九五，苋陆夬夬，中行无咎。

苋陆是种长在阴湿处的野草，生命力极强，是所谓野草除不尽，春风吹又生。九五对上六有私心，故该决不决，决也不彻底，是仍一决再决，不过，虽无法根除上六，但九五若能保持中正刚强的本性，不被上六误导，仍可以无咎也。

夬卦九五爻象辞曰：

中行无咎，中未光也。

爻辞虽称无咎，但孔子在象辞中仍有批评，这样不发挥刚强精神的领导者，决断得不彻底的，即使坚守中正之道，仍未发挥九五应有的领导风范，故称"中未光也"。

### ■苟延残喘，无济于事

夬卦的上六，是大家非去之不快的对象，处在这尴尬立场的上六，当去则速离去，绝不可贪恋既得利益，否则必反受严重伤害。

马可仕太坚持权力，下场凄凉，苏哈托退得及时，反容易自保。

夬卦上爻动，阴生阳，之卦为☰乾为天。

决除上六，需要点毅力及坚持，群阳若不能干到底，发挥夬卦内涵之精神，经常会该断不断，反受其乱。

不要以为上六只剩一阴爻，而姑且容忍之，阴能藏潜而不显，等其坐大，去除必更为困难了。

夬卦上六爻爻辞曰：

上六，无号，终有凶。

上六，是夬卦中必除之而后快的阴爻，是以号啕辩护都没有用，宁可看开了，主动及时离去，否则终必有凶。

夬卦上六爻象辞曰：

无号之凶，终不可长也。

号啕辩护也没有用，这种已犯众怒之凶，终不可维持，不如及早离去。

### ■夬卦的自然发展现象

泽天夬☱☰，八宫卦序属坤的五世变。

坤卦的初爻到五爻全由阴转阳，剩下最后上六，阴能被逼到角落，刚决柔矣。

坤卦的四世变为大壮，雷响天上。大壮即太壮也，内卦的乾能强力上升，是以到五世变，只剩下最后一个上六，决除阴能的最后关键了。

虽是刚决柔，但也是柔乘五刚之时，是以夬卦的本质精神仍为坤能。

## 第四十四姤卦——邂姤也，机遇也

**姤，巽下乾上，天风☰☴。**晴天刮起风了，是环境变化的开始，群阳之下，出现一阴，是变化的开始。

在孤岛上的一群男子，突然发现海上漂来一位美少女，这是机遇、变化的开始，也是争端的开始。

### ■危机——危险、引诱才会出现机会

机会必须等待，努力是没有用的，光是阳刚不会有机会，休息、放松、等待，机会反而会出现。

牛顿在苹果树下打瞌睡，发现了地心引力，阿基米德躺在浴缸中，体悟了质量及容积的变化，休息、不努力时，机会容易出现。

把握机会是很有学问的。

**姤，天风☰☴。**

**综卦：☱☰泽天夬。** 夬时环境变化大，上六可能成为重要变数，夬是剩一阴，姤是一阴起，阳极阴必生，夬、姤两卦相综相生。

**错卦：☷☳地雷复。** 姤卦象征机会，在休息中，在不努力中，机会反而来了，一切也可能又恢复了，故姤、复两卦不可错失。

**互卦：☰☰乾为天。** 姤卦一阴再生，全卦象仍以阳爻为主，姤卦时必须及时回应，掌握机会，是以姤卦的内涵有乾卦的卦象。

天风姤

天风姤能量
1+2+4+8+16=31

**天风姤，《周易》序卦数第四十四。**

姤卦属于中高能量之卦，不宜太认真，放松但保持高度警觉，才能随时掌握机会。

姤卦卦辞曰：

姤，女壮，勿用取女。

五阳下出现一阴，此阴爻必成众星拱月的对象，情况何其壮也。阴爻象征女性，应以柔和、喜悦为主，表现太抢眼，会造成争执之因，这种女性谁都不能占有，否则会成为众矢之的，故"勿用取女"也。

姤卦象辞曰：

> 姤，遇也。柔遇刚也。勿用取女，不可与长也。天地相遇，品物咸章也。刚遇中正，天下大行也，姤之时义大矣哉！

姤，阴爻的吸引力重现，故姤，遇也，机会来了。

阴柔由下而起，面对上的五个阳爻，故柔遇刚也，这个阴爻太显眼了，故谁也不宜占有之，以免成大家攻击的对象，这种阴爻不可与之长久也。

但阴能复苏，阳阴能复遇，万物众生将此动能相成（无心之感）而形成各种现象，刚健的能量，在引诱中能保持中正之道时，天下的能量才能正常地运作之。引诱，邂姤是生命动能开动的机会，故姤的时机意义是非常大的。

姤卦象辞曰：

> 天下有风，姤。后以施命诰四方。

风行于天下，带来了能量流，也带来了各种机会，姤之时，大家应把握此机会，将政令、风气推动于各方。

## ■刚起的机遇，冷静观察之

姤卦的初爻，便是诸阳爻下生成的唯一阴爻，引诱刚现，机会初生而不清楚，宜先小心观察，不急着争取，以免引发不必要冲突。

姤卦初爻动，阴生阳，之卦为☰乾为天。

阴能的引诱初现，阳能宜保持坚强立场，冷静观察，不急着接触，是以乾卦的能量是此时的主流。

姤卦初六爻爻辞曰：

初六，系于金柅，贞吉。有攸往，见凶。羸豕孚蹢躅。

阳能象征龙马，初阴刚生，阳能易受引诱，故宜牵系之在金柅上，金柅为黄金做成的坚固刹车，象征态度正确稳固，不轻易受引诱，则吉。

但若急着想去争取此机会，操之过急，将会有凶事发生，五阳争一阴，阳能将陷入争执混乱中，不再是龙马一日千里，反而有如一群老迈公猪在泥堆中争执跳跃而已。

姤卦初六爻象辞曰：

系于金柅，柔道牵也。

五阳一阴中，阴能太显眼了，吸引力特大，所以先将这些阳能以坚固的刹车绑住，以免受到阴柔能量引诱，而产生不必要的争执，此乃是牵制阴柔之道也。

## ■近水楼台先得月

姤卦的二爻，阳居柔位，离引诱者初六最近，难免要近水楼台先得月了。

姤卦二爻动，阳生阴，之卦为☴☶天山遁。

遁者退避也，九二离初六最近，容易最先受引诱，故宜自制退避，否则可能会引来争执。

姤卦九二爻爻辞曰：

九二，包有鱼，无咎。不利宾。

包有鱼，是见有鱼，便捷足先登，包而怀之。本来近水楼台先得月，九二离初六近，先行占有也是物理学上的定数，无可指责，故无咎也。但恐不利于对待其他阳爻的该有的相处之道，不利于宾客，恐将引发争执。

姤卦九二爻象辞曰：

包有鱼，义不及宾也。

看到机会，捷足先登，对后来的宾客是不公平的，对其他阳爻而言，九二的行为不合义理，将引发争执。

## ■地位不对，光急也没有用

姤卦的三爻，阳居刚位，本可有一番作为，但若将目标放在争取初六，可能会乱了方寸，争不过九二，但比其他人则更有机会。会受到嫉羡，但却又力不及，处理不好，经常会两面不是人。

姤卦三爻动，阳生阴，之卦为☰☵天水讼。

讼者争个公平清楚也，天水一线，分明显眼，不要随便敷衍，将自己的立场整理得清清楚楚。

姤卦九三爻爻辞曰：

九三，臀无肤，其行次且，厉，无大咎。

九三虽阳居刚位，为下卦上爻，急思前进，但姤卦的吸引力在初六，九三为九二所挡，退下不得，如同臀部受伤无肤，静坐不下来。

外卦刚健，全是阳爻，九三向前也不被重视，所以进退不得，行动犹豫（其行次且），心里自然焦急，不知如何是好，故相当的严厉。但也因此，不易为初六引诱，也不会成为众矢之的，虽严厉仍可无大过错。

姤卦九三爻象辞曰：

其行次且，行未牵也。

想独立争取初六，却为九二所阻，想向前结合外卦三阳力量，却不被重视。九三阳刚又急思有所作为，因而焦躁不安，其实最重要的是将心安静下来，做好彻底观察，完整了解自己的立场，牵制自己的行为，不要急！

## ■没有机会，就不应贪心

姤卦四爻，阳居阴位，能量不对，太积极于争取机会，位置又离得太远，光是用想的，成不了大事，徒增痛苦而已。

姤卦四爻动，阳生阴，之卦为☴巽为风。

九四对应初六，自认可争取初六，但却夹在诸阳爻正中间，根本动弹不得，只能如风般没有目标地吹动着，这样对自己反而最有利了。

姤卦九四爻爻辞曰：

九四，包无鱼，起凶。

九四，阳居阴位，力量不及，地位又不对，是以不可能有鱼的，如果起心动念，徒增烦恼，此自找苦吃也。故妄想一起，必有凶象。

姤卦九四爻象辞曰：

无鱼之凶，远民也。

九四是高级幕僚，不直接管理部属，故称远民。但身为幕僚却权力欲过大，妄想争取领导权，必会造成混乱，此无鱼又想鱼之凶也。

## ■面对机会引诱，领导者宜平心静气

九五是领导者之象，阳在刚位，面对初六引诱，能不动于心，以平常心对之，这样的经营者是经得起挑战的。

姤卦五爻动，阳生阴，之卦为 ䷱ 火风鼎。

鼎者鼎新也，祭祀以享民也。在机会引诱中，领导者九五，宜保持祭祀般严肃的心，平心静气，为天下人之典范，此鼎之象也。

姤卦九五爻爻辞曰：

九五，以杞包瓜，含章，有陨自天。

杞者高大坚实之木，以坚实的木箱，将瓜包装起来，保持新鲜。机会来了，九五以平常心处之，不忮不求，等待而已。

含章者保持自己的明光，等待陨石由天而降，对任何的引诱，经营者都是静静坐着，以春天到了，草木自然生长之心，平心静气等待着。

不急躁，不受引诱，静观机会变化，反而能在成熟时，一举把机会抓住。

姤卦九五爻象辞曰：

九五含章，中正也。有陨自天，志不舍命也。

九五光明内敛，以位在中正的刚健能量中，所以不急，不躁，能以平常心静待之。

陨石自天而降，是因为这种领导者必能得天命，因而机会来时，他也不逃避，勇敢地抓住机会，全力一搏了。

第十章 决策机用

## ■机会在天边，不求也罢

姤卦六爻，阳居阴位，离初六太远，动能和地位皆不对，毫无机会可言，彻底放弃反而是最好的自处之道。

姤卦上爻动，阳生阴，之卦为 ䷛ 泽风大过。

上九想争取初六，根本是不可能之事，这种困难太过了，根本应彻底放弃，死了这条心，反而是好的。

姤卦上九爻爻辞曰：

上九，姤其角，吝，无咎。

这种机会已进入钻牛角尖了，故行不通也，彻底死了心，反可无咎。

姤卦上九爻象辞曰：

姤其角，上穷吝也。

钻牛角尖的机会，不求也罢，上九离初六太远了，不可能争取得到，宁可放弃，求得心中平静。

## ■姤卦的自然发展现象

天风姤 ䷫，八宫卦序中为乾卦的一世变。阳极阴生之卦象。

姤者阴能复起也，是以卦辞为女壮。柔遇刚也。

成功到极点，日盈则亏，所以常是失败的开始。

乾卦上九，亢龙有悔，即阳极阴生之象也。

但姤的出现是不可避免的，因此重点在九五，九五如能坚守立场，便能使阴阳之能量，天地相遇，成为万物生的动能。

但九五若反被初六引诱，则纲伦崩坏之始也。

故姤卦的本质精神在乾能。

## 第四十五萃卦——聚集中，集中力量

**萃，坤下兑上，泽地☷。**

泽在地上，泽水必溢满而在低处集中，萃卦之象也。

### ■有容乃大，集结众人的力量

**萃，泽地☷。**

**综卦：☷地风升。** 萃是平面的动能，水往低处集结为萃。升是垂直动能，树木往上成长，平面和垂直，相辅相生是为宇宙。萃、升两卦相综也。

**错卦：☶山天大畜。** 要集结众人的力量，首在经营者的吸引力，故萃卦必有大畜之象，能畜其大者，才有足够吸引力，是以萃和大畜两卦，不可错失也。

**互卦：☴风山渐。** 萃卦不是一天形成的，罗马也不可能一天造成，经营者的吸引力是在平常修养下，逐渐形成的，故萃卦有渐卦的内涵。

泽地萃

|      |        |   | 自然数 | 电脑 |
|------|--------|---|--------|------|
| 1    | $2^0$  |   | 0      | 0    |
| 2    | $2^1$  |   | 2      | 1    |
| 4    | $2^2$  |   | 4      | 1    |
| 8    | $2^3$  |   | 0      | 0    |
| 16   | $2^4$  |   | 0      | 0    |
| 32   | $2^5$  |   | 0      | 0    |

泽地萃能量
2+4=6

**泽地萃，《周易》序卦数第四十五。**

萃卦属低能量之卦，萃是无法努力的，必是被动发生的，内心平静，富包容力，外表和悦、温柔。萃卦有如黑洞一般，是自然形成的大磁场，才有真正聚集的能量。

萃卦卦辞曰：

萃，亨，王假有庙，利见大人。亨，利贞。用大牲，吉。利有攸往。

萃，聚集也，故必亨通，亨通了，众人之力自然聚集。

如同祭祀大典，君王集聚大臣、诸侯于宗庙，人才汇集一起，故利见大人矣。

大家意志相同，向天祈祷，心相通，正确稳定则有利。

祭祀时用愈大的祭品，分享众人，众人能享愈多，力量自然愈集聚，故"用大牲，吉，利有攸往"。

萃卦象辞曰：

萃，聚也。顺以说，刚中而应，故聚也。王假有庙，致孝享也。利见大人。亨，聚以正也。用大牲，吉，利有攸往，顺天命也，观其所聚，而天地万物之情可见矣。

萃，聚集之卦象，内坤地，柔顺也；外兑泽，和悦也，故称顺以说，内顺外悦，这种领导者吸引力自内而发也。九五应六二，能量正确，位又对，是为刚中有应，自然有聚集众人之力。

如同君王在宗庙举行大祭祀，诸侯大臣均自动聚集，宣扬人伦孝道也，人才因而汇集，心皆亨通，而以正道自守。

用大牲吉，分享众人亦多，所以能利有攸往，以分享他人之心，是顺天地动能的吸引力，以纯数学及物理学做思考，没有妄念，不奢谈理想，能务实关切众人，自然能聚集众力了。

懂得正确而详细观察萃卦之象的，便可正确掌握天地万物互动的真相，萃的力量在不努力中，自然形成，此无为而治，有容乃大之象也。

萃卦象辞曰：

泽上于地，萃。君子以除戎器，戒不虞。

恩泽高于水平，泽水必滋润大地，此自然之萃也。

萃是和平，低能量之卦，绝不用武力强行聚集，故君子戒除武器，不以力服人。以德服人，故虽无为，但保持警觉，绝不偷懒，但以放松的心，不要求，不焦急，让力量自然聚集也。

## ■因混乱聚集的盲民，平静而幽默面对之

萃卦初爻，阴居刚位，力不足也，其聚集也是乌合之众而已。

萃卦初爻动，阴生阳，之卦为☵☳泽雷随。

随者跟随也，初爻的萃大多由于不安、恐惧、愤怒产生的聚集，乌合之众的民间力量，因抗议而聚集，面对这种萃，也应以当下反应的"随"面对即可，不必想得太多，以免事情复杂化了。

萃卦初六爻爻辞曰：

> 初六，有孚不终，乃乱乃萃，若号，一握为笑，勿恤，往无咎。

初六，阴居刚位，力不及也。只要有信心，有诚意，这种聚集不会太久，这些聚集，是由不安，由恐惧，由愤怒引起的，故称"乃乱乃萃"。

经营者面对这些乌合之众的聚集，不用紧张，以宽容及幽默之心对待，不用担心、忧虑，以真心诚意替他们解决问题，当可无咎。

萃卦初六爻象辞曰：

> 乃乱乃萃，其志乱也。

这种因混乱而聚集的人力，心中都有共同的不安、恐惧、愤

怒。对治之，便不会有问题。

### ■沉默的大多数，是安定的力量

萃卦二爻，阴在柔位，居内卦之中正，阴柔又合乎中道，是股稳定的力量，聚集之可也。

萃卦二爻动，阴生阳，之卦为☷泽水困。

二爻阴柔本色，若疏忽这股力量，让他们转坤柔为水，拒绝配合及支持，则经营者会陷入困境。

沉默大多数是稳定的最重要力量，宜聚集之。

萃卦六二爻爻辞曰：


六二，引吉无咎，孚乃利用禴。


禴者夏季薄祭之典也，象征只要诚意够，牲礼薄不要紧。

六二阴居柔位，是卦中稳定之力，吸引他们聚集，必可成为安定的重心，故吉而无咎。只要有诚意，不需任何物质吸引，六二仍愿被利用，他们是默默耕耘的沉默大多数。

萃卦六二爻象辞曰：


引吉无咎，中未变也。


六二对应九五，阴柔本志，愿接受九五领导，吸引他们，必可大吉而无咎，以其中正温和本性，是稳定的最重要中心也。

## ■意志不坚的中上层干部

萃卦六三，阴居刚位，力不及，心不坚，一方面受初爻聚集抗议影响，另一方面又不愿得罪上卦的领导者，对这种软弱的中上干部，安慰之即可，可收编不可重用。

萃卦三爻动，阴生阳，之卦为 ䷞ 泽山咸。

咸者无心之感，六三软弱无能，但成事不足，败事却有余，收编之，但不宜重用。

萃卦六三爻爻辞曰：

六三，萃如嗟如，无攸利，往无咎，小吝。

六三阴处刚位，又在下卦上爻，前进无力，后退又有六二这股稳定力量，所以六三虽有抱怨，却也不敢参与初六的抗议。"萃如嗟如"便描写其不定之象，这种干部没什么好运用的，故"无攸利"。

不过其成事虽不足，但会影响初六对六二之干扰，故败事又有余，所以可收编之，集结他们，可以无咎，但会常有小麻烦，宜以安慰排除之。

萃卦六三爻象辞曰：

往无咎，上巽也。

上级若以柔顺之心影响之，安抚之，虽聚集之亦无大碍。

**■高级幕僚有吸引力，作用却不大**

萃卦九四是高级幕僚，九四阳居阴位，对内卦三阴爻会产生吸引力，但由于本身权责有限，更不能作决策，影响力很小，故虽能大吉却只是无咎而已。

萃卦四爻动，阳生阴，之卦为 ䷇ 水地比。

九四虽贤才，有德行，有聚集众人的吸引力，但无决策权，影响不大，只能亲比众人而已。

萃卦九四爻爻辞曰：

　　九四，大吉无咎。

下卦是萃集者，上卦是治萃者，九四阳居柔位，又为外卦初爻，治萃的开始。本身德行高，富吸引力，足以治萃，故大吉，但位不当，缺乏影响力，虽大吉，仍无咎而已。

萃卦九四爻象辞曰：

　　大吉无咎，位不当也。

九四虽有治萃的能力，但位、能不当，无决策能力，虽大吉，却只能无咎而已。

**■领导者在萃卦中必须无为而治**

萃是低能量之卦，无法努力，无法欲求。九五阳处刚位，中正而积极，虽能与位皆对，但难免稍嫌积极了一点。

萃卦五爻动，阳生阴，之卦为☷☳雷地豫。

豫者和豫，准备之卦，雷响大地，九五稍嫌积极，应更和豫些，准备不必行动，垂拱而治，无为本身便会有足够的吸引力。

萃卦九五爻爻辞曰：

九五，萃有位，无咎。匪孚。元，永贞，悔亡。

以萃集的功能而言，九五能位是对的，但积极的阳能不利萃的本卦，故虽能、位皆正当，却只无咎而已。

太积极了，故欲念较强，缺乏诚心。

但若以创始之心，永远固守中道，仍可无悔。

萃卦九五爻象辞曰：

萃有位，志未光也。

以九五来集聚众心，在主位上是对的，但九五阳能常过分积极，反而违反萃之坤道，故其志不能光而大也。

■ **无缘大慈，同体大悲**

大慈是主动解脱之力，如未能解脱不安，至少和大家共同处于不安及痛苦中。

萃卦上爻，阴处柔位，以和顺之心感人，虽不能创造大乐，至少同体大悲，应可无咎。

萃卦上爻动，阴生阳，之卦为☰☷天地否。

外卦若太刚强，面对内卦的坤柔，必反成为天地不通了。是以萃卦的上爻不可太积极，维持阴柔本性，以和悦面对所有的争执及不安，是谓无缘大慈，同体大悲。

萃卦上六爻爻辞曰：

　　　　上六，赍咨涕洟，无咎。

赍咨是诚心自我检讨，涕洟者流泪满面，对聚集表示抗议的内卦诸阴爻，虽无力满足，但以同感之心，哀矜必喜，以致流泪满面，应可无咎。

萃卦上六爻象辞曰：

　　　　赍咨涕洟，未安上也。

所以必须诚心检讨，泪流满面，在表现领导层和下层之心相同，恐惧而不安也，彻底理解这种同体大悲之心，正是真正的解脱之道也。

### ■萃卦的自然发展现象

泽地萃☷☱，泽水流向大地，滋润万物众生，能量的聚集也。

依八宫卦序，萃为兑的二世变，即内卦的兑转换为坤，内卦宁静和顺，外卦的和悦心情便往下流入内心中，是为萃的精神。

有和悦的外表，才能聚集能量，是以领导者的魅力在兑的外表，喜怒不形于色，以和悦的形态来面对所有的挑战也。

## 第四十六升卦——上升，发展也

### ■追求光明，迈向成长

**升，巽下坤上，地风☷**。风由地上吹动，象征巽木破土而出，也象征生命力的成长。

巽者木也，树木的种子，在黑暗的地下，累积能量，终能破土而出，迈向阳光的所在，快速成长，终成大树。

**综卦：☷泽地萃**。萃是平面的动能，水往低处聚集，升是垂直动能，树木往天空成长，一向低处，一向高处，故两卦相综。

**错卦：☷天雷无妄**。无妄是没有动机和想法，升是能量自发性成长，没有目标，没有动机，妄的动能而已，是以升和无妄不可错失。

**互卦：☷雷泽归妹**。升是自然能量，如同嫁人一样亲近阳光，是以卦中内涵有归妹之象。

地风升

地风升能量
8+16=24

**地风升，《周易》序卦数第四十六。**

升卦属于中能量之卦象，萃是低能量，自然向低处汇集，升虽也属自然发展，但是上升的发展，所以仍需有中度左右的能量运作。

升卦卦辞曰：

升，元亨，用见大人，勿恤，南征吉。

升，既元又亨，阴阳协调，才能亨通，才能成长，才能亨，以此之能量，自是可以吸纳人才，故用见大人，不必担心。南方在后天八卦为离，是太阳的象征。树木之升，必迈向阳光，故生命的升，必迈向光明，而且大吉。

升卦彖辞曰：

柔以时升，巽而顺，刚中而应，是以大亨。用见大人，勿恤，有庆也。南征吉，志行也。

升卦下巽上坤，均属阴柔之卦，柔和之气能上升，是因合乎时机也，静静等待，春天到了，草木自然生长，升之道也。

内巽外坤，故巽而顺，九二对应六五，虽不对位，但柔而守中，内刚外顺，是为刚中而应，力量足够，是以大而亨也。

这股能量可用以见大人而不必担忧，以后面的实力够也，故前途能够有喜庆。南征吉，迈向光明，是生命自然动能的激发，平素之大志，可以行矣！

升卦象辞曰：

地中生木，升。君子以顺德，积小以高大。

巽也象征树木，地下的种子发芽，破土而出，升之象也。升仍属中低能量，必依季节自然发展，故以象征君子以顺德，适应自然生命能量及时节，逐渐生长，切不可揠苗助长也。

## ■缓慢自然的成长，必能大吉

升卦初爻，那个阴能，便是树木的种子，看来好像很小，但它仍是未来的大树，拥有无限的潜能，假以时日，必成巨树，故大吉也。

升卦初爻动，阴生阳，之卦为 ☷☰ 地天泰。

种子集结能量，阴转阳，破壳又破土，生命虽小，却强韧地迈向发展，往上升了，总有一天会成大树，故为泰。

升卦初六爻爻辞曰：

初六，允升，大吉。

初六阴在阳位，力虽不足，但坚毅性够，只要等待，允许它缓慢成长，只要能够持续地升，必成大树，是以前程是大吉大利的。

升卦初六爻象辞曰：

允升大吉，上合志也。

树木必向着太阳的方向成长，由黑暗的地下，破土而出，趋向阳光，此升卦迈向光明之志也。

**■有毅力，有耐心，持续的升**

升卦九二，阳居阴位，内卦中爻，象征内在刚健，而内敛的动能，本质虽阳刚，但气势不强，心不急，而且有耐心，大吉之象也。

升卦二爻动，阳生阴，之卦为☷☶地山谦。

山在地下，以高居低，谦能也，九二以阳能居内卦中爻，对应上卦六五，作为六五的支撑力，即是谦的表现，故必趋于大吉。

升卦九二爻爻辞曰：

> 九二，孚乃利用禴，无咎。

祭祀有诚心最重要，只要有诚意，祭礼薄弱如夏祭之禴，仍可无咎。

升卦九二爻象辞曰：

> 九二之孚，有喜也。

九二的谦德及诚意，不但无咎，而且是升卦迈向光明、大吉大利发展的基础。

**■以实入虚，发展自然而顺利**

升卦九三是最上的阳能，力量已成，破土而出了，坤能虚卦也，故是以实入虚之象，有如进无人之地，充分显出生命的潜能。

升卦三爻动，阳生阴，之卦为☷☵地水师。

师，劳师动众之时，九三阳居刚位，能力足，时位又对，是努力迈向外卦之时，种子的力量破土了，迈向阳光，也迈向无限生命力。

升卦九三爻爻辞曰：

> 九三，升虚邑。

九三以阳能，领导巽卦，迈向坤卦，是以实力升上空虚之邑地，故有如进无人之境，顺利上升，气势强悍，显现无限生命力。

升卦九三爻象辞曰：

> 升虚邑，无所疑也。

如入无人之境的升能，只要努力向上，不用疑虑，以能、位、时皆对也。

### ■顺应时局需要的发展

升卦四爻，进入外卦，六四阴居柔位，又为外卦初爻，能及位皆对，此顺应时局需要的发展也。

升卦四爻动，阴生阳，之卦为☳☴雷风恒。

恒，持续、持久也，种子破土而出，迈向阳光，持续成长，此适应时局之象也。

升卦六四爻爻辞曰：

六四，王用亨于岐山，吉，无咎。

岐山，周王朝的大本营也。殷末文王在岐山，广集人才，尽力图治，故亨通于西岐，实力大增，此顺天应时的成长也，故能大吉而无咎。

升卦六四爻象辞曰：

王用亨于岐山，顺事也。

周文王在岐山之地，力求发展，是顺应时局需要所不得不有的成长，故谓"顺事也"。

### ■稳定地成长，不急不躁，是升卦的精髓

升卦六五，是主要动能，阴居刚位，时机及地位皆够力，但本质属阴能，故能不急不躁，以求稳定中成长。

升卦五爻动，阴生阳，之卦为☵☴水风井。

井，储水也，养生之卦。发展的能量要持续，要制度化，如井之养生一样，如此，才能做到真正的永续经营。

升卦六五爻爻辞曰：

六五，贞吉升阶。

六五虽阴居刚位，守中正之柔，得到九二支持，故能不急不躁，一步一脚印，稳定升阶式的发展，是以"贞吉升阶"也。

升卦六五爻象辞曰：

贞吉升阶，大得志也。

可以稳定成长，发展的能量完全制度化，逐步升阶而上，这样的六五，迈向光明的大志必可顺利遂行。

■**不累积的发展**

升卦上爻，上六，阴居柔位，位能皆对，但升到最高点，无处可升，必有反降的压力，除非能够只在升的动能中，而不累积，使升的力量不致于盈满，是升的最高本质也。

升卦上爻动，阴生阳，之卦为䷑山风蛊。

蛊者腐化也，升到最高点，无可升了，权势到了极端，必将腐化，是升卦最需警觉之处。

升卦上六爻爻辞曰：

上六，冥升，利于不息之贞。

冥者黄昏也，黄昏时太阳不降反升，便违反自然之道了，故容易腐化。息是不休息，不累积，升的能量如能只在行动中，不累积，便不到极端，也就不用休息了。

如同飞翔在天空中的老鹰，不留任何痕迹，如此稳定地发展动能才能完全无碍。

升卦上六爻象辞曰：

冥升在上，消不富也。

上六之升已无处可升，是谓冥升，再上升就撑不住了，掉下来可不好玩，但若能上升而不留痕迹，消除而不累积，名声、权势、财富都不累积，能消而不富，只有升的动能存在，将是升的最高精髓了。

### ■升卦的自然发展现象

地风升☷☴，依八宫卦序为震的四世变。

内卦的震已转为兑，四爻再由阳转阴，外卦成为地。和顺安静的态度，体验内在阴柔的风吹，能量由内升起。

震的力量已完全内敛了，外卦的震也解除了，生命力的发展形成一种自然升起的动源，是为升卦之象。

升的本质精神中属震。

## 处困及革变——困、井、革、鼎

革，水火相息，二女同居，其志不相得，曰革，己日乃孚，革而信之，文明以说，大亨以正，革而当，其悔乃亡。天地革而四时成。汤武革命，顺乎天而应乎人，革之时大矣哉。

人生不如意十常八九，吉凶悔吝，动则一吉三凶也，所以一动不如一静。

但天恒动，诸法无常，阴阳互动相生，不可能停止，因此经营工作，不论是事业或生涯，总充满着挫折、挑战及不如意。

困、井、革、鼎四卦，探讨的便是处困的智慧。

## 第四十七困卦——智竭力穷之时也

**困，下坎上兑，泽水☱☵**。水在泽下，泽中无水，鱼虾必困也。

### ■安静处困的君子之道

**困，坎下兑上，泽水☱☵**。内坎坷，外和悦，受苦无人知，困也，心中之事有谁能了解。

处困之道，是人生重要的智慧，不可不知。

**综卦：☴☵水风井**。困是泽中无水，井是储水养生，无水则存水也。很多事业发展过快，导致资金不足而受困，经营者宜彻底与民休息，以储水养生也。故困、井两卦相综相生。

**错卦：☶☲山火贲，修饰也**。人在困中必须奋斗到底，不可消极，所以要稍加修饰，至少衣服穿漂亮一些，打起精神来处困，故困、贲不可相错失。

**互卦：☴☲风火家人**。处困见真情，脱困有赖家人的鼓励及协助，故困的内涵中有家人的卦象。

泽水困

泽水困能量
2+4+16=22

**泽水困，《周易》序卦数第四十七。**

困卦属于中能量之卦，处困必须被动，不可急于脱困，以免陷入更大困境，借高利贷求周转，必愈陷愈深。故困属中低能量之卦，安于困中，彻底观察其原因，自然可以脱困。

困卦卦辞曰：

　　　　困，亨，贞，大人吉，无咎。有言不信。

水在泽下，泽中无水，鱼虾受困。

困中必保持敞开之心，不可逃避，安静面对困境，警觉以应付随时而来的危机。

困，亨通处事也，心静稳定则吉。

困中有赖贵人帮助，故应冷静以探求支援，必可无咎。困中不必讲太多话，不必做解释，以行动处困，解困即可。人没有实力时，光说也不会有人相信，故"有言不信"也。

困卦彖辞曰:

困，刚揜也。险以说，困而不失其所，亨，其唯君子乎？贞，大人吉，以刚中也。有言不信，尚口乃穷也。

困卦☵☱，三刚爻都被包围了，九二为初六、六三围住了，九四、九五则被六三及上六困住了，都是阳能受困，称为"刚揜"也。

内坎外兑，是由坎险迈向兑泽，困中不急脱困，反而平心静气处于其中，困而不失其所者，才能在困中维持亨通。

处困之道，君子之道也。内卦九二及外卦九五，中爻均刚健，是君子之象，大人之象，故称"其唯君子乎？贞，大人吉，以刚中也"。

困中宜以行动不做虚言，困有言必不信，在困中靠嘴巴说说而已是完全没有用的。

困卦象辞曰:

泽无水，困，君子以致命遂志。

泽中无水，资源不足，必困也。但君子在困中，安于天命，无怨无悔，心志绝不可屈服。

## ■困于天昏地暗之中

困卦的初爻，阴在刚位，又处于最下层，是困的刚开始，情况继续恶化中，自己又无能力，也无地位，天昏地暗，前程渺茫，怎么办呢？

困卦初爻动，阴生阳，之卦为 ☱ 兑为泽。

泽，和悦之象也，内在由坎险转兑泽，在困中把持绝对的安静和耐心。

困卦初六爻爻辞曰：

> 初六，臀困于株木。入于幽谷，三岁不觌。

初六，阴居刚位，奋斗力不足，力不够，位不对，有如困坐在森林中，而且是深谷中的森林，根本求助无门，只好安静下来等待了，大概三年内都见不得阳光，无力解困。

困卦由三阳三阴组成，三阳分别困于三阴中，又称三岁不觌，亦即三年内都不会有什么希望了。

困卦初六爻象辞曰：

> 入于幽谷，幽不明也。

初六之困，有如在幽谷之中，天昏地暗，一点光明的迹象也没有。因此只有静观及等待，保持内心和悦，是处困的开始。

### ■基层干部之困，宜冷静奋斗

困卦九二，阳居柔位，又在中爻，象征奋斗不已，绝不妥协之象。

困卦二爻动，阳生阴，之卦为☶☱泽山咸。

咸，无心之感也。九二处于初六及六三包围中，奋力脱困，但这种努力，必是无动机、无目的之努力，只有以行动奋战不懈，不求自己的安全，专心为九五而忠诚，此基层干部处困之道也。

困卦九二爻爻辞曰：

九二，困于酒食，朱绂方来。利用享祀。征凶无咎。

酒食，引诱之物也，九二为基层干部，常为引诱的物质享受所困，朱绂是官服，上级人员也。九二困于酒食中，上级又以升官引诱之效忠。

九二宜固守中道，将这些引诱用之于祭祀之礼，敬而远之也。阳能受阴能所困，行不得也，故向前推进，其象凶险，但若本职责所在，奋斗不已，不求表现，不求自保，当可无咎。

困卦九二爻象辞曰：

困于酒食，中有庆也。

虽困之于各种引诱中，但九二若能固守中道，奋战到底，未来仍可有喜庆的。

### ■投机取巧在困中，必取其祸

困卦的三爻，阴居刚位，又在内卦上爻，能位不对，心又急躁，难免有投机取巧脱困之欲。

困卦三爻动，阴生阳，之卦为 ䷛ 泽风大过。

大过，指"太过分了"，能力不足，又投机取巧，自作孽不可活了。

困卦六三爻爻辞曰：

六三，困于石，据于蒺藜。入于其宫，不见其妻，凶。

上有九四，挡在外卦中，如同巨石，前进不得，后有九二，要退也不是，好像坐在针毡上。进退不得，心急不已，回到家中，妻子也避不见面，连避风港也没有了，凶险到了极点。

六三急于脱困，愈陷愈深，反而承担太大压力，自入凶境也。

困卦六三爻象辞曰：

据于蒺藜，乘刚也。入于其宫，不见其妻，不祥也。

六三阴居阳位，又想凌驾九二之上，如同投机的中上层干部，想夺取九二基层干部之权，自己又没有能力，却以柔乘刚，自取辱也。

阴不居阴，反急于求阳，所以反而不见自己阴柔的优点，入其宫不见其妻（阴柔本性），是非常不祥的。

### ■整顿组织，强化教导，做好脱困准备

困之四爻，阳处柔位，又为外卦初爻，治困的开始矣，高层幕僚面对困局，宜整顿内部，强化实力，做好准备，等待九五一

声令下，便可治困以脱困了。

困卦四爻动，阳生阴，之卦为☵坎为水。

坎卦，奋斗之卦也，治困的初期，外卦转兑泽为坎水，以严肃的心，准备治困了。

困卦九四爻爻辞曰：

九四，来徐徐，困于金车，吝，有终。

九四，阳居阴位，幕僚长发动治困也。但本身非决策者，故力有所不逮也。所以响应其号召的部属，只是慢慢集结而已，战车虽准备好了，部队人数仍太少，暂时不能作战，故吝。但如能坚持到底，做好布局整顿的工作，仍可达到目的。

困卦九四爻象辞曰：

来徐徐，志在下也。虽不当位，有与也。

部属响应号召，徐徐而来。虽慢总算有在动，是因为九四能关切部属之困境也。虽然无决策权，能力和位置都不当，但只要诚心付出，总会有回报的。

■**领导者的处困之道**

困卦第五爻是领导者之爻，九五阳处刚位，原有一番大作为的，但身处困境，必先有耐心治困，才得脱困也，此龙困浅滩之象也。

困卦五爻动，阳生阴，之卦为☳雷水解。

解，解除也，解困也，发动解困是领导者的职责，但解困前，仍需耐心做好完全的准备。

困卦九五爻爻辞曰：

九五，劓刖，困于赤绂，乃徐有说，利用祭祀。

劓者割鼻，伤上也；刖者断腿，伤下也。上下均受伤，领导者自己困在君王之位（**赤绂者，皇帝官服也**）了。

上下都受伤，不可急于脱困，保持兑泽之心，严谨而缓慢地行动，如同主持大祭之心，诚意而虚心，祈求福降即可。

治困宜自然，不可强求，力量够了，自然脱困。所以领导者只要诚心无妄（**不可奢求保佑**）地祈祷即可。

困卦九五爻象辞曰：

劓刖，志未得也。乃徐有说，以中直也。利用祭祀，受福也。

上下均在伤痛复原中，时机未到，治困不可急也，所以宜慢慢迈向和悦的情境。九五为兑卦中爻，以刚守中，故"以中直也"。

只能以诚心真意，祈求天降福也，谦虚自处，如同祭祀时的心境，领导者以此心处困，自然可以治困及脱困了。

### ■不计成败，在困境中拼命

困的上爻，阴居柔位，困境之象不解，不知会持续到什么时候，安困、处困，何时可解，遥遥无期，只有死了心，在困中不计毁誉地奋斗到底了。

困卦上爻动，阴生阳，之卦为☰☵天水讼。

讼，争讼也。打官司，既然没有短期脱困的希望，只有力拼到底了。

困卦上六爻爻辞曰：

上六，困于葛藟，于臲卼，曰：动悔有悔，征吉。

葛藟指羁绊的乱藤，困境难解矣。臲音聂，卼音勿，臲卼者迷乱不知所措也。这种困是困到极点了，心也乱了。

既然动必有悔，何不接受所有的悔，奋战到底了，既然下定决心，做最坏打算了，努力向前，必有吉报。

困卦上六爻象辞曰：

困于葛藟，未当也。动悔有悔，吉行也。

上六会困得如此厉害，必是自己作为不当之故也。既然大祸当前，避之无益，动而有悔，就让它悔到底了。有了最坏打算，一切看开了，行动上反而自由自在，而可获吉报了。

### ■困卦的自然发展现象

泽水困☱☵，水在泽下，泽中无水，鱼虾受困之象也。

困在八宫卦序中，是兑的一世变。

兑时经常缺乏警觉心，初爻阳转阴，泽转成水，内心坎险，外表却仍装出和悦，心情必被整个困住了。

九二不当位，又为两个阴爻包围，内卦的阳能困住了。但困卦卦解，为亨贞，大人吉。亦即困卦时，要坚持本分，以坎险的心打通困境，是为贞而亨。力求有缘的君子前来协助，以有足够力量脱困。

困时必先安于困，以和悦的心来面对困境，是以困的本质精神仍是兑。

## 第四十八井卦——储水养生也

**井，下巽上坎，☵☴水风井**。水下有风，泉水涌出成井之卦象也。

### ■经营者的职责在永续经营

**井，水风☵☴**。风在水下，泉水汩汩涌出，永不停止，可养万民也。

**综卦：☵☱泽水困**。井中之蛙，必困。井中水竭，必困。困者需要储水，做井以解困矣，故困与井相综相生。

**错卦：☲☳火雷噬嗑**。噬嗑去除阻碍，井是供大家养生之用，不可据为私有。井卦中，自我之心必先去除，故井和噬嗑不可相错失矣！

**互卦：☲☱火泽睽**。有井必有争，有争必有睽，是以永续经营必建立制度化，井中的内涵有睽之象也。

水风井

| | | | | | 自然数 | 电脑 |
|---|---|---|---|---|---|---|
| 1 | $2^0$ | | | | 0 | 0 |
| 2 | $2^1$ | | | | 2 | 1 |
| 4 | $2^2$ | | | | 0 | 0 |
| 8 | $2^3$ | | | | 8 | 1 |
| 16 | $2^4$ | | | | 16 | 1 |
| 32 | $2^5$ | | | | 0 | 0 |

水风井能量
2+8+16=26

**水风井，《周易》序卦数第四十八。**

井卦为中能量卦象。井，养生的工具，大家平心静气地分享及维持之，不得一次取太多，以免杀鸡取卵，大家生活的工具，维持即可，不可贪心，此永续经营之象也。

井卦卦辞曰：

井，改邑不改井，无丧无得，往来井井，汔至亦未繘，井，羸其瓶，凶。

永续经营的卦象，经营者可以换人，名称可以更改，经营及养生的制度不变，是以改邑不改井也。

井中之水持续涌出，众人来享有，却可让水不见减少，也不会太多而溢出，维持需要之量，井水可养人，故众人都集聚井边汲水以生活也。

"繘"是绳索，汲水时若绳索过短，"汔至"是几乎到了，却又未能到，所以汲不到水，反而弄破了汲水用的水瓶，则遇凶境也。

意谓汲井水，必依需要做好准备，如果制度未健全，只急着赚钱，必得不偿失也。

井卦彖辞曰：

> 巽乎水而上水，井。井养而不穷也。改邑不改井，乃以刚中也；汔至亦未繘井，未有功也，羸其瓶，是以凶也。

巽，风也。风在下吹动，水必涌出，是风在水下，井成也。井水可养人而水用之不尽，所以经营者或许名称可换，制度仍需维持，改邑而不改井，是以九二、九五这两个内外卦的中爻，皆阳刚也，故称"乃以刚中也"。

井能养人而不竭，在九二、九五刚健居中，能量不竭也。但若制度不健全，准备不够，干部能力不足，如同绳子不够长，如何繘井，若不知修为，只贪心地想赶快赚钱，必破败其汲水之瓶，反而会进入凶境。

井卦象辞曰：

> 木上有水，井。君子以劳民劝相。

巽木也，风也，风之上有水，水必涌出地面，是为井。井，养人之工具，君子要以井自居，劳苦为民服务，但又劝人不可贪心，要做好准备，汲取必要之水，不可杀鸡取卵，此井卦象之真意也。

## ■没有用的井，大家都不求

井的初爻，即使有水，也是泥水。这种泥水不可食用，所以不足以吸引人来。

既然储存水，不可太急于用，必须等水够了，才来分享，所以井底的泥水是不可饮的。

井卦初爻动，阴生阳，之卦为☵☰水天需。

需，需要也。云雨在天上，仍未下来的卦象。井底的泥水，仍不可食，只好继续耐心等待。

井卦初六爻爻辞曰：

初六，井泥不食，旧井无禽。

初六，井底的泥水也。这么一点水在井底，必和泥混合，不可饮用也，故"井泥不食"。

如果是新井，自然要等待其水够了再用，如果是旧井，水已干涸了，这种井连鸟禽都不会来了。

井卦初六爻象辞曰：

井泥不食，下也。旧井无禽，时舍也。

初六阴居阳位，力不足，地位又低，如同井底之泥水，养生无力也。故井泥不食，下也。旧井水已竭，鸟禽不居，时代已改变，却坚持不合时宜的制度，连基本的养生都做不到，如何永续经营。

**■规模不够的井，养小鱼而已**

井卦的九二，内卦的中爻，阳居柔位，虽量仍不足，但已是井的基础，养小鱼，无法养大鱼，所以公司基础太小，个人工作室或小型家族企业，不足以永续经营也。

井卦二爻动，阳生阴，之卦为 ䷃ 水山蹇。

蹇，艰难也。步难行也。九二固然已稍有水量，但不足养生。规模太小的事业，碰到时局变化，转型无力，必多艰难矣。

井卦九二爻爻辞曰：

九二，井谷射鲋，瓮敝漏。

九二，井谷中稍有水，只可协助小的鲋鱼生存而已。井底太浅了，水瓶下去，常碰到石头，难免破裂而漏水了。井稍有水，固可养鱼，但无法汲而使用。

井卦九二爻象辞曰：

井谷射鲋，无与也。

井底那一点积水，养小鱼而已，无法让人汲取，这种事业体，养活自己而已，对社会价值不大。

**■积存实力，再为大众服务**

井的第三爻已到内卦上爻，水的储存量够了，可以让大家汲用，也许仍在内卦，知道的人不多，但只要自己有实力，一定会有人来的。

井卦三爻动，阳生阴，之卦为 ䷜ 坎为水。

坎者辛苦之卦也，内卦转巽为坎，以劳苦的努力以服务大众，初虽不顺，终将有福。

井卦九三爻爻辞曰：

九三，井渫不食，为我心恻，可用汲，王明并受其福。

九三，阳居刚位，又为内卦上爻，故必思有所作为。渫者，不污也，清澈也。井水清澈已可饮用，但却因不为人知，而没有人来汲水，空有才华，不能用世，心里必感难过。

但只要实力够，总会有人来的。只要九五真正看到九三的能力，而重用之，则有如王明而并之，并之聘用也，使位于左右也。这样子九五、九三同时受其福也。

井卦九三爻象辞曰：

井渫不食，行恻也。求王明，受福也。

井水已很清澈，却无人来汲用，道不行，心中忧恻也。但必须谨守阳刚之道，坚忍到底，必能得九五（经营者）发现而加以重用，则众人皆受福也。

### ■制度虽实用，也需常常修补

井卦四爻，已到外卦，阴居柔位，坤能可用也。

长久被汲水使用，难免有破损，不用担心，只要有用，必会有人来修补，使能永续使用也。

井卦四爻动，之卦为☱☴泽风大过。

使用过度，难免破损，但以服务之心为他人服务，即使破损了，也会有人来修补的。

井卦六四爻爻辞曰：

六四，井甃，无咎。

六四为阴爻，在外卦初爻，如同井有破损之处，故称井甃，为大家服务，至有破损，一定会有人来修复的，故可以无咎。

井卦六四爻象辞曰：

井甃无咎，修井也。

只要这个井仍然有用，破损了也可无咎，重点在能否有清澈的井水，破了必有人来修。

有用的事业，即使经营失败，也必有人来接手的。

## ■领导者的养众生之道

井卦五爻是经营者的永续经营之道。九五阳在刚位，又有养众生的能力，此飞龙在天之象也。

井卦五爻动，阳生阴，之卦为☷☴地风升。

升，发展之卦象也。九五的经营者，以养众生为己任，公而忘私，损上益下，事业必会有很大的发展。

井卦九五爻爻辞曰：

　　　　九五，井洌寒泉，食。

井水干净、清凉，利于饮用。经营者的职责，在养众生，而且众亦乐为其所养也。

井卦九五爻象辞曰：

　　　　寒泉之食，中正也。

井卦的阳刚在九五及九二。九二阳居柔位，能位不对只能在内卦守正而不可用。九五是井卦主爻，阳居刚位，故可养众生也。清凉、干净的井水，可利于饮用，在其中能量也。

### ■永续的养生制度，大吉大利也

井之上六，阴居柔位又在主爻九五之上，承九五的能量，又能敞开等待大家来汲水，此永续养生之象也，故为大吉大利。

井卦上爻动，阴生阳，之卦为☴巽为风。

柔顺而动，微风缓缓而吹，和平相处的风气也。

井卦上六爻爻辞曰：

　　　　上六，井收，勿幕，有孚，元吉。

上六在井之上，汲水的工作已完毕，收好绳子离开时，不用盖子盖住井口，而且诚心希望大家来分享，故为元吉之卦象也。

井卦上六爻象辞曰：

元吉在上，大成也。

永续的养生，服务众人，井之上六，可谓"元吉在上"，是大成功的卦象。

井困相综，井之上六，可为治困、脱困的工作，大功告成了。

### ■井卦的自然发展现象

水风井☵☴，八宫卦序属震的五世变。

震卦响声虽大，能量不足，是阳能的开始，一世变豫，二世变解，三世变恒，四世变升，到此力量仍嫌不足，五世变井，五爻也由阴转阳，更积极储存能量，以应对下一个可能的卦变。

所以井卦的本质是在弥补震卦的不足。

### 第四十九革卦——除旧也，革新也，革变也

**革，离下兑上，泽火☲☱。**

泽在火上，泽水下流，火气上升，相互冲突，必相息也，故有革变。

### ■到了不得不变的关键了

**革，离上兑下，泽火☲☱**。泽火相息，火向上，泽水能灭火，火向下，离火会蒸水，两者相克，故非有革变不可。

**综卦：☲☴火风鼎**。风在火下，烹饪也，祭祀用牺礼以享上天，故有鼎新之象。革变后必有鼎新，求鼎新之势必做革变，故革鼎相综也。

**错卦：☶☵山水蒙**。蒙昧，不清也，时局已变，但制度本身调整不过来，是以必须有新革变，而革变更需启蒙，故革、蒙不可错失也。

**互卦：☰☴天风姤**。姤，引诱、邂姤也，机会也。革变必须掌握机会，革的内涵中有姤的卦象。

泽火革

| | | | | |
|---|---|---|---|---|
| 1 | $2^0$ | ▬▬ ▬▬ | 0 | 0 |
| 2 | $2^1$ | ▬▬▬▬ | 2 | 1 |
| 4 | $2^2$ | ▬▬▬▬ | 4 | 1 |
| 8 | $2^3$ | ▬▬▬▬ | 8 | 1 |
| 16 | $2^4$ | ▬▬ ▬▬ | 0 | 0 |
| 32 | $2^5$ | ▬▬▬▬ | 32 | 1 |

自然数　电脑

泽火革能量

2+4+8+32=46

**泽火革，《周易》序卦数第四十九。**

革卦属于高能量之卦，革变时必产生强大的动能，泽火相克而互动，也因此会爆发大的能量。

革卦卦辞曰：

革，己日乃孚，元亨利贞，悔亡。

革，改革也，天干代号甲、乙、丙、丁、戊、己。己是第六，己日是第六天。改革的决心，必坚持一阵子，才能显示诚心，是谓"己日乃孚"。

革变必有刚健阳能，故必元、亨、利、贞四者不可或缺，刚健积极，必可无后悔也。

革卦象辞曰：

> 革，水火相息，二女同居，其志不相得，曰革，己日乃孚，革而信之，文明以说，大亨以正，革而当，其悔乃亡。天地革而四时成。汤武革命，顺乎天而应乎人，革之时大矣哉。

革，泽水在上向下流，离火在下向上升，故相克相息也。泽卦为少女，离卦为中女，离泽相克，故谓"二女同居，其志不相得"，故必有革变。

革变时，大家不习惯，故总在有意无意中反对之，故必须假以时日，表现革新的诚心，改革的政策，才会渐渐为人所接受。

离火属文明，泽兑属喜悦，内文明，外喜悦，是谓"文明以说"。变革之后，文明外显，故为"大亨以正"，革而正当，自然不会有悔恨了。

天地动能革变，由冷转热，或由热转冷，春夏秋冬四时因此而生。革变必须顺天应时，则可大顺。商汤对夏桀革命，周武王对殷纣王革变，都是顺应天时，应乎人民的需要，两者的革命，都算是大亨以正。所以革变时机的正确与否，影响是非常重大的。

革卦象辞曰：

泽中有火，革。君子以治历明时。

革变必须应时，阴阳动能逆转之时，必有革变也。所以孔子描写主持"革"的君子，必须先研究时历，了解季节变化，彻底抓到适当的时机。

### ■革变前，先确定不革变的地方

改革不可盲目进行，本质方面大多不必改，必须配合时代变化的，最需要变革。所以革卦的初爻，阳居刚位，属于基层不用革变的部分。

革卦初爻动，阳生阴，之卦为 ☶☱ 泽山咸。

咸者无心之感，自然感应部分，也是基本的人际关系，这种关系需要更稳定、更成熟，而不需要去革变的。

革卦初九爻爻辞曰：

初九，巩用黄牛之革。

在革变的最早期，针对基层的初九，是用黄牛的皮革，将基层的关系巩固起来。

不必革变之处，不但不革变，还要巩固之。

革卦初九爻象辞曰：

巩用黄牛，不可以有为也。

所以动用黄牛皮革来巩固，是确认这部分不用革变，不可以有为也。

### ■革变行动，必先有周密计划

革卦第二爻，六二阴居柔位，能量及位皆正当，阴柔本性，冷静面对革变，做好计划，对革卦的发展是有利的。

革卦二爻动，阴生阳，之卦为☱☰泽天夬。

夬为决断也，六二阴柔，谨慎细心，适当表现革变的决心。

革卦六二爻爻辞曰：

> 六二，己日乃革之，征吉无咎。

六二，审慎本性，不慌不忙，做好计划，假以时日，再进行革变，这种革变，必能获吉，可无咎也。

革卦六二爻象辞曰：

> 己日革之，行有嘉也。

能等六天再进行革变，充分表达革新诚意，并做好所有的计划，这样的革变行动，有本有样，诚可嘉也。

### ■操之过急，常有后遗症

革卦第三爻，阳处刚位，又在内卦上爻，难免急躁了一点，前有九四、九五挡住，九三想迈入外卦，必有一场苦战，幸好后面有阴柔的六二，如能诚心相处，尚可有些革变的成绩。

革卦三爻动，阳生阴，之卦为 ䷐ 泽雷随。

随者依当下的需要反应也。九三虽刚强，但前面的九四、九五挡路，往前必有苦战，离对应的上六又远，不如退而以诚心和六二相处，或许尚能有作为也。

革卦九三爻爻辞曰：

> 九三，征凶，贞厉。革言三就，有孚。

九三刚过中位，急于迈向外卦，又为九四、九五所挡，往前就算正确，亦必有苦战，故称"征凶，贞厉"。

对应上六，必须过九四、九五，进入第三爻才得以阴阳合德，应时而有革变，不如退而和六二诚心相处，总能有些成就。故谓"革言三就，有孚"。

革卦九三爻象辞曰：

> 革言三就，又何之矣！

九三对应上六，要有三爻的上升，太吃力了，为什么非去不可呢？不如退而诚心和六二相处，亦能有得矣。

### ■刚健，温和策动革变之秘诀

革卦四爻，为外卦初爻，九四阳居柔位，本质刚健，行为温和，是策划革变最佳人选。

革卦四爻动，阳生阴，之卦为 ䷾ 水火既济。

既济，救济已完成之卦也。九四阳居柔位，阳刚中有阴柔之气，若能坚持这种态度，革变必能成功。

革卦九四爻爻辞曰：

九四，悔亡，有孚，改命吉。

九四刚健又温和，如此进行革变，可以无悔过矣。若能真心诚意坚持这种态度，革变成功之时，必可获得大吉。

革卦九四爻象辞曰：

改命之吉，信志也。

九四支持九五革变的政策，执行到底，而获得大吉大利，在其志向之正确、坚定也。

## ■经营者是改革的掌舵者

革卦五爻，支持革新的领导者，九五阳居刚位，飞龙之象也。若能坚持依时局所需之改革，大成功之象也。

革卦五爻动，阳生阴，之卦为 ䷶ 雷火丰。

丰者，丰盛也，领导者是革变的掌舵者，心胸敞开、坦然，面对时局需要，为应革之变，必可带来丰盛的成绩。

革卦九五爻爻辞曰：

九五，大人虎变，未占有孚。

九五，阳居刚位，又为卦中主爻，顺天应人之革变，必然干得轰轰烈烈，故为"大人虎变"。不但成功，而且丰盛，不用占卜也可知道九五是有足够诚心的。

革卦九五爻象辞曰：

大人虎变，其文炳也。

内卦文明，故九五以领导人身份，诚心带领变革，其文明发挥焕然之象也。

## ■改革必须全民响应

革卦上爻，是革变的最高潮，顺天应时的革变，全民一起响应，上六柔居柔位，成为全民精神的引导。

革卦上爻动，阴生阳，之卦为☰☲天火同人。

真正的改变，是顺应大多数人的需要，最好是全民的需要，所谓顺乎天、应乎人的革变，汤武之革命也，故革之最高境界为同人之象。

革卦上六爻爻辞曰：

上六，君子豹变，小人革面。征凶，居贞吉。

君子之革变是完整的，如同豹之纹路，全变了，小人的变常在表面，行为变了，内心一样封闭。所以革变虽属全民工作，其实真的做到同人的顺天应时者不多，故过分求变，君子和小人距离愈差愈大，不一定有好结果，暂停下来，彼此调整，反而大吉。

革卦上六爻象辞曰：

> 君子豹变，其文蔚也。小人革面，顺以从君也。

君子的革变，如同豹之纹路，色彩灿烂，文采蔚然。小人的革变，只在表面，顺从九五之意也。

不过总算全民响应，功德圆满了。

### ■革卦的自然发展的现象

泽火革☲，泽水下流，火能上升，水火不相容，故必发生革变。

革在八宫卦序中，属坎的四世变，内卦已由坎转离，四爻阴转阳为革。坎卦已变到外卦，艰险的内心已转火热，迈向外卦，着手去改变同属艰险的环境，是为革。

是以，革卦的本质精神为坎卦。

## 第五十鼎卦——烹饪、祭祀礼器，鼎新也

**鼎，巽下离上，火风☲。**风在火下，促成火更炽热，烹饪之卦象。烹饪以祭祀，祭祀必用鼎，鼎有鼎新之象也。

### ■建立新的局面

**鼎，火风☲。**盛祭祀物之器也，象征在革变后，另一番新气

象的产生。

**综卦**：☱☲泽火革。革变必有鼎新，鼎象征祭祀之器，也象征治理之制度，制度不合时宜，便需革变，故革与鼎相综相生。

**错卦**：☵☳水雷屯。雷在水下，奋起之卦，创造也。鼎象征新，故必处屯境，必须艰苦奋发，故鼎、屯不可错失也。

**互卦**：☱☰泽天夬。革变后必有决断，才能出现鼎新之象，故鼎的内涵，必有夬之卦象。

火风鼎

火风鼎能量
1+4+8+16=29

**火风鼎，《周易》序卦数第五十。**

鼎卦属中能量之卦象，鼎是革变的结果卦，必顺其能量自成，不可强加引导，非自然形成的鼎必不能均衡，又有另一番革变的需要了。

鼎卦卦辞曰：

鼎，元吉，亨。

大元之吉也，元是开始，鼎有新气象之大吉，故必亨通之。

有以鼎卦，下爻初六为鼎足，二、三、四阳爻为鼎之腹，六五的阴爻为鼎之耳，上九为鼎铉，抬鼎用之棍子，故卦的样子，已有鼎之象了。

鼎卦彖辞曰：

鼎，象也，以木巽火，亨饪也。圣人亨以享上帝，而大亨以养圣贤。巽而耳目聪明，柔进而上行，得中而应乎刚，是以元亨。

亨也可作烹解。鼎是以爻的结构，组成了如同鼎的卦象，是谓"鼎，象也"。

风为木巽，在火之下，以木巽火，是烹饪之象也。

鼎是装鱼肉以祭祀之器。烹饪为祭祀也。圣人以鼎上面的鱼肉祭祀上天，表达尊敬，也用大的烹饪（象征俸禄）以养圣贤。

巽为风，离为目，下巽上离，组成千里眼及顺风耳，故能为天下找到最好的人才。风在下，火在上，是柔进而能量上行也。九二阳刚对应六五之阴柔，虽不对位，但皆可得中而应乎刚，言九二之能量与位也。

鼎之能量，有新气象，故为元亨。

鼎卦象辞曰：

木上有火，鼎。君子以正位凝命。

木上有火，烹饪之象，故为鼎。

鼎是典礼之用具，故象征君子应居在正确位置，并且慎重发出正确的命令。

## ■最低阶层也有其功能

鼎之初六，鼎之足也，最低的基层，虽然不被重视，但最低的足若崩坏了，整个鼎便会翻覆，所以基层在事业体的稳定，也有他们很重要的功能，宜发挥之。

鼎卦初爻动，阴生阳，之卦为 ☲ 火天大有。

大有，丰裕、成就之象也。基层若能稳定、丰盛地发展，对事业体有很大的帮助。

鼎卦初六爻爻辞曰：

初六，鼎颠趾，利出否。得妾以其子，无咎。

初六虽卑贱，但鼎之足若崩溃，整个鼎还是会倾覆的。不过倒了，正可以把不要的东西清理一番，可见即使卑下的基层功用仍很大，如果他们愿意为事业效劳，如同替主人生下儿子的妾妇，将会母以子贵，提升其地位的。

鼎卦初六爻象辞曰：

鼎颠趾，未悖也。利出否，以从贵也。

鼎足崩坏造成鼎的倾覆，本是违背正理的，但正好趁此时将陈腐之物清理，仍有其功能，而且可因而换一个立场，得到上级单位的关怀。

## ■基层干部贵在真才实学

鼎之二爻，是基层干部，最低的鼎腹，九二阳居柔位，刚健却不失温和，有如此真才实学的九二，即使目前得不到六五青睐，但日后一定可得到重用的。

鼎卦二爻动，阳生阴，之卦为 ☲☶ 火山旅。

旅人之象，辛劳、不安，繁忙中却有兴奋及新奇的收获。

鼎卦九二爻爻辞曰：

九二，鼎有实，我仇有疾，不我能即，吉。

九二刚居柔位，有实力，如同鼎中有实物般，但九二本应对应六五，却为九三、九四阻挡，无法立即得到经营者欣赏。不过只要有实力，必然有机会，所以勇敢承担起基层干部应有的职责，前途仍可大吉。

故谓"我仇有疾"（九三、九四掩饰九二才能），"不我能即"（六五因而接触不到），虽未为所知，但真才实学，假以时日，前途仍大吉。

鼎卦九二爻象辞曰：

鼎有实，慎所之也。我仇有疾，终无尤也。

鼎中有真才实学，就要谨慎为自己前途规划，虽然暂被阻挡，无法让上级欣赏，但只要努力以赴，最后仍会得到重用。

## ■中上干部最忌急于表现

鼎卦三爻，阳居刚位，又在内卦上爻，刚健之气，未免强势了一点，表示太急躁，反而不利于自己的表现。

鼎卦三爻动，阳生阴，之卦为 ䷿ 火水未济。

未济，未能获得救济。中上层干部过分急着表现，反而前不着村，后不着店，上有九四，下有九二,九三的刚强正好被夹死了。

鼎卦九三爻爻辞曰：

九三，鼎耳革，其行塞，雉膏不食，方雨亏悔，终吉。

鼎耳革，指将鼎铉插入鼎耳，将鼎抬出，再移开鼎铉，准备享用鼎中之物的意思。是谓"鼎耳革，其行塞"。

九三以阳刚之势，太急进了，鼎尚未满（喻实力不足），便已做好"鼎耳革，其行塞"的工作了。但鼎中之物未满，根本吃不到，是以"雉膏不食"，尚未煮熟的膏汤亦不能食也。

九二、九三、九四全是阳爻，是以太急躁了，必须耐心吸引初六及六五两个阴爻，使阴阳调和，以降雨来冲洗此急躁之气，最后才能获得大吉。

鼎卦九三爻象辞曰：

鼎耳革，失其义也。

九三这位中上层干部，急于求进表现，太早做好"鼎耳革"

的准备，结果鼎中之物未煮熟，根本不能吃，白忙了一场。

**■吃紧弄破碗，自作孽**

鼎卦的四爻，为外卦初爻，已进入高层。这个高层为九四，阳居柔位，本是幕僚长，宜审慎规划、协调，九四却急于表现，和九二、九三争宠，忘了自己的职责，反误了大事。

鼎卦四爻动，阳生阴，之卦为☶☴山风蛊。

蛊，腐败、腐化也。九四表现太强势，使九二、九三、九四连续三个阳爻都塞住了，气塞住必腐化，故为蛊。

鼎卦九四爻爻辞曰：

> 九四，鼎折足，覆公餗，其形渥，凶。

九四又是阳爻，三个阳爻太重了，初六的鼎足因而折断了，整个鼎翻覆，食物掉了一地，弄得很脏，必凶。

鼎卦九四爻象辞曰：

> 覆公餗，信如何也。

祭品翻覆，不能再祭祀，也不能再养贤，这种幕僚只会误事，如何信得了。

**■温和、稳定的领导中心**

鼎的五爻是领导者之爻，六五阴居刚位，以温和稳定的风范，领导新时局，不求功急进，反更显示大将之本质。

鼎卦五爻动，阴生阳，之卦为☰天风姤。

姤，引诱、机会也，六五温柔守中，以自制的精神，不表现刚位应有的积极，不轻易被引诱，反而能更及时掌握真正的机会。

鼎卦六五爻爻辞曰：

> 六五，鼎黄耳，金铉，利贞。

鼎的耳是用黄金做的，插耳抬鼎的鼎铉也是黄金做的，所以非常坚固，使鼎的稳定性大大提高了。

温和的六五，以实守中，是稳定的重心。

鼎卦六五爻象辞曰：

> 鼎黄耳，中以为实也。

坤能象征大地，讲求实际。六五以黄金为鼎耳，坚实而稳定，此鼎卦守中之象也。

### ■务实真诚的公司文化，大吉无不利

鼎之上爻，是公司的文化，上下一体的精神表现。上九，刚居阴位，以积极的态度和温和的六五配合，领导全体上下，奠定新的局势。

鼎卦上爻动，阳生阴，之卦为☳雷风恒。

恒，持久也。永续经营也。鼎之上爻九五以刚健的本质居柔位，鼓励全体积极向上，创造永续经营的实力。

鼎卦上九爻爻辞曰：

上九，鼎玉铉，大吉无不利。

上九，以玉石作为鼎铉，坚实内在，温柔外表，故能刚柔并济，故可大吉而无不利。

阳居柔位，象征公司文化可刚柔并用也。

鼎卦上九爻象辞曰：

玉铉在上，刚柔节也。

玉石外柔内刚，以之为鼎铉，在上支撑，刚柔协调，恰到好处。

### ■鼎卦的自然发展现象

火风鼎☴☲，风在火下吹，烹饪食物之象，是为鼎。

鼎在八宫卦序中属离卦的二世变。

离有亮丽，也有分离之象，故一世变为旅，象征内卦的浮动及不安，二世变为鼎，有鼎求新变之象。

九二对应六五，有内卦引导外卦之象，故鼎卦的重点在内，以阴柔的巽来强化外离的能量。

故鼎的本质精神属于离。

# 第十一章 守成不易

震，亨。震来虩虩，恐致福也。笑言哑哑，后有则也。震惊百里，惊远而惧迩也。出，可以守宗庙社稷，以为祭主也。

——《易经·震卦象辞》

## 动静调适——震、艮、渐、归妹

艮，止也。时止则止，时行则行，动静不失其时，其道光明。艮其止，止其所也。上下敌应，不相与也。是以不获其身，行其庭不见其人，无咎也。

**困、井、革、鼎，是经营的常变之道。**

**震、艮、渐、归妹，则属经营的动静调适。**

《易经》是二进位的数理逻辑，微分重于积分，当下的观察辨识之道，是属于右脑的运作思辨。

阴阳二进位及六个爻位，正是数与位的思辨数理。

但动能并非绝对，而是动中有静，静中有动。渐进和速进亦非绝对，渐中有速，速中有渐。

归妹，嫁女之卦象，嫁出去的女儿，泼出去的水，关系的突进，以此为最，但即使归妹中也有其渐进之道。

本章探索的，便是动静间调适的智慧。

### 第五十一震卦——震动、巨响，惊惧也

**震☳，震上震下，震为雷，雷的双重卦象。**

雷震双重卦，持续的雷震，力量大，声音响，有惊惧的效用。

## ■危机中保持高度警觉

时局的变化，动静相间，震卦是环境巨变之象，技术变了，政策变了，条件变了，在震动中求生存之道。

**震，震为雷☳。**

**综卦：☶艮为山。**震象征大变化，必须奋起应付，动如雷霆也。艮象征稳固、不变化，不动如山。其实没有绝对的动和静，动极静生，静极必动，故震、艮两卦相综相生。

**错卦：☴巽为风。**雷震能量大，风必起，故雷后必风，风起雷响，两者不可错失。

**互卦：☵水山蹇。**雷震之起必有艰困处，以震动促动阻碍之解也，故巨响中必有蹇象之内涵。

震为雷

|  |  |  |  |
|---|---|---|---|
| 1 | $2^0$ | 0 | 0 |
| 2 | $2^1$ | 0 | 0 |
| 4 | $2^2$ | 4 | 1 |
| 8 | $2^3$ | 0 | 0 |
| 16 | $2^4$ | 0 | 0 |
| 32 | $2^5$ | 32 | 1 |
|  |  | 自然数 | 电脑 |

震为雷能量
4+32=36

**震为雷，《周易》序卦数第五十一。**

震卦属于中高能量卦象，震是刹那间能量爆发，本身是能量之象。但处震必须以平常心，不可太刻意地努力，维持当下的警觉和热情即可，以平常心为之。

震卦卦辞曰：

震，亨。震来虩虩，笑言哑哑，震惊百里，不丧匕鬯。

虩虩，音系，恐惧惊吓样。哑哑，安乐样。匕是勺子，鬯，音唱，是祭祀用的香酒。

震者雷动也，能量大震故能亨通，震开始必会受到惊吓，但必须很快学会适应，以能在震中表现得轻松自在。虽然雷霆巨响，惊吓百里，但若能处变不惊，手上的勺子及祭祀的香酒，便不致因惊吓而落地，此处震之道也。

临危不乱，放松中保持警觉，积极去面对生命中的巨震，便能克服一切困难了。

震卦象辞曰：

震，亨。震来虩虩，恐致福也。笑言哑哑，后有则也，震惊百里，惊远而惧迩也。出，可以守宗庙社稷，以为祭主也。

震，长男之卦，宜积极奋发，才能亨通。雷震响起时，保持警觉，这样的震而惊中，可因而避祸而带来福分，在震动中，保持平常心，处变不惊，是最正确的反应。

不论震的远近，随时保持放松的警觉，绝不懈怠，如此的经营者，是主持大事业的人才，并且可以成为其中的佼佼者。

震卦象辞曰：

洊雷，震。君子以恐惧修省。

洊雷是接二连三而来的雷震，震时，君子将心存戒惧，随时保持警觉，积极奋发于工作之中，随时观照自己。了断私欲，止息所有的动心起念，包括恐惧之心。

**■处变不惊的基层**

震卦初爻，阳居刚位，在震惊中基层员工仍保持平常心，积极投入日常工作，保持对生命及工作的积极即可。

震卦初爻动，阳生阴，之卦为 ䷏ 雷地豫。

在日常工作中和乐地工作，永远能提前做好准备，以应付震动的环境，有如此工作态度的基层人员是健康的。

震卦初九爻爻辞曰：

初九，震来虩虩，后笑言哑哑，吉。

初九是基层人员，震动开始，基层立刻感受到，但其实他们并没有太多决策权，所以只能保持放松，信任上级的决策，处变不惊，以平常心专注在工作上即可。

震动中，基层工作能不受影响，未来发展自是吉利的。

震卦初九爻象辞曰：

震来虩虩，恐致福也。笑言哑哑，后有则也。

在雷霆震响时，仍以警觉之心来面对，这种惊恐的感觉不但无祸反能带来福气，如果能临危不乱，放松自在于日常工作上，更可算是对震卦最正确的回应行为了。

**■积极努力，立即回应挑战**

震卦二爻是基层干部之爻，阴居柔位，力量本较弱，更位于初九之上，直接感受震源的力量，因此正确的方式是立即积极回应。

震卦二爻动，阴生阳，之卦为☳☱雷泽归妹。

归妹，嫁女之卦象。少女嫁长男，泽嫁于雷。六二本质阴柔，乘在初九之上，必须对初九的震动做出立即的回应。

震卦六二爻爻辞曰：

六二，震来厉，亿丧贝，跻于九陵，勿逐，七日得。

六二承初九震源，震得最厉害，可能造成的伤害也最大，因此，警觉之心必须提到最高状态，故称"跻于九陵"。全力努力，但不必急着有成果，七日后一定会有所得。

为什么说七日呢，二爻阴生阳，转为兑泽，兑卦在后天八卦之数为七，亦即内卦的震，七日后成兑，全卦成为雷泽归妹，可以嫁人了，故称七日得。

震卦六二爻象辞曰：

震来厉，乘刚也。

所以会被震得特别厉害，是因为在初九之上，柔乘刚也，故压力特大，宜以最警觉的心做回应。

### ■不但不紧张，反而很舒服

震卦三爻，阴居阳位，又离震源较远，震的感受不但不强，反而会觉得这种震蛮舒服的，更能保持积极性。

震卦三爻动，阴生阳，之卦为☳☲雷火丰。

离震源较远，不但不惊恐，反而会觉得很舒服，因此整个感觉显得丰盛些，但若因此不够警觉，则不能发挥震卦的基本精神。

震卦六三爻爻辞曰：

六三，震苏苏，震行无眚。

六三，接受雷震，不但不惊恐，反而很舒服的样子。震卦对其似乎影响很少，不会造成什么麻烦。

震卦六三爻象辞曰：

震苏苏，位不当也。

对震的感觉不够强，因此颇舒服，警觉性不足，失却震卦本意，以阴居阳，位不当也。

## ■震坏了的幕僚群

震的四爻，是高层幕僚。九四，阳处柔位，又在第二次震源中央，自己被震得东倒西歪，掉到泥淖内，反应过度了。

震卦四爻动，阳生阴，之卦为䷗地雷复。

九四承受第二波震源，可能会乱了分寸，本身应付能力又不足，解决之道，是回去感受初爻的震，以及初爻在初震中"笑言哑哑"的意义。

震卦九四爻爻辞曰：

　　　　九四，震遂泥。

九四阳居柔位，位不当，又在重卦震的中央，故被吓坏，好像掉入了泥淖中。

震卦九四爻象辞曰：

　　　　震遂泥，未光也。

九四居柔位，阳爻的刚健之气，无法发挥，故被吓得掉入了泥淖中，未能发挥阳爻的刚健之光。

## ■保持警觉，领导者临危不乱

震卦的五爻是处于震中的经营者，六五阴居刚位，又位在重卦的九四之上，自然深受震动，但若能保持警觉中的宁静，处变不惊，便可度过任何危难了。

震卦五爻动，阴生阳，之卦为 ䷐ 泽雷随。

随，随同也，随着环境的变而变，活在当下的警觉，没有自己的想法，没有妄想的意念，只随当下真正的需要而回应。

震卦六五爻爻辞曰：

六五，震往来，厉，亿无丧，有事。

六五是震卦主爻，又在重震爻的九四之上，感受到的震动自然是特别强。但身为经营者，职责所在，不可逃避责任。

是以六五在温柔本性中，不计自我得失，警觉中仍以平常心处事，自可渡过难关。

震卦六五爻象辞曰：

震往来厉，危行也。其事在中，大无丧也。

所受的震动固然够大，在危险中能平静处事，以六五柔守中道故也，自然也可以避开重大的伤害。

### ■极震中的警觉

震卦上爻，是震到最高点的爻，上六阴处柔位，虽处极震中，但只要抓住六五，警觉震动的原因，排除其对事业发展的阻碍，当可无咎。

震卦上爻动，阴生阳，之卦为 ䷔ 火雷噬嗑。

噬嗑，咬断阻碍，震必有其原因，震动时上下沟通也必有其阻碍，全体上下必须努力去除之，以积极及警觉的心态处震即可。

震卦上六爻爻辞曰：

> 上六，震索索，视矍矍，征凶。震不于其躬，于其邻，无咎，婚媾有言。

震之极，难免惊慌失措也是理所当然，但若这样慌乱下去，可能就有凶事了。如果能不把惊慌的重点只放在自己，反而去关切经营者的安危，必能无咎。

但上六本属阴能，如在震动中，惊慌失措，想去依附九四的阳能，甚至于更远的初九，这样的结合，恐会引发不必要的谣言了。是谓"婚媾有言"，阴附阳也。

震卦的震动虽强，其实力量并不持久，通常不会有大害，只要保持警觉即可，实在没有必要小题大做，太过于紧张。

震卦上六爻象辞曰：

> 震索索，中未得也。虽凶无咎，畏邻戒也。

上六所以会震得惊慌失措，以其未如六五守中道也，太急于表现，常自暴弱点，所以如果能依附六五，与之一起警觉，虽凶无咎也。

第十一章　守成不易

729

## ■震卦的自然发展现象

依分宫卦象次序，震卦的自然发展如下：

本卦：☳☳震为雷。

第二卦：初爻变，☷☳雷地豫。震在基层，必须尽量保持安定的心，临危不乱，以平常心处事，则吉。

第三卦：二爻变，☵☳雷水解。基层干部处震，必须积极应变，解除所有因震动所引起的困难及不便。

第四卦：三爻变，☴☳雷风恒。中层干部在下阶层的震动中，由于距离较远，感受不那么深，但仍应保持警觉，并以维持稳定为主。

第五卦：四爻变，☷☴地风升。内卦若能在震卦中保持警觉及平静，事业体的力量必能上升到更高的境界。

第六卦：五爻变，☵☴水风井。事业体在度过震后，地位上升后，内部实在明显不及，必须重新考虑养生制度之建立，故为井卦。

第七卦：震的游魂卦，外卦初爻变回☱☴泽风大过。震后，现有制度架构上可能受损，在面对新情境上，将有大过之象，宜补强之。

第八卦：震的归魂卦，内卦之爻全变回☱☳泽雷随。补强的策略应以实际的需要为之，随环境的变化而变化。

## 第五十二艮卦——止、静止、不动心，不动如山也

**艮，☶☶下艮上艮，艮为山，山的双重卦象。**

艮，宁静之卦也，知止而后有定，定而后能静。

艮是不动如山的修养，不动并非僵死，而是心静如止水，不妄动也。

### ■动静不失其时，为艮

震是巨动，艮是安定。但艮止并非死亡的寂灭，而是暴风雨中的台风眼，动中之极静也。

**艮，艮为山☶。**

**综卦：**☳震为雷。震艮相综相生，《易经》是动中有静、静中有动，艮止不是僵死，而是不动如山的修养。

**错卦：**☱兑为泽。在宁静中感受喜悦，在心完全静下来，全神贯注中，体验生命中真正的美及喜悦，是以艮及兑不可相错失。

**互卦：**☳雷水解。完全的宁静中，所有的意念、妄想、贪婪、痛苦自然解脱，因此艮卦中有解的内涵。

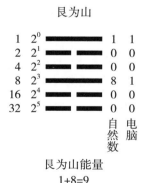

艮为山

| | | | | |
|---|---|---|---|---|
| 1 | $2^0$ | ▬▬▬ | 1 | 1 |
| 2 | $2^1$ | ▬ ▬ | 0 | 0 |
| 4 | $2^2$ | ▬ ▬ | 0 | 0 |
| 8 | $2^3$ | ▬ ▬ | 8 | 1 |
| 16 | $2^4$ | ▬ ▬ | 0 | 0 |
| 32 | $2^5$ | ▬ ▬ | 0 | 0 |
| | | | 自然数 | 电脑 |

艮为山能量

$1+8=9$

**艮为山，《周易》序卦数第五十二。**

艮卦属于低能量卦象。艮是宁静之卦，心整个安静下来，是能量的自然运作，是无我的体认，是以不可有任何的努力。

艮卦卦辞曰：

艮其背，不获其身，行其庭，不见其人，无咎。

停在那里，如同无人般，身体自然还在那儿，但却没有一个"自我"，完全无念，所以即使在走动，也没有一个"我"在走动，有站的行为而没有站者，有走的行动而没有走者，所谓的"无我相"，便是艮卦的精髓。

艮卦象辞曰：

艮，止也。时止则止，时行则行，动静不失其时，其道光明。艮其止，止其所也。上下敌应，不相与也。是以不获其身，行其庭不见其人，无咎也。

艮，静止也，以时所需，应止则止，应行则行，动静不失其环境的需要，这样才能发挥艮卦的精神，艮止不只要适于时，还要适于地。卦中上下爻阴阳都不对应，初六对九四，六二对六五，九三对上九，均不对位，故称上下敌应，不相与也，故宜艮止。

这种艮止，是心的完全宁静，所以艮其背，不见其身，只有身体的活动而不动心，因此有行于庭院而不见行的人。如能做到完全宁静，应可以无咎了。

艮卦象辞曰：

兼山。艮。君子以思不出其位。

艮是双重卦象，故称兼山。艮，不动如山，故君子只以当前的需要为思虑，不生瞻前顾后的烦恼，完全活在当下的时空中。

诚如《大学》所言："知止而后有定，定而后能静，静而后能安，安而后能虑，虑而后能得。"

## ■艮止修养由基础做起

艮卦初爻，阴居刚位，是艮的基础，也是宁静的基础，阴柔本性，在基础中保持能量的安静，是艮的开始。

艮卦初爻动，阴生阳，之卦为☲☶山火贲。

贲，修饰也。如同静心前的静坐，平息呼吸等动作，从外表整饬起，再慢慢进入真正的宁静。

艮卦初六爻爻辞曰：

初六，艮其趾，无咎，利永贞。

静止的修炼由浅入深，从基础开始，故从脚趾做起，逐步提升，便可以无咎，持之以恒，由外表进入内心，逐渐宁静下来，方为有利。

艮卦初六爻象辞曰：

艮其趾，未失正也。

修养的开始，由脚开始，先行静坐，再行静心，未失其正道也。

## ■基层干部的静心，宜先带动自己部属

基层静心了，基层干部更宜负责带动，艮卦二爻是基层干部之爻，负有领导初爻向九三完成艮止学习的任务。

艮卦二爻动，阴生阳，之卦为☶☴山风蛊。

蛊则腐化也，二爻阴在柔位，以安静带动初九，若表现太强，或未照顾初九，只自己往九三靠拢，必引发初九不快，可能产生内部腐化的争执。

艮卦六二爻爻辞曰：

六二，艮其腓，不拯其随，其心不快。

腓者大腿也，大腿动，小腿的脚必跟着动，故称随，六二艮止时，却不关心初九是否跟着，反而想靠拢九三去求宠，必引起初九等心中的不快。

艮卦六二爻象辞曰：

不拯其随，未退听也。

六二疏忽初九的回应，表示基层干部未退而听听基层人员的

意见，对基层的运作自然不利。

### ■中层干部挡路，上下可能分裂

艮卦的三爻，九三阳居刚位，表示强烈企图心，违反艮卦低能量精神，对艮止的修炼而言是不利的。

艮卦三爻动，之卦为 ䷖ 山地剥。

剥，剥除也，艮卦重在静止，低能量警觉自由自在之卦，故必先剥除任何妄念，表现太强的九三——中上层干部，在三爻动时，是被指斥的对象。

艮卦九三爻爻辞曰：

九三，艮其限，列其夤。厉薰心。

夤者脊椎下部也，九三之位正好在臀部，"艮其限"是划分了身体上下的部位，动作不一，上动下止，将会折断脊椎骨，故其危急的压力，会让人心焦如火（**厉薰心**）。

九三是中上层干部之爻，象征中层干部，九三表现太强硬，势必折断上下沟通，破坏艮卦的精神。

艮卦九三爻象辞曰：

艮其限，危薰心也。

九三之艮，将上下卦隔断，如人之折断腰一般，其危足以让人心急如火。

第十一章　守成不易

735

## ■身已定止，一切无咎

艮卦六四已到外卦，如同人之躯干，身体静止了，艮卦最重要的目标已大致达成，身先止，心便能止，是以基本上已没有什么问题了。

艮卦四爻动，阴生阳，之卦为☲☶火山旅。

旅人之象也。忙碌、不安中，却有新境界的兴奋，艮止的修炼已到身躯，定身自然静心，一切可无碍矣。

艮卦六四爻爻辞曰：

> 六四，艮其身，无咎。

身躯已能艮止，静心的功夫已到达临门一脚，只要继续下去，自可无咎。

艮卦六四爻象辞曰：

> 艮其身，止诸躬也。

身体能保持宁静，所有身体的感觉随着艮止下来，自然可以轻而易举，达到静心的修养。

## ■心静了，就不会祸从口出

艮卦五爻是经营者之爻，也是事业体的头部及大脑。一般谓之静心，并非静心脏，而是静大脑，练习到没有意念（no mind）

的境界。

艮卦五爻动，阴生阳，之卦为☴☶风山渐。

渐者渐进也，无心的修炼是要相当持久的时间，完全的静止，甚至连达成的心都没有时，无心才会自然出现，无法去要求，只能在渐进中，平静地等待而已。

艮卦六五爻爻辞曰：

六五，艮其辅，言有序，悔亡。

辅是嘴巴，嘴巴讲的大多是头脑想的，头脑想的大多与客观的需要冲突，这是痛苦及焦虑的根源。

艮止其嘴巴，使祸不从口出。嘴巴艮止，大脑自然没有表现的机会了，故能做到no mind，无大脑的喋喋不休，讲话反而可以有秩序，所以不会再有什么后悔事了。

艮卦六五爻象辞曰：

艮其辅，以中正也。

嘴巴艮止了，头脑作用少了，行为自然可以中而正了。

■ **完整的静心，大吉大利**

艮的六爻，艮之极也，静心的功夫也到了最高段，一切行为不论怎样，都可以大吉大利了，孔子所谓从心所欲不逾矩，便是这种境界。

艮卦六爻动，阳生阴，之卦为☷☶地山谦。

谦，谦虚，谦让也，能够完全静心，无妄念，无理想，无欲求，才能做到完整而真正的谦虚。

艮卦上九爻爻辞曰：

上九，敦艮，吉。

敦艮是外行内心完全艮止了，无我地活在这个世间上，自然是大吉而大利了。

艮卦上九爻象辞曰：

敦艮之吉，以厚终也。

完整的内外艮止，如同不动之山，其厚实的力量可以维持到最后，是止于大成也。

## ■艮卦的自然发展现象

依分宫卦象次序，艮的自然发展如下：

本卦：艮为山☶。

第二卦：初爻变，☶☲山火贲。修饰也，由外表着手，用身体的静，带动心灵的静，由静坐、调息到静心。

第三卦：二爻变，☶☰山天大畜。静心是德行的最高境界，畜其大者，二爻的基层干部以身作则静下心来，带动部属，宜以德行带人也。

第四卦：三爻变，䷨山泽损。损下益上，中层干部经常会艮其限，造成上下分裂，以及事业体之损。

第五卦：四爻变，䷥火泽睽。损之后将有争执，上下因此而睽，相违背也，注意艮卦的不三不四危机。

第六卦：五爻变，䷉天泽履。经营者之艮，必须成为平常心、制度化，以静心处理事业的冲突，便能脱离不三不四的危机。

第七卦：艮的游魂卦，外卦初爻变回䷼风泽中孚。艮卦的目标在内心，外在的艮只是手段，是以静坐绝不可成为目标，否则会僵化，内在的真诚、无念，才是真正的修炼重心。

第八卦：艮的归魂卦，内卦三爻变回䷴风山渐。艮卦完成后，一切进入平常心，静静坐着，春天到了，草木自然生长，能量的动是渐进的，急也没有用。

## 第五十三渐卦——渐进，逐步达成也

**渐，下艮上巽，风山䷴。**

巽为风，为木，山上的树木，必在风中逐渐长大。宇宙能量变化有其一定法则，大多属渐进方式，如同冬天要经由春天，才到夏天，夏天经由秋天才到冬天。人类的生老病死也大多是渐进的，了解这种渐进的变化，在对事情的观察上会比较接近真理。

### ■渐进的发展，事业必更巩固

小树无法一下长成大树，能量的渐进变化是宇宙真理，生命的经营、家庭的经营、事业的经营，都必须以渐进为有利。

**渐，风山䷴。**

**综卦:** ☳☱**雷泽归妹**。少女嫁长男，泽嫁雷也，归妹是关系及能量的突变，变易有渐进的易，也有突易，故渐和归妹互为综卦。

**错卦:** ☳☱**雷泽归妹**。渐和归妹不只相综，而且相错，亦即变易中，规则变和突变必须同时了解，不可错失。

**互卦:** ☲☵**火水未济**。渐进发展中，永远迈进不停是宇宙的真理，有永远未济的内涵，是以《周易》六十四卦的最后一卦也是未济，未完成也，终点是另一个起点。

风山渐

风山渐能量
1+2+8=11

**风山渐，《周易》序卦数第五十三。**

渐卦属于低能量卦象，宇宙的变化，循序渐进中，人为是无法做任何干涉的，把心静下来，欣赏其中的变化，才是生命的真正享受，不用努力，也不刻意地不努力。

渐卦卦辞曰：

渐，女归吉，利贞。

女人出嫁，一夕之间关系突变，是以很难适应，所以做丈夫的若允许渐渐调适，这对新婚妻子是非常好的。碰到这种丈夫，自然是"女归吉"了，夫妻的关系也利于稳定。

渐卦彖辞曰：

> 渐之进也，女归吉也。进得位，往有功也。进以正，可以正邦也。其位，刚得中也，止而巽，动不穷也。

以渐进之道，协助妻子适应新婚生活，嫁给这种丈夫，自然是女归吉了。渐卦上下之间的九三及六四皆对位，主爻九五以阳居刚位，是谓"进得位，往有功也"。事业若能以渐进方式，打好基础，再行发展，便是渐进之道，必能成其大功。

九三、六四、九五皆是能和位对当，所以能进以正，也因而可以正邦也，象征经营者以正道及渐进方式经营，不急功近利，一切合乎宇宙发展之象，故属正派经营也。

九五，刚在中位；六二，柔在中爻。六二对应九五，这种能量将无止无尽地发展下去，是谓动不穷也。

渐卦象辞曰：

> 山上有木，渐。君子以居贤德善俗。

山上的树木，由小到大，一定是循序渐进的，所以君子移风易俗，建立公司文化，也不可一蹴而成，应有足够耐心，由经营者自己做起，固守贤德，以身作则，使众人在潜移默化下，建立淳厚踏实的公司文化。

第十一章　守成不易

## ■基层在成长中要多鼓励

渐卦的初爻是基层，初六阴居阳位，力量不足，态度温和，面对成长的压力，需要上层多加关照，才能打好渐进成长的基础。

渐卦初爻动，阴生阳，之卦为☲☴风火家人。

家人，相互照顾也。初爻是家中最小的成员，更需大家特别地照顾。

渐卦初六爻爻辞曰：

初六，鸿渐于干。小子厉，有言，无咎。

鸿渐是飞翔中的雁鸟，雁鸟有序渐进地飞到水涧边（干，水涯也），飞在后面的小雁鸟已筋疲力竭，力有不逮了，这时候需有其他飞雁给予鼓励，对整个团队的行动，便可无咎。

渐卦初六爻象辞曰：

小子之厉，义无咎也。

小雁年幼体弱，困难较多是自然现象，所以多加鼓励是必要的，对团队有益无害。

## ■渐进成长中，基层要相互照顾

渐卦的二爻，是基层干部之爻，六二阴居柔位，能量及位皆适当，因而能发挥阴柔功能，和初六紧密合作，充分照顾基层的利益。

渐卦二爻动，阴生阳，之卦为 ☴ 巽为风。

风温柔地吹动，下卦对应上卦，象征整体配合一致运作的卦象。

渐卦六二爻爻辞曰：

> 六二，鸿渐于磐，饮食衎衎，吉。

衎衎者，大雁照顾小雁的饮良状。雁鸟逐渐飞到磐石区，落下来休息，大雁找食物照顾小雁。基层干部若能如此照顾基层，自然是大吉了。

渐卦六二爻象辞曰：

> 饮食衎衎，不素饱也。

大雁照料小雁的饮食，不只是喂饱而已，其间仍有爱护及尊重的互动感情。

### ■中上层干部在渐进成长中的职责

渐卦的第三爻是中上层干部之爻。九三阳居刚位，承担内卦到外卦之转换能量角色。但和初六、六二皆能量不同，容易产生背离意识，失却内卦领导的角色，宜注意，若能阴阳协调合作，对内卦的成长自然会有很大帮助。

渐卦三爻动，阳生阴，之卦为 ☶ 风地观。

观者观照也，在上而下观也，能量不同，九三不容易了解初六及六二。但若能不局限于自己的立场，在上位以客观之心观照下属，仍可无咎。

渐卦九三爻爻辞曰：

九三，鸿渐于陆，夫征不复，妇孕不育，凶，利御寇。

九三是在前领导飞行的雄雁。群雁已飞越山泽海洋，到达可以休息的陆地，雌雁经常要利用此时刻哺育幼雁，但雄雁如果坚持继续飞行而不休息，势必造成雌雁无法哺育小雁，对未来的发展自然极为不利。

雄雁此时的任务应停下来，在周围警示，保护雌雁及小雁的休息及哺育行为才对，故称"利御寇"。

渐卦九三爻象辞曰：

夫征不复，离群丑也。妇孕不育，失其道也，利用御寇，顺相保也。

雄雁只顾往前飞，脱离了群体，不负责的行为，可丑之也。雌雁因而不能照顾小雁，是生而不能育，失却传宗接代的自然大道。雄雁若能停下来，周围警示，保护雁群安全。九三和六二、初六阴阳调和互助，才能顺自然之道，相互照顾保护，这也是九三的天生职责啊！

### ■休息才能走更远的路

渐的四爻，是外卦的初爻，发展已到外卦，六四阴居柔位，不急不躁，让群雁有足够的休息，休息是为走更远的路。

渐卦四爻动，阴生阳，之卦为 ䷠ 天山遁。

遁者，引退也，休息也，逐渐生长，进入了外卦，能量将有重大转换，宜停下来休息，累积足够能量，以便再度出发。

渐卦六四爻爻辞曰：

六四，鸿渐于木，或得其桷，无咎。

雁群飞入树木中，因其脚上有蹼，无法停在树上，若能找到较低的树木残干或残枝，供其休息，则亦可无咎了。

渐卦六四爻象辞曰：

或得其桷，顺以巽也。

外卦为巽，顺而柔也。想得到休息的雁群，在树林中找到残干，可以停飞驻足，环境虽不是理想的休息场所，但总比没有好，勉强接受吧！休息才能再走更远的路。

### ■领导者的责任，是整体完成目标

在渐进发展中，领导者必须将所有部属带到发展的最终目标，不可轻言牺牲任何人。

渐卦第五爻是领导者之爻，九五阳居刚位，又为主爻，能量超人，责任重大，特别宜照顾同为中爻的六二，这些基层干部，常因过分辛苦而夭折，经营者更应多用心照顾之。

渐卦五爻动，阳生阴，之卦为☶艮为山。

艮，艮止也，不动如山的领导风范，无我无私地保护整体的利益，此为艮卦的精髓。

渐卦九五爻爻辞曰：

九五，鸿渐于陵，妇三岁不孕，终莫之胜，吉。

雁群已飞到高陵上，九五为上卦中爻，阳居刚位，能量强，故不宜太积极，以免和六二背离太远，六二必须紧紧跟随九五，如雌雁之附于雄雁，否则中间为九三、六四隔离，要在第三步才接上九五，便是三岁不孕之意。

九五若能居中正位，不求自我表现，反而眼光及于整体，不牺牲任何人，愿意和大家缓慢渐进地成长，最后能够领导大家达成目标，才是大吉大利。

渐卦九五爻象辞曰：

终莫之胜，吉，得所愿也。

整体安全达到目标，本来就是领导者的愿望，但在过程中难免因急功近利而牺牲部属，若能像渐卦九五照顾整体完成最后目标，才算是达到领导者的真正任务。

### ■渐进的精髓在于井然有序的行事作风

渐卦六爻是渐进的公司文化，上下一体，不急功，不好利，循序渐进，有条不紊，终获大吉。

渐卦上爻动，阳生阴，之卦为 ䷦ 水山蹇。

德川家康曾说过："人生如背重负爬山也。"艰难中一步一脚印地成长，困而求之，蹇而行之者，终成大将之才。

这也就是孟子所说的："天将降大任于斯人也，必先苦其心志，劳其筋骨，饿其体肤……"

渐卦上九爻爻辞曰：

上九，鸿渐于陆，其羽可用为仪，吉。

雁群终于渐渐飞到目标地了，领导者经验丰富，无我的大公大爱精神，使雁群的飞行姿态及其羽翼的运用都可作为后人典范，这种有条不紊的渐进经营作风，自然可得大吉大利了。

渐卦上九爻象辞曰：

其羽可用为仪，吉，不可乱也。

渐进飞行的雁群，速度、高度、队形、次序，相互辅助的风范，有条不紊，成为典范，故最终必吉也。

渐进地发展，必须循序而进，不可混乱也。

### ■渐卦的自然发展现象

风山渐 ䷴，森林在深山中逐渐成长之象。

渐在八宫卦序中属艮的七世变，即归魂卦。

归魂卦是卦变的完整卦象，内卦又恢复为艮，外卦则属阴柔的異能，反而是外卦引导内卦动，但艮的不动如山，并不容易受引导，是以異能必须有逐渐的耐心及心理准备。

是以，渐的本质精神为艮。

## 第五十四归妹卦——嫁女儿，少女嫁长男也

**归妹，下兑上震，雷泽☳☱。**

震长男，兑少女，少女嫁长男的卦象。

### ■关系突变，最需谨慎处理

**归妹，雷泽☳☱。** 兑卦少女，震卦长男，以上下卦少女归于长男，小女儿刹那间成为大媳妇，故地位和关系都突变了。少女表面柔，中爻却为阳，长男表面刚，中爻却为阴，以阴乘阳，位不当也，更要小心处理。

**综卦：☶☴风山渐。** 渐是卦象渐进，归妹是卦象突变，渐进中能量到达沸腾点，仍会有突变时。突变在表面，内在也有逐渐累积能量的关系。故渐与归妹两卦相综。

**错卦：☶☴风山渐。** 渐与归妹两卦不只相综，渐进及突变之象，亦不可相错失也。

**互卦：☵☲水火既济。** 归妹是旧关系的断绝，另一种新关系已经展开，故其中有既济的内涵。

雷泽归妹

| | | | 自然数 | 电脑 |
|---|---|---|---|---|
| 1 | $2^0$ | | 0 | 0 |
| 2 | $2^1$ | | 0 | 0 |
| 4 | $2^2$ | | 4 | 1 |
| 8 | $2^3$ | | 0 | 0 |
| 16 | $2^4$ | | 16 | 1 |
| 32 | $2^5$ | | 32 | 1 |

雷泽归妹能量
$4+16+32=52$

**雷泽归妹,《周易》序卦数第五十四。**

归妹卦属于高能量卦象,归妹是关系突变之卦,小女儿成为大媳妇,要适应这个卦象,大家必须全神贯注,以诚心真意,努力处理此突变的情况,以能转凶为吉。

归妹卦卦辞曰:

归妹,征凶,无攸利。

归妹,关系的突变,一时之间必有适应的困难,故征凶,无往而有利也,必审慎小心以处此卦象。

归妹卦象辞曰:

归妹,天地之大义也。天地不交而万物不兴。归妹,人之终始也。说以动,所归妹也。征凶,位不当也。无攸利,柔乘刚也。

第十一章　守成不易

归妹，泽随雷也，少女嫁长男，男女婚姻如阴阳交和，此天地之大道理也。天地不相交，阴阳不调和，万物何以兴作，也就无法传宗接代了。

故归妹是人伦的终始，女儿角色终了，妻子角色开始了，以喜悦之心，兑卦在下，迈向雷震的动卦也，故"说以动"。

归妹中，少女角色突变，故必有严厉挑战，是以征凶。六五以柔乘九二之刚，位不当，是以宜小心，夫妻若不能相敬如宾，只一味要求对方，所往必不利也。

归妹卦象辞曰：

泽上有雷，归妹，君子以永终知敝。

长男雷，中爻为阴；少女兑，中爻为阳。是以长男外强内虚，少女外柔内实，君子处此婚姻卦时，应以长久相处做思考，对于彼此的弱点及相处的危机，要明白了解，审慎避开，夫妻才能白头偕老。

## ■踏实地从头学习是归妹的根基

归妹的初爻是新婚的少女，新进公司的基层，什么都不懂，适应性可能有严重挑战，故宜温柔待之，给她足够的时间，慢慢地学习。

归妹卦初爻动，阳生阴，之卦为☷☵雷水解。

关系突变时，新嫁的少女，新入公司的菜鸟，充满着困难及阻碍，大家要给他们时间，并协助他们解除阻碍的现象。

归妹卦初九爻爻辞曰：

初九，归妹以娣，跛能履，征吉。

娣者最小的女儿，小妹妹什么家事都不会做，如同初入社会的菜鸟，样样眼高手低，如同跛子不会走路。

但如能踏实地从头开始学，去履行做妻子的职责，及做基层人员的角色，仍可因肯稳定而正确地学习，终获大吉。

归妹卦初九爻象辞曰：

归妹以娣，以恒也。跛能履，吉，相承也。

嫁过来的少女虽然什么都不会，但婚姻是一辈子的事，虽然有如跛子，若能踏实地学走路，仍可大吉。初入社会的菜鸟也要努力从头开始学习，这便是由不会到会，生活技术及能力的传承也。

■**先观察环境，不急于求表现**

归妹的二爻，阳占柔位，是位能干的新嫁妇，或者是一位新加入能干的基层干部，内卦中爻是基层的心态，阳居柔位，最怕急于表现，故宜审慎警觉之。

归妹卦二爻动，之卦为☳震为雷。

内卦也想震动了，也想表现自己的能力，对刚刚归妹的少女或新手，都不是很好的现象。

归妹卦九二爻爻辞曰：

九二，眇能视，利幽人之贞。

九二，阳居柔位，对应六五的阴居刚位，能位皆不当，表现又太积极，如同少了一只眼睛（眇），仍然要在看的方面逞强，这是不好的。所以最好的方法，是暂时保持幽静，守正而不求表现，先客观理解环境，便能做出正确的回应，是为"利幽人之贞"也。

归妹卦九二爻象辞曰：

利幽人之贞，未变常也。

九二在中位保持安静，是阴柔的常道，故若能以阳能利幽人之贞者，以守常态也。

### ■夫妇争权，必离婚也

归妹卦三爻，阴居刚位，又在内卦上爻，急着模仿雷卦，象征新婚之妇和丈夫争主导权，或新加入的中上干部和上司争夺权限，必会造成离散的凶境。

归妹三爻动，之卦为☳雷天大壮。

大壮，过分虚张声势，归妹是婚姻卦，刚结婚就互争主导权，这对夫妻势必大凶。

归妹卦六三爻爻辞曰：

六三，归妹以须，反归以娣。

六三，阴居刚位，又想进入外卦的雷震，兑泽想成雷震角色，就如同少女欲成长男。须者须也，少女长了胡须，意味想争权也。

这个结果必定是离婚，回去做少女了。故谓"反归以娣"。夺权的新进中上层干部，也势必为上司开除。

归妹卦六三爻象辞曰：

归妹以须，未当也。

新嫁妇却想当丈夫角色，是种不正当的行为。

### ■晚婚的女人，有心必有福

归妹的四爻，九四阳居柔位，又为外卦初爻，是尚未嫁的女人，尚未有所发挥的幕僚人员。迟归大多是有原因的，重要的是掌握机会，有好机会便可有好的福气。

归妹四爻动，阳生阴，之卦为䷒地泽临。

临者临其事也，踏实地去做，总会有机会的。

归妹卦九四爻爻辞曰：

九四，归妹愆期，迟归有时。

愆期者迟缓而过期也，太晚婚了，都是九四了，还不结婚大多有其原因，但只要妇人有决心，虽然迟归，总是有机会的。

归妹卦九四爻象辞曰：

愆期之志，有待而行也。

所以延迟婚期，是为了找到更理想的郎君也。

很多人不愿随便就职，也是为了找到理想的工作，以发挥所长也。

### ■领导者选才、择才的态度

归妹的五爻是领导者之爻，雷之中爻也，亦即新郎之爻也。新郎娶妻之象，亦即领导者挖掘人才的卦象。

归妹卦五爻动，阴生阳，之卦为☱兑为泽。

和二爻动相对应，二爻动时下卦应上卦为震为雷，五爻动上卦应下卦，故为兑为泽。

归妹卦六五爻爻辞曰：

六五，帝乙归妹，其君之袂，不如其娣之袂，良，月几望，吉。

帝乙嫁小女儿，君王本身的服饰，不如新娘的服饰来得华丽，因为当天女儿才是主角，故要将女之德显示到最高点（月几望），才能大吉大利。

经营者挖角，聘来高手，待遇甚至可以超过自己，以显示对人才的尊重。

周文王聘请姜太公，以自己座车供太公使用；曹参聘请盖公，空出自己的官邸，奉养盖公。皆属归妹五爻之卦象。

归妹卦六五爻象辞曰：

> 帝乙归妹，不如其娣之袂良也。其位在中，以贵行也。

六五柔在中刚之位，地位高，表现谦恭，是以其服饰（袂），不必和新娘相同华丽，意谓经营者高贵在本质，所以降低自己容貌，以突显新娘的华丽。

### ■有其表，无其实的婚姻

归妹卦的上爻，是归妹的最高精髓。结婚的仪式华丽无比，夫妇生活也照顾周到，可惜只重物质，没有感情，夫妇之间只有性，没有爱。

性是物质，爱是精神，薪津是物质，同袍之爱是精神。公司同事间只重待遇福利，缺乏共同工作的喜悦，这样的归妹有形无实，势必大凶。

归妹上爻动，阴生阳，之卦为 ☲☱ 火泽睽。

睽，背离也，夫妻同床异梦，公司同事间争权夺利，这种关系，有形无实，故睽也。

归妹卦上六爻爻辞曰：

> 上六，女承筐，无实。士刲羊，无血。无攸利。

筐是新嫁妇奉养公婆盛食用的容器，刲者，杀羊以祭祀也。

上六，阴在柔位，但由于六五也是阴，因此上六乘柔而上，常阴过头了，只重形式，不重实质，归妹的关系僵化了，如同现代的婚姻，自我太强，爱淡泊了，大多数夫妇只有性，没有爱。

新妇用筐以奉养公婆，筐中却无实物。士以杀羊祭祖，却只是只杀无血的假羊，这种不实在的归妹行为，必"无攸利"。

归妹卦上六爻象辞曰：

上六无实，承虚筐也。

上六阴过了头，只有假的外表，关系僵化，这样的同事关系，也只是空壳子而已。

### ■归妹卦的自然发展现象

雷泽归妹☳☱，三女嫁长男，幼女成为长媳妇，身份及责任均属突变之象。

归妹在八宫卦序属兑的七世变，即归魂卦。

内卦再回复兑，外卦则为阳能初动的雷。

雷在泽上响，天候将巨变之象，内卦虽和悦，但需高度警觉，是以卦辞为"征凶，无攸利"。

外界虽有巨响，但本质仍属阴柔的兑，是以说以动，以柔克刚之象。

是以，归妹的本质精神为兑。

## 中年的起伏——丰、旅、巽、兑

丰，大也。明以动，故丰。王假之，尚大也。勿忧，宜日中，宜照天下也。日中则昃，月盈则食；天地盈虚，与时消息，而况于人乎？况于鬼神乎？

第五十五卦为丰，从五十五卦到六十四卦，《易经》已进入最后的十个卦象。

时间过得很快，忙了一辈子，一转眼白发出现了，中年的经营者，事业或有小成，但内心却不安稳，身体健康大不如前，奋斗一生，表面丰裕，心灵的空虚，又有谁知？

求学、谋职、娶妻、生子，累积财富，建立地位，扶养妻儿，拥有虚名，到头来，为谁辛苦为谁忙，猛然抬头，发现生命已到尽头，忙碌一生，却只有等死而已。

丰、旅、巽、兑，象征着中年有成，内在虚幻的卦象也。

### 第五十五丰卦——富庶，盛大也

**丰，下离上震，雷火☲。**

雷在火上，晴天霹雳，天地能量大动，丰盛的卦象也。

#### ■成熟的经营者，魅力四射

雷在光明之上动，显现经营者成熟有智慧，却仍雄心万丈，领导事业体，大步往前发展的卦象。

**丰，雷火☳☲。**

**综卦：☲☶火山旅。**山上有火，明亮照人也。为求光明，必须上山，故有旅途。旅后而得丰，为求丰盛必有新的旅程，故丰和旅相综相生。

**错卦：☴☵风水涣。**风在水上吹，必涣散。丰盛时，野心大了，欲望必高，无法专心一致，各有所求，故常生涣散之象。丰、涣相错，不可不审慎。

**互卦：☱☴泽风大过。**丰盛之时，常会太过于享受，野心太大，要求太多，故丰卦中常有大过的内涵。

雷火丰

| | | | | 自然数 | 电脑 |
|---|---|---|---|---|---|
| 1 | $2^0$ | ▬▬ ▬▬ | | 0 | 0 |
| 2 | $2^1$ | ▬▬ ▬▬ | | 0 | 0 |
| 4 | $2^2$ | ▬▬▬▬▬ | | 4 | 1 |
| 8 | $2^3$ | ▬▬▬▬▬ | | 8 | 1 |
| 16 | $2^4$ | ▬▬ ▬▬ | | 0 | 0 |
| 32 | $2^5$ | ▬▬▬▬▬ | | 32 | 1 |

雷火丰能量
$4+8+32=44$

**雷火丰，《周易》序卦数第五十五。**

丰卦属于高能量之卦象，丰是能量的爆发显现，光明中隐藏无限危机，都需要全神贯注以警觉之，以免为成功之象所迷，引发失败的致命危机。

丰卦卦辞曰：


丰，亨，王假之，勿忧，宜日中。

丰必须人人皆丰，故必亨。贫富悬殊不能称为丰。丰是领导者之象，在领导者优异经营下，上下皆享丰盛也。

享受当下之丰，不必担忧"丰"的过去，享受当下的真情及喜悦，不贪求，便不会担忧，宜保持日在正中之象，当下的光明也。

丰卦象辞曰：

丰，大也。明以动，故丰。王假之，尚大也。勿忧，宜日中，宜照天下也。日中则昃，月盈则食；天地盈虚，与时消息，而况于人乎？况于鬼神乎？

丰者，丰盛，丰盛必在大者，不可小丰，必大丰，不可经营者自己"丰"，必是整体都"丰"，故丰必大，明火也，离火迈向雷震，故"明以动"，雷火为丰之卦象。

丰是由君王领导而成的，故能整体都享其丰，是为尚大也。

丰时要在当下共享其丰，不必担忧，全力以赴，保持日正当中之象，以光明丰裕之象照临天下，和天下人共享其丰即可。

丰必定会过去的，但不用担心，日在正中，必会偏斜而下山，月在正满后必有亏缺之象。天地能量，乾坤互动，互有消长，此天地自然变易之象，何况人乎？人是天地的一环，必依天地法则而运作，鬼神者天地之本质也，时神时鬼，其变化更是多端而无常。

丰卦象辞曰：

雷电皆至，丰。君子以折狱致刑。

电者光亮也，火也，雷火，为丰之卦象。象征君子用刑折狱的明断快速，如此人人守法，必丰也。

### ■丰盛中不失积极奋斗的基层

丰卦初爻，阳居刚位，对应外卦九四，内外皆出现积极刚健之象，丰盛中的基层最怕懒散重享受，若能保持阳刚动能，必可保持丰象。

丰卦初爻动，阳生阴，之卦为 ䷽ 雷山小过。

初九是基层人员，在丰卦中如能积极奋斗，不因丰盛而有变化，丰象必能维持，若转阴柔，偏重自我享受及稳定、安全的要求，是为小有过之也。

丰卦初九爻爻辞曰：

初九，遇其配主，虽旬无咎，往有尚。

初九的对应是外卦的九四，同为初爻也。九四刚居柔位，位不当，但能量和初九相同，故称"遇其配主"，初九遇九四也。

旬者均也，内外卦初爻均为阳，虽稍刚健，但能均衡，总能无过，但这股刚健阳能宜引导向上发展，大家在丰卦中，积极奋斗到底，才能维持住丰盛的现象。

丰卦初九爻象辞曰：

虽旬无咎，过旬灾也。

如果内外维持均衡则可无咎，但若某方超过了，基层要求太多，或上级要求太多，积极之心不均衡中，恐有灾难发生矣！

### ■在丰盛中，基层干部诚信最重要

丰卦二爻，阴居柔位，以温和守中，不宜野心过大，在丰盛中，维持住基层的核心能量，温和持平，不过分发展，有益于丰卦之维持。

丰卦二爻动，之卦为☳雷天大壮。

丰卦基础为离火，基层干部温和守中，故可光明，若转阴为阳，过于刚健，则大壮矣，虚张声势，会使丰卦提早结束。

丰卦六二爻爻辞曰：

六二，丰其蔀，日中见斗，往得疑疾，有孚发若，吉。

蔀音部，障蔽也，窗帘也。

六二以阴柔守中，若过分强调其坤能，如同厚实的窗帘使室内昏暗如夜，在日中可见北斗星，这种态度太过分了，是以不能得到六五的认同，往而得疑疾也。

在丰中坚守温和的基层干部，对丰的维持或许有利，但太保守了，可能无法得到六五的信任，反而有害了。

但若能真心诚意有孚相处，信心便可如春天新生的嫩草滋长发芽了（**有孚发若**），一切仍可大吉。

丰卦六二爻象辞曰：

有孚发若，信以发志也。

有信心，真诚相处，如同春天嫩草滋长，这种信任的态度，可完成其大志也。

### ■强势的中层干部，不利整体发展

丰卦三爻是中上层干部，九三阳居刚位，能位皆正，但在内卦上爻，急着跃向外卦，在丰卦中急于自我表现，夺取权势，将有不利的发展。

丰卦三爻动，阳生阴，之卦为☳震为雷。

外卦也想震响，九三急着表现自己，以和上六对应，但太过急躁，必引发六五怀疑，反受其害。

丰卦九三爻爻辞曰：

> 九三，丰其沛，日中见沫，折其右肱，无咎。

九三阳居刚位，在内卦上爻，表现过强，使其旛幔太厚（沛），室内暗得连小星星（沫）也看得见，在这么暗的情境下，跌倒，折断手臂，也是必然。不过受伤后，行动不再那么积极，对整体发展反而是无咎。

丰卦九三爻象辞曰：

> 丰其沛，不可大事也，折其右肱，终不可用也。

沛是旛幔之类的大帘布，太丰盛了，遮得暗无天日。

这种情况自然是不可做大事的。在黑暗中跌倒而折断手臂的九三，自然也不可用了。

丰卦内卦代表内心及基层。丰卦时内心容易满足或沉迷，都是不好的，宜审慎小心。

在丰卦中，基层干部及中上干层部太居功，将成骄兵悍将，容易和上层产生冲突，对这些六二及九三，反而是非常不利的。

### ■丰卦中幕僚人员更需高度警觉

丰卦四爻已到外卦，为总公司的高级幕僚，九四阳居阴位，对应初九，同属阳爻，积极力较强。若能提醒初九在丰卦中保持警觉奋斗之心，便算达成任务了。

丰卦四爻动，阳生阴，之卦为 ䷣ 地火明夷。

丰卦的九四，相当重要。外卦雷震外强内虚，就靠九四以阳刚之气，号召初九，在丰中保持警觉及积极，如果夹于九三及六五间，而本身又处柔位，力量不足，若拉向坤能，则可能会受到伤害的。

丰卦九四爻爻辞曰：

九四，丰其蔀，日中见斗，遇其夷主，吉。

和六二相同，"其蔀丰"指窗帘太厚了，白天在室内可见北斗星，其昏暗可知，故会受到明夷（伤害）。

但九四靠近六五，为六五的支柱，若能获得六五信任及授权，带动基层人员（初九、六二、九三）等能警觉而积极，以保持丰境，便可获吉。

丰卦九四爻象辞曰：

丰其蔀，位不当也。日中见斗，幽不明也，遇其夷主，吉行也。

由于阳居柔位，故其窗帘也是够厚的，位不当也。在室内白天暗得可见北斗星，自然是没有光线之故，但如能得六五信任，带动初九积极奋斗，保持警觉仍可获吉。

### ■丰卦中的领导者更重视声誉

丰卦五爻是领导者之爻，六五阴居刚位，又为主爻，力量明显不足，但若能温柔守中，照顾自己声誉，不贪心，不急进，仍可维持丰境于不坠。

丰卦五爻动，阴生阳，之卦为 ䷰ 泽火革。

丰卦属于高能量之卦，主爻的六五，虽属阴爻，但似乎轻松不得，必须由内心彻底革新，高度警觉，不向旧有传统屈服，温和中却要做个彻底的局外人，拥有高度自知之明，才能维持住丰境。

丰卦六五爻爻辞曰：

六五，来章，有庆誉，吉。

彻底革新自己，自会有不平凡的光明，自内在发出，是为"来章"。如此无我、无私，完全活在当下警觉中的领导者，心中自有真爱和真美，带来高度的声望及美誉，处于容易腐化、松懈的丰卦中，领导者这种态度及修养，必带来大吉。

丰卦六五爻象辞曰：

六五之吉，有庆也。

领导者六五，以温柔守中，能完全由内在革新自己，不认同旧的经验及传统，完全处在活生生的崭新状态中，这种大吉之象，对整体自然是必有喜庆之事了。

### ■满足现状是最大的危机

丰卦的上爻，已丰到极点，成就不凡使人心逐渐偷懒腐化，享受富裕的高层社会，便忘了创业期的艰苦，虽说上六阴居柔位，能位皆正当，但乘六五之上，就可能松懈过头了。

丰卦上爻动，阴生阳，之卦为☲离为火。

离到了极点，的确是够火了。亮丽中显现内在虚华而无力，丰到高峰，便开始衰退了，在富足中忘了艰辛时的劳苦，这种富足很快就会离心离德。

丰卦上六爻爻辞曰：

上六，丰其屋，蔀其家，窥其户，阒其无人，三岁不觌，凶。

上六，丰裕之极，自高自大，房子的装潢美得不得了，窗帘非常厚实，门窗紧闭，由外观察如同无人居住，这种丰美的环境，却自我封闭，自绝于人，将自己关在这所豪华的监狱中，三年都不见人，自然大凶了。

为何是三年？以后天八卦的震卦来说，数字是三。

丰卦上六爻象辞曰：

丰其屋，天际翔也，窥其户，阒其无人，自藏也。

将房子室内装潢得丰裕而豪华，如同天上宫阙般虚无缥缈，紧闭门户，看似无人，与外界隔离，逃避真实，这种自闭的现象，不过是做白日梦而已。

### ■丰卦的自然发展现象

雷火丰☲☳，雷响晴空，大气中必充满着化学能量，丰收之时也。

丰为坎卦的五世变。内卦以由坎转离，外卦四爻阴转阳，五爻则阳转阴，九五成六五。外卦的坎险消失，阳能初动为震。

坎象已解除，在经由艰险逆境考验过后，生命充满能量，是为丰。

是以，丰的本质精神为坎。

## 第五十六旅卦——旅行，移民也

### 旅卦，下艮上离，火山☲☶。

山上有火，旅人露营炊事之象也。旅行中是相当辛苦的，前程充满着不安，但每天可接触新的环境，面对新的挑战，自然也充满了兴奋。

### ■特立独行，活在当下的旅人

### 旅，火山☲☶。

**综卦：**☳☲雷火丰。富裕是辛劳的结果，丰来自旅，丰后才能做更有计划的旅，旅时即使不赚钱，精神上的收获也必很丰盛。

**错卦**：☴**水泽节**。旅时充满着不安及兴奋之情，必须自我节制，才能体会旅之真义，是以旅节相错也。

**互卦**：☱**泽风大过**。太过于富裕、安定，僵住了，故需要去旅，这部分能量太强了，必有所动，故旅的内涵必有大过。

火山旅

| | | | | |
|---|---|---|---|---|
| 1 | $2^0$ | ▅▅▅▅▅ | 1 | 1 |
| 2 | $2^1$ | ▅▅ ▅▅ | 0 | 0 |
| 4 | $2^2$ | ▅▅▅▅▅ | 4 | 1 |
| 8 | $2^3$ | ▅▅▅▅▅ | 8 | 1 |
| 16 | $2^4$ | ▅▅ ▅▅ | 0 | 0 |
| 32 | $2^5$ | ▅▅ ▅▅ | 0 | 0 |

自然数　电脑

火山旅能量
1+4+8=13

**火山旅，《周易》序卦数第五十六。**

旅卦属于低能量之卦，旅卦的精髓有点随波逐流，以需要的能量而动，有随遇而安之象。旅，本质上已够艰辛，若目标太多，行程太紧，必无法体认旅卦的生命力。

旅卦卦辞曰：


　　旅，小亨，旅贞吉。


旅卦属于低能量之卦，故只能小亨，小有亨通而已。有动机，有目标的旅，将更增加其挫折，故宜放松，为旅而旅，享受旅中的新奇、兴奋、危险及辛苦，是以旅，贞则吉也。

旅卦彖辞曰：

> 旅，小亨，柔得中乎外而顺乎刚，止而丽乎明，是以小亨，旅，贞吉也，旅之时义大矣哉！

旅，火山，山上有火，宿营之象，孤独的自己奋斗着，故只能小亨。六二及六五为中爻，故柔而得中，六二顺九三，六五顺上九，是谓顺乎刚。

下艮上离，内艮止而外离火，内心稳定，行止浪漫，流浪人之卦，故称"止而丽乎明，是以小亨，旅，贞吉也"。

旅，充满不安，也充满兴奋，不必有目标、理想，更不宜过分贪心，旅必须完全在当下，在当下的享受中，是以"旅之时义大矣哉！"

旅卦象辞曰：

> 山上有火，旅。君子以明慎用刑，而不留狱。

山上有火，宿营也，故为旅。山为艮止，为审慎，离为火，为光明，内审慎而外光明，孔子喻之以司法审判之象也。旅的精神是不羁留的，故君子以明慎用刑，而不留狱，即火速审判，不延误官司。

### ■流浪的心，艰辛劳苦

旅的初爻，刚开始流浪之心，也象征基层的不安之心，旅的开始，必先准备琐碎的事，心中烦乱，根本无暇享受旅途之美。

旅卦初爻动，阴生阳，之卦为 ☲ 离为火。

起初之旅，内心焦躁不安，有如火之焚。表面亮丽，其实内在极为不安。

旅卦初六爻爻辞曰：

初六，旅琐琐，斯其所取灾。

初六，阴居刚位，能力、毅力均不足，琐琐是不安状。旅的开始，琐事多，心必烦乱不安，想当旅人的心，便是自取其灾啊！

旅卦初六爻象辞曰：

旅琐琐，志穷灾也。

初旅之时，琐事多，根本无暇享受旅之美，是因为不安之心及繁杂的事，使旅人因而志穷，所带来的灾难。

### ■首先建立忠诚肯服务的基层干部

旅卦第二爻，阴居柔位，守中也，能量的数及位均对，象征基层干部忠诚肯服务的本质。

旅卦二爻动，阴生阳，之卦为 ☲ 火风鼎。

鼎，新制度也，六二守中，以温柔之心来面对旅卦的不安，事虽繁杂，但努力处理，总能井然有序。

旅卦六二爻爻辞曰：

六二，旅即次，怀其资，得童仆，贞。

旅行已逐渐就次，而且有足够旅费，可请得六二这个忠诚的童仆（**基层干部**）代为处理杂事，自然一切都稳定多了。

旅卦六二爻象辞曰：

得童仆贞，终无尤也。

能得到六二这样温和又耐繁杂的童仆来处理旅途中的杂事，最后必能无咎。

旅卦中，忠诚及耐烦的基层干部最为重要。

## ■高傲的中上层干部最要不得

旅卦中三爻是中上层干部，九三阳处刚位，能量的数及位皆得当，但居内卦上爻，急着迈向外卦去结交九四，难免急功近利，夺取六二的苦功，造成众叛亲离之象。

旅卦三爻动，阳生阴，之卦为 ☲☷ 火地晋。

三爻是中上层干部，在旅卦中九三若太积极，会阻断六二及初六对上卦的联系，但若转阳为阴，和内卦诸爻共以和顺态度来面对旅境，则可"晋"也，进到更高的层次。

旅卦九三爻爻辞曰：

九三，旅焚其次，丧其童仆，贞厉。

九三个性太刚，急功近利，在旅卦中常夺取部属功劳，造成争执，故焚其次。六二因此愤而离去，故丧其童仆，前途必充满更多不安及困难。

旅卦九三爻象辞曰：

　　　　旅焚其次，亦以伤矣，以旅与下，其义丧也。

九三这个中上主管，在不安的旅卦中，急于夺功，造成部属背离，伤了公司也伤了自己。不去安慰部属，反而将不安丢给了下属，实在丧失九三应有的义理啊！

## ■大材小用的高级幕僚

旅的四爻，高级幕僚之爻，旅居他地，大材小用，一辈子在杂事中，郁卒地度过。

旅卦四爻动，阳生阴，之卦为 ䷳ 艮为山。

内艮止，外也艮止，虽然稳定，但也停止成长。在旅卦中过分在乎安全，才陷入此爻卦象。

旅卦九四爻爻辞：

　　　　九四，旅于处，得其资斧，我心不快。

九四，刚居柔位，虽有心表现，但时不我予，力量不及，象征才高八斗的幕僚人员，在旅卦中，由于情势不稳，无法着手长期规划，只能在繁杂小事着手，虽有事情做，但终究志不得开展，郁卒一生也。

很多侨居国外攻读博士学位的知识分子，为求生活安定，避免挑战，开餐厅生活，一转眼，三十年已过，虽有博士学位，却开饭馆一辈子，学非所用，大材小处，即此爻之象。

旅卦九四爻象辞曰：

　　旅于处，未得位也，得其资斧，心未快也。

九四以阳居柔位，虽在旅卦中，得自处之位，但却是能量数及位均不当。虽然有事做，得以处理最基础的生活，但有志未伸，心不快也。

### ■在不安中能宁静的经营者

旅卦第五爻，经营者之爻，六五柔守刚位而得中，在旅卦中，温柔宁静相持的经营者，自然能体会享受当下的喜悦，在不安中宁静享受旅途的新奇和兴奋。

旅卦五爻动，阴生阳，之卦为☰☶天山遁。

遁者隐退也，不与世争。六五温和守中，若表现刚健反不得不退避，但六五隐潜，反而文采四射，在旅中更显得博学多闻又有洞察力，必成为声誉远播的人。

旅卦六五爻爻辞曰：

　　六五，射雉，一矢亡，终以誉命。

上卦中，唯一的阴爻，六五守中反使坤能完全发挥，吸引力极强，一发而中，马上可让人辨别出其才德，终成为大有声誉之人。

故谓"射雉，一矢亡，终以誉命"。

旅卦中的经营者，不慌不忙，温和守中，历经大风大浪，博闻广识，温和而坚毅，其才德是一看即知的，故能"终以誉命"。

旅卦六五爻象辞曰：

终以誉命，上逮也。

旅是辛苦之卦，终以誉命，是辛苦以达到目标，终于成名了，不用再尝奔波之劳了。

### ■劳碌命并不是好现象

旅卦的上爻，终其一生皆在旅中，这样的劳碌命，绝对不是好现象。

所谓浪子回头，落叶归根，是自然之道，旅卦宜有休息时，不可劳碌一辈子。

旅卦上爻动，阳生阴，之卦为☳☶雷山小过。

随波逐流，在旅中过一辈子，虽比僵化、懒散、封闭的人生要好得多，但只知动，不知止，仍会有稍微过分的伤害。

旅卦上九爻爻辞曰：

上九，鸟焚其巢，旅人先笑而后号咷。丧牛于易，凶。

旅到最高点，就是终生的流浪汉，如同鸟将最后的归巢都烧掉了。年轻时，流浪或许是愉快而享受的，但年老了，孤独无依，无可停泊，终感悲惨生涯。在变易中丧失如牛般的温驯及耐性，前途必凶。

旅卦是过程卦，过程虽重要，但总得走走停停，阴阳能量互换，偶然也得休息，否则，疲而不能停，太辛苦了。

旅卦上九爻象辞曰：

以旅在上，其义焚也，丧牛于易，终莫之闻也。

旅到了极点，连归巢也没有了，落叶归根的自然之道被焚灭了。在太多的变易挑战中，丧失了如牛般吃苦耐劳、温顺又有毅力的特色，自然不会获得什么声誉了。

### ■旅卦的自然发展现象

火山旅☶☲，旅人在山上扎营之象，繁忙中带有孤寂和不安。

旅在八宫卦序中属离卦的一世变。

外卦的是离，初爻由阳转阴，离成为艮。内卦不动，外卦亮丽，是以稳定中充满着引诱。

旅的动能仍在外卦，以亮丽来引导不动的心，是以能量不足，呈现内在的不安之象。

旅卦的本质精神，亦即不安的根源，不在艮而在离。

## 第五十七巽卦——风化，移风易俗也

**巽，☴上巽下巽，巽为风，巽的双重卦象。**

风随风吹动，动得愈深，风化的影响也愈彻底。

### ■温和但坚毅地持续到底

**巽，巽为风☴**。风的重卦象，风随风吹动，持续地吹动，柔而深入，故能彻底地风化。

**综卦：☱兑为泽**。泽为湖泽之卦，宁静、温和故能喜悦，湖泽边，看湖水波光荡漾，心中无限喜悦。

泽能调整大气压，大气压变则风生，风吹而湖水动，气压亦动，故巽与泽相综也。

**错卦：☳震为雷**。雷响风生，风起雷必响，风雷互动，天地能量相生相长，故巽和震不可错失也。

**互卦：☲火泽睽**。风之吹动，是高气压往低气压流动，是为天地能量之睽也。故巽中有睽之内涵。

巽为风

| | | | | 自然数 | 电脑 |
|---|---|---|---|---|---|
| 1 | $2^0$ | | 1 | 1 |
| 2 | $2^1$ | | 2 | 1 |
| 4 | $2^2$ | | 0 | 0 |
| 8 | $2^3$ | | 8 | 1 |
| 16 | $2^4$ | | 16 | 1 |
| 32 | $2^5$ | | 0 | 0 |

巽为风能量
$1+2+8+16=27$

**巽为风,《周易》序卦数第五十七。**

巽卦属于中能量卦象,风起必有因,顺其因而动,以柔顺刚也,故能深入,但并不需太大的努力,故为中能量卦象也。

巽卦卦辞曰:

巽,小亨,利有攸往,利见大人。

巽的内外卦,均属阴在阳之下,是柔顺刚也。故不用太努力便可做到,是为小有亨通即可。

柔顺刚,由刚来领导柔,故利有攸往,九二阳居柔位,内卦中爻力量较不足,但对应中位又刚健的九五,九二极思拜见九五,故利见大人也。

巽为风化之卦,的确需要有刚健的领导人。

巽卦象辞曰:

重巽以申命,刚巽乎中正而志行,柔皆顺乎刚,是以小亨,利有攸往,利见大人。

巽的重卦,是风吹再吹之象,是以一再申为命,使能深入、风化也。巽卦的九二、九五均以刚健守中爻,是以其能量足以行其志也,故曰"刚巽乎中正而志行"。

巽的内外卦,唯一的阴爻在下,是柔皆顺乎刚,能量顺畅变动,小有亨即可。柔顺刚,合乎天地之道,故利有攸往,九二对应九五,九五以飞龙之尊领导诸爻,是以利见大人。

巽卦象辞曰：

　　随风，巽，君子以申命行事。

风一吹再吹，重卦之巽风，象征君子风化敦俗，诲人不倦，重申其命，以能彻底行事也。

**■给基层的指示，简单明确，有如军事命令**

巽卦的初爻，是基层人员的风化。初六阴居刚位，能量不足，工作繁重，是以命令宜简单易懂，愈容易执行愈能有效果。

巽卦初爻动，阴生阳，之卦为☰☴风天小畜。

畜其小即可，基层工作在落实于例行工作，是以简单明了，道理少说，多说明具体的影响，让他们容易跟得上。

巽卦初六爻爻辞曰：

　　初六，进退，利武人之贞。

初六是基层人员，着重例行工作也，故命令要如军队（武人）的简单、明确，容易执行即可。

巽卦初六爻象辞曰：

　　进退，志疑也。利武人之贞，志治也。

基层是否要做这件事，迟疑不定，表示心中有疑点。命令如军队中一样明确简单，在治理其志，使清楚而稳定也。

### ■基层干部要自己去弄得清清楚楚

巽卦二爻属基层干部之爻，九二阳居柔位，刚健之气够，地位不对，故宜自己厘清，再具体行事，比较不会混乱。

巽卦二爻动，阳生阴，之卦为☶风山渐。

渐进也，基层干部需独立行事，对风化的命令宜做渐进深入的了解，才能彻底执行。

巽卦九二爻爻辞曰：

九二，巽在床下，用史、巫，纷若，吉，无咎。

九二为基层干部，风化的指令，不清楚的情形如同在床下的风一样，要以史家的精神，发掘出来，有耐心地研究，把一些纷乱的现象厘清，便可以大吉了。

巽卦九二爻象辞曰：

纷若之吉，得中也。

不马虎敷衍，把纷乱厘清，是以九二居下卦中爻，阳刚守中的坚毅态度，是因此而获吉。

### ■太啰唆的中上干部会惹人怨

巽卦三爻是中上干部之爻，九三阳居刚位，能量的数位均正当，但在内卦上爻，急着奔向外卦，若急功近利，要求过度，则未免太啰唆了，反而产生负面作用。

巽卦三爻动，阳生阴，之卦为☵风水涣。

风吹水上必涣，内卦艰险，外卦频动，反而令人厌烦，是以九三过分急躁于风化的命令，反惹人厌。

巽卦九三爻爻辞曰：

　　　九三，频巽，吝。

求功心急，风吹得太频繁了，反而惹人厌，阻碍更多了。

巽卦九三爻象辞曰：

　　　频巽之吝，志穷也。

不断的风吹，虽志在攻部属之过，但反而惹人厌，效果更达不成了，故谓志穷。

### ■做好完善准备，是高层幕僚的职责

巽卦第四爻，是高层幕僚之爻，六四阴居柔位，居外卦初爻，温和为人作嫁而不求表现，替九五做好准备即可。

巽卦四爻动，阴生阳，之卦为☰天风姤。

姤，邂姤也。六四为人作嫁，决策权在九五，六四备好各种策略，使决策选择的机会更多。

巽卦六四爻爻辞曰：

六四，悔亡，田获三品。

六四为高级幕僚，阴柔自守，做好准备工作，便可没有后悔。

"田获三品"指田猎时，上品、中品、下品猎物都得到，这样的准备，自然更丰富而有功。

幕僚人员亦应拟好上、中、下三对策，让经营者九五自己做选择即可。

巽卦六四爻象辞曰：

田获三品，有功也。

能够准备好上、中、下三种策略，如同"田获三品"，便算是尽职的幕僚人员了。

### ■经营者的风化职责在彻底

巽卦的第五爻是经营者之爻，九五阳居刚位，刚健又守中正，以飞龙在天的九五之尊，领导风化，最重要的是坚持到底，移风易俗，显现优秀领导人的魅力。

巽卦五爻动，阳生阴，之卦为☶山风蛊。

风化之时，九五的态度非常重要，必须坚持到底，以刚健之气带动移风易俗，若显出温和守中态度，魄力不足，则反形成内部腐化之象。

巽卦九五爻爻辞曰：

九五，贞吉悔亡，无不利，无初有终，先庚三日，后庚三日，吉。

巽卦是风化的卦，所以经营者的责任相当重，九五以飞龙之姿，主持风化工作，必须贞而吉，才能无所悔，也才能"无不利"。

风化之卦，重要的是成果，过程要技巧而审慎，故称"无初有终"。

"先庚三日"，是命令之前，宜审慎分析；命令之后，更要以同样态度，审慎监督，检讨得失，则可吉也。

由于巽卦是二阳乘一阴，三爻循环互动，故为三日。

巽卦九五爻象辞曰：

九五之吉，位正中也。

巽卦的九五职责重大，所以能发挥其功能，完成风化任务者，在以刚健守中也。

### ■移风易俗不要绑在琐碎小事

巽卦上爻是风化的成果，上九刚居柔位，难免管太多了，巨细靡遗，全在风化要求中，不但不会有效果，而且容易造成反弹，形成混乱。

巽卦上爻动，阳生阴，之卦为䷯水风井。

井，养生之卦也，养生是制度，而不必有意识形态，或讲太多道理，巽的移风易俗，可不必管到养生的日常制度上，以免显得太严苛，引起不满。

巽卦上九爻爻辞曰：

上九，巽在床下，丧其资斧，贞凶。

风化的层次太低了，只在床下吹，反而丧失其移风易俗的功能，即便方向正确，也会引起反弹，故凶。

巽卦上九爻象辞曰：

巽在床下，上穷也。丧其资斧，正乎？凶也。

风化是重要工作，却只在床下吹，要求些小事，是因为经营者道穷也。因而丧失了移风易俗的重要职责，这样的风化正确吗？不对，这样必是凶的。

### ■巽卦的自然发展现象

依分宫卦象次序，巽卦的自然发展如下：

本卦：巽为风☴。

第二卦：初爻变，☴风天小畜。基层的风化，重在例行工作的效率上，是畜其小者也。

第三卦：二爻变，☴风火家人。移风易俗的工作，基层干部最重要，要待人真心，如同家人一般，才能落实风化的工作。

第四卦：三爻变，☴风雷益。中上层干部若能响应上级风化的要求，以雷震之心奋起，对自己、对整体都会有很大助益。

第五卦：四爻变，☳天雷无妄。高层幕僚在风化中，不宜有太多意见，客观地准备，让九五去决定即可。

第六卦：五爻变，☲火雷噬嗑。巽卦的主角在九五，即经营者，全力消除阻碍，使风化之功可大成也。

第七卦：巽的游魂卦，上卦初爻变回☶山雷颐。移风易俗完成后，便必须落实，建立完整的制度。

第八卦：巽的归魂卦，内卦三爻变回☶山风蛊。风化虽已完成，但仍不可大意，否则在新的制度中，仍会因太多的执着，而造成腐化的现象产生。

## 第五十八兑卦——和悦，稳定成长也

**兑☱，下兑上兑，兑为泽，兑的双重卦象。**

内外皆泽，宁静、喜悦，但变动不易，安定中容易松懈而警觉性不足。

### ■居安必能思危，和悦中的警觉

**兑，兑为泽☱，兑之重卦。**宁静中更需警觉，居安思危之卦也。

**综卦：☴巽为风。**泽与风的能量互动，相综而相生也。

**错卦：☶艮为山。**山中湖泽多，艮止的水形成湖泽，和悦中的宁静，心定也，是以艮和泽相错不相失也。

**互卦：☲风火家人。**和悦的相处，无动机的亲密关系，是以兑卦中有家人卦的内涵。

兑为泽

兑为泽能量
2+4+16+32=54

**兑为泽，《周易》序卦数第五十八。**

兑卦属于高能量之卦，维持和悦之卦，居安能思危，是非常不容易的，所有人都必须以高能量并进行最大的努力，是以兑卦虽然和悦，却是高能量之卦。

兑卦卦辞曰：

兑，亨，利贞。

兑卦，和悦中隐藏危机，故必能居安以思危，为高能量卦象，必须大亨通，并保持正确稳定的态度。

兑卦象辞：

兑，说也。刚中而柔外，说以利贞，是以顺乎天而应乎人。说以先民，民忘其劳；说以犯难，民忘其死。说之大，民劝矣哉。

兑者悦也，和悦也。九二及九五以阳能居内外卦之中爻，六三及上六两个上爻均为阴爻，故称"刚中而柔外"，内刚外柔，是"说以利贞"也。

以刚应柔，内心阳刚，行为温和，是谓"顺乎天而应乎人"也。

九五以刚健守中，九二以刚健为下卦中爻，主动领导部属，以和悦教之，让部属忘却生活的辛苦。以犯难教之，让部属居安思危，必要时不畏死亡。兑卦的伟大，在其劝导部属生活的大道理啊！

兑卦象辞曰：

丽泽，兑；君子以朋友讲习。

双泽并列，安静而秀丽，有朋自远方来，不亦悦乎？喜悦的友情之心，共同学习心平气和的宁静，也共同学习居安思危的警觉。

### ■基层人员和悦相处，兑之大义

兑卦初爻，基层人员之爻。初九阳居刚位，是和悦的基础，不但要宁静相处，更得居安思危，以履行兑卦的大义。

兑卦初爻动，阳生阴，之卦为 ䷜ 泽水困。

在兑卦中，基层人员以初九，掌握高能量，在卦中努力工作，和悦相处，若让坤能侵入，则困矣！

兑卦初九爻爻辞曰：

初九，和兑，吉。

基层人员，阳居刚位，但努力维持和兑状，以公平制度消除冲突，并能居安思危，必能大吉。

兑卦初九爻象辞曰：

和兑之吉，行未疑也。

基层人员能和悦相处，获其大吉，以相互间足够信任而不相疑也。

## ■基层干部必须诚意真心在和悦中

兑卦二爻是基层干部之爻，九二阳居柔位，能量刚强而位不当，但对应九五，又能守内卦之中，若能诚心真意喜欢和悦之气氛，必可吉而无悔。

兑卦二爻动，阳生阴，之卦为☷☳泽雷随。

跟随也，九二对应九五，诚心支持经营者的作风，是事业体和悦发展的基础也。

兑卦九二爻爻辞曰：

九二，孚兑，吉。悔亡。

九二，阳刚之气强，是以和悦必发自内心，必能大吉，而且没有后悔。

兑卦九二爻象辞曰：

孚兑之吉，信志也。

发自内心的喜悦，必有大吉，以九二信任九五，应乎天应乎人之志也。

### ■中上层干部，敷衍苟且必凶

兑卦三爻为中上层干部之爻，六三阴居刚位，立场暧昧，一味讨好上六，表面和悦，内心不安，虚伪其表者必凶矣！

兑卦三爻动，阴生阳，之卦为☰☱泽天夬。

夬则决断也，阳决阴也，是以六三若不改阴柔本色，依然立场暧昧时，则必陷于凶境。

兑卦六三爻爻辞曰：

六三，来兑，凶。

六三，阴居刚位，能量不足，又在内卦上爻，想迈向外卦之兑，但能量之数位不对，只急着获得和悦，苟且又敷衍，其事必凶。

兑卦六三爻象辞曰：

来兑之凶，位不当也。

六三想争取和悦状态，本身能量不足，一味以苟且敷衍讨好，必陷凶境，以位失当也。

## ■幕僚人员必须严守正道

兑卦四爻是高层幕僚之爻，九四阳居柔位，本质刚健，但不当位，故难以发挥其力量。但若能严守正道，便可协助九五去弊思危也。

兑卦四爻动，阳生阴，之卦为☵☱水泽节。

节，节制也，九四在柔位，但能量刚强，故必自我节制，严守正道，以免不必要的贪欲产生。

兑卦九四爻爻辞曰：

九四，商兑未宁，介疾有喜。

九四阳居柔位，上比九五之刚健，下有六三阴柔的吸引，如何达成和悦之道，其心不宁也。只有断然拒绝引诱，以刚健本质去阴柔之私，忠心于九五，是为幕僚人员的坚定立场，前程才有可喜之处。

兑卦九四爻象辞曰：

九四之喜，有庆也。

在六三的阴柔吸引中，仍本刚健能量，全力支持九五，立场坚定，此幕僚人员之前程自有喜庆也。

## ■立场严厉，绝不妥协的经营者

兑卦五爻经营者之爻，和悦之时容易松懈，是以九五必严守居安思危之本意，"无敌国外患者，国恒亡"，此处兑之道也。

兑卦五爻动，阳生阴，之卦为☳☱雷泽归妹。

归妹，少女嫁长男，柔顺刚之象。经营者若在兑卦中稍为放松，落入归妹卦象，则危矣。

兑卦九五爻爻辞曰：

> 九五，孚于剥，有厉。

兑是高能量之卦，九五以飞龙在天之姿，领导居安思危，以诚心剥除所有贪图安逸的意念，让自己处在高度警觉中，接受所有严厉的挑战，故谓"孚于剥，有厉"。

兑卦九五爻象辞曰：

> 孚于剥，位正当也。

九五阳居刚位，又为全卦主爻，外卦中爻，刚健守中，故能真心诚意由内剥除任何贪图安逸的动心起念，以其能量之数与位皆正当也，才有能力扮演此重要角色。

### ■切莫贪图永远的安逸和悦

安全是人类最普遍的祈求，其实生命的真相便是不安，安全只是假象，贪图安全必至灭亡。

不恃敌之不来，恃吾有以待之也。

兑的上爻，是和悦的极点，要求永远的安逸，这是生命最大的盲点。

兑卦上爻动，阴生阳，之卦为☰☱天泽履。

履，执行也。安全在随时能有警觉，以行动保护自己的安全也，不可依赖别人的帮助及对方的善意。

无敌国外患者，国恒亡。签订互不侵犯条约后，反而常是战争的开始。

兑卦上六爻爻辞曰：

上六，引兑。

引兑者欲求和悦、安逸也。此爻不言吉凶，是因为重点在九五,九五若能居安思危，自然维持真正的和悦，否则一味要求永远安全，反必招来大凶也。

兑卦上六爻象辞曰：

上六引兑，未光也。

上六阴居柔位，立场正当，但一味要求和悦，不知兑卦属高能量本质，需有居安思危之心，否则无法发挥兑卦的精神。

### ■兑卦的自然发展现象

依分宫卦象的次序，兑卦的自然发展如下：

本卦：兑为泽☱。

第二卦：初爻变，☵☱泽水困。基层人员贪于和悦，不能居安思危，恐将生困矣。

第三卦：二爻变，䷬泽地萃。基层干部以和悦态度领导，必能集中向心力。

第四卦：三爻变，䷞泽山咸。中上干部的和悦，在无心之感，真心诚意对待部属，强力领导力量。

第五卦：四爻变，䷦水山蹇。四爻是总公司的幕僚，属经营层员工，在处兑卦时，经营者必有居安思危之心，以蹇难之心相对应，才能发挥兑卦精神。

第六卦：五爻变，䷎地山谦。兑卦中的经营者最忌讳骄傲，故宜以谦虚之心，才能彻底剥除贪图安逸的动心起念。

第七卦：兑之游魂卦，外卦初爻变回，䷽雷山小过。兑卦完成后，事业体倾向稳定，警觉性稍弱，难免小有过失。

第八卦：兑之归魂卦，内卦三爻皆变回，䷵雷泽归妹。柔顺刚也，关系突变中，阴阳能量调适困难，宜审慎面对。

第十一章　守成不易

# 第十二章  圆融人生

涣，亨，刚来而不穷，柔得位乎外而上同，王假有庙，王乃在中也。利涉大川，乘木有功也。

——《易经·涣卦彖辞》

## 夕阳的智慧——涣、节、中孚、小过

节，亨，刚柔分而刚得中。苦节不可贞，其道穷也。说以行险，当位以节，中正以通。天地节而四时成；节以制度，不伤财，不害民。

《易经》的最后六卦，探讨的是生命的最终智慧。

死亡是大家所害怕的，生命的终极恐惧。

孔子曰："未知生，焉知死？"

死既不可知，为何害怕？在于未能全然地活啊！总有一些事情没有完成，总觉得有壮志未酬身先死的恐惧。

小鸟全然专注在唱歌中，老鹰来了，一刹那的一声，小鸟就死了，没有一丝恐惧，全然地活，也全然接受死亡。

蚂蚁全然专注地工作着，一只手指压死了它，就死了，蚂蚁也没有丝毫的恐惧和担忧。

只有人为死而恐惧、忧烦着，因为人类是唯一无法全然去生活着的生物。

大脑让我们思考，也给我们忧虑，大脑给我们欲望，也给我们恐惧，大脑局限了我们的生命，也让我们无法全然地生活着。

《易经》由物理现象的变易，阴阳能量及数位安排，来观察生命的变化。

彻底的物理学，也帮助我们超越大脑地想象。

物理学是真相，大脑的想法是假象。

夕阳无限好，只是近黄昏。重点在于能不能没有恐惧地去享受黄昏之美，其中便有真爱的存在。

本篇的重点，便在理解黄昏之美及周而复始智慧的圆融人生。

## 第五十九涣卦——涣散也，离心离德也

**涣，下坎上巽，风水☵☴。**

风在水上吹，水必涣散，象征离心离德。年大气衰，身体的能量涣散了，精神不济，心情也涣散。老旧的公司，体制僵化，士气不振，离心离德，也是涣散。

本卦探讨的是处涣及救涣之道。

### ■处涣必先救心

涣，涣散也，想去阻止涣散的努力，有时只会使情况恶化，宁静地处涣，了解涣的原因，去除致涣的弊端，涣象自然可解。

**涣，风水☵☴。**

**综卦：水泽☱☵节。**涣散来自不节制，过分放纵，人心因而离散。但节得太厉害，节过火了，所谓的苦节也会造成涣散，故涣、节内卦相综。

**错卦：☳☲雷火丰。**太丰盛了，容易涣散。但涣散也可以用丰富精神修养来解决，故涣、丰两卦相错而不可失。

**互卦：☶☳山雷颐。**颐，养生也，太穷了会涣散，太讲究了，

也会涣散，过犹不及。建立正常养生制度，是救涣散的基础，涣散中有颐的内涵。

风水涣

| | | | | |
|---|---|---|---|---|
| 1 | $2^0$ | | 1 | 1 |
| 2 | $2^1$ | | 2 | 1 |
| 4 | $2^2$ | | 0 | 0 |
| 8 | $2^3$ | | 0 | 0 |
| 16 | $2^4$ | | 16 | 1 |
| 32 | $2^5$ | | | |

自然数　电脑

风水涣能量
1+2+16=19

**风水涣，《周易》序卦数第五十九。**

涣卦属于中低能量之卦，显示救涣之道仍不得刻意努力，重点在了解涣的原因，安静地处于涣中，抓住其原因，一次解决，处困宜静、宜缓，处涣则宜静、宜速。

涣卦卦辞曰：


涣，亨，王假有庙，利涉大川，利贞。


涣虽属中低能量，但救涣之心在庄严、审慎，故仍需亨通。王假有庙，以祭祀之心在宗庙召集大臣以救涣也，救涣要快，有时间压力，审慎中仍需冒险，短暂集中能量，故"利涉大川，利贞"也。

涣卦象辞曰：

涣，亨。刚来而不穷，柔得位乎外而上同，王假有庙，王乃在中也。利涉大川，乘木有功也。

涣，必须努力亨通之。九二阳居刚位，和九五对应，经营者以刚健的基层干部来救涣。

六四阴居柔位，温和有耐心的幕僚，得九五信心，在外卦策划，以协助九二救涣，这两人将是救涣的主角。故称刚来而不穷，柔得位乎外而上同（同于九五）。

至于九五则以在宗庙主持祭祀之心，庄严而审慎以处涣也，是谓"王假有庙，王乃在中也"，九五以刚健之势，处外卦中爻，及全卦之主爻，指挥救涣。

上巽下坎，木在水上浮，故可"利涉大川"。以巽木乘水，必成也。

涣卦象辞曰：

风行水上，涣，先王以享于帝，立庙。

风行水上，必涣散。处涣之道，有如先王立庙祭古圣帝，庄严肃穆，毕恭毕敬的态度。君王以此心，审慎治民，便可提升民心士气以救涣也。

### ■扎实的基层为救涣的基础

涣的内卦为坎，艰困也。初六，阴居刚位，力不足，故涣，救涣之道，先增强基层实力即可。

老年人救涣，强化脚部的力量及健康，故老人宜多健行。

涣卦初爻动，阴生阳，之卦为☲风泽中孚。

中孚，内心诚意而踏实也，基层人员能如此，是救涣最重要的基础。

涣卦初六爻爻辞曰：

初六，用拯，马壮，吉。

初六为温和、忠诚、踏实的基层，可用以救涣，给他们最强壮的马，快速又有力，可任重而致远，是谓"用拯，马壮，吉"。

涣卦初六爻象辞曰：

初六之吉，顺也。

初六，温和而努力地工作，在能顺从九二的引导。

### ■基层干部是救涣的关键

涣卦的二爻，阳居柔位，是九五特别派来救涣的基层干部。有人以为涣卦来自否卦，否，天地☷。九四（刚健幕僚）和六二（温和的基层干部）对调，故九二刚来，六四柔得位在外卦。

涣卦二爻动，阳生阴，之卦为☶风地观。

涣的九二必能刚健，否则全卦呈现观卦，不足以救涣。不过处涣之先，九五宜先观照，检查涣的原因，再要求九二以救涣也。

第十二章　圆融人生

老年人的九二是膝盖关节，强化膝关节，下半身自然灵活而有力量，身体就可不涣散。

涣卦九二爻爻辞曰：

九二，涣奔其机，悔亡。

机者关键也，九二快速到基层，以阳刚之气，带动振作，成为救涣的关键，虽阳处柔位，但能得九五信任，全力以赴，应可无悔。

涣卦九二爻象辞曰：

涣奔其机，得愿也。

快速行动，又能抓到重点，必能阻止涣散，故"得愿"也。

### ■在涣散中，中上层干部保持宁静客观

涣的三爻是中上层干部，所以有涣是基层和经营层意见严重冲突也。中心干部站在哪一边都不对，经常夹在中间，两边不是人，故可将救涣工作交给九二，自己保持中立，成为温和、体贴的协调人即可。

老年人救涣，丹田之气宜保持宁静，不可有太多性欲，也不要用臀部懒散地坐太久。多挺直躯干用腰部力量坐直，固守丹田的性能量，则必可救涣。

涣卦三爻动，阴生阳，之卦为☴巽为风。

巽为风，温和而深入也，客观地协调，可风化部属之心即可。

涣卦六三爻爻辞曰：

六三，涣其躬，无悔。

安心地处在涣境中，不用刻意救涣，保持警觉，以和悦之心，扮演协调人角色，即可无悔。

涣卦六三爻象辞曰：

涣其躬，志在外也。

六三，阴处刚位，在内卦外爻，故可置身事外，保持温和、客观，安静地处于涣境中。

## ■幕僚人员掌握人力、重组人力

涣卦的六四，也是救涣的关键人物，得到九五信任，以智慧及策划能力以救涣也。

年老人救涣，上半身宜保持放松，可做些按摩，让肌肉及筋脉柔软，下身再强健，身体可再现活力。

涣卦四爻动，阴生阳，之卦为 ䷅ 天水讼。

讼，争讼也，六四的态度，转阳则不利。涣时，六四宜合群，争取基层支持，有时可睁一只眼闭一只眼，不必理得太清楚。

涣卦六四爻爻辞曰：

六四，涣其群，元吉。涣有丘，匪夷所思。

六四，阴居柔位，以合群为主，故涣境时，宜体会群体的心，涣在群体中，则可元而吉也，亦即可由基本去理解涣的原因，并彻底解决。

但若能设法在涣散中，集中众人意见，重新组织起来，就可达到匪夷所思的救涣功能了。

涣卦六四爻象辞曰：

涣其群，元吉，光大也。

六四这位高层幕僚，若能深入群众去理解涣的原因，由基本去解决涣象，不但元而吉，并且可光大幕僚的功能啊！

## ■警觉涣象，一身冷汗的领导者

涣的五爻，为经营者之爻，九五阳处刚位，刚健在中，但不可表现得太固执，应明白涣散的责任在己，高度警觉，彻底检讨，不可使涣象再生。

老年人救涣，必须静心，除去大脑欲念，观照自己，保持心的警觉，便可彻底救涣也。

涣卦五爻动，阳生阴，之卦为☶☵山水蒙。

蒙，蒙昧也，故九五必保持刚健，不可松懈，以免蒙昧，彻底了解涣的原因，保持高度警觉，以救涣也。

涣卦九五爻爻辞曰：

九五，涣汗其大号。涣，王居无咎。

九五，阳居刚位，但宜警觉涣象不论原因如何，自己都要负最大责任，故警觉得满身大汗。

自我检讨，下诏罪己，故谓"大号"也。

以刚健之心，居中位，扛起责任，可以勉强无咎也。

涣卦九五爻象辞曰：

王居无咎，正位也。

九五刚健居主爻中位，是为中位。公开自我检讨，力求改过负责，在涣卦中当可无咎矣！

### ■救涣之道，在排除僵化的想法

涣之上爻，涣散的整体原因，僵化的想法，不适应新环境，故产生冲突而涣散也，救涣之道，放弃成见，重定适合环境新的游戏规则。

老年人的救涣，在维持一定的运动，以促进血和气的循环及新陈代谢。

涣卦上爻动，阳生阴，之卦☵坎为水。

处涣之时，经营者要深入了解部属的坎坷心境，与其同心，去除阻碍，保持警惕，涣可除也。

涣卦上九爻爻辞曰：

上九，涣其血，去逖出，无咎。

找出涣散的伤害，好好弥补。逊者不良之法也，必去除之，应可无咎。

涣卦上九爻象辞曰：

涣其血，远害也。

在涣散中，看出部属的伤害，理解而弥补之，便可去除不良的政策及制度了。

### ■涣卦的自然发展现象

风水涣䷺，风在水上吹，涣散之象。

涣卦在八宫卦序中为离的五世变。六五转成九五，外卦的主爻展开阳动，亦即环境开始变动，并有涣散之象。

是以涣的卦辞为王假有庙，主爻必须高度警惕、慎重，如同在宗庙中祭祀的君王。

涣是能量的散发，是以重点在亨通，若能王假有庙，便可利涉大川了。

涣的本质精神在离，亮丽中有分离的隐忧。

## 第六十节卦——节制，建立制度也

### 节，下兑上坎，水泽䷁。

泽上之水，必有节制，太多了溢满成患，太少了，泽无水，鱼虾必困。

## ■富裕必思贫困时

成功了，富裕了，放纵于享受，身体垮了，事业也受到了影响，故老年人心身必须节制，孔子说："及其老也，血气既衰，戒之在得。"

老年人，不安全感特别强烈，生命即将终结，生活上渐不被重视，故喜欢占有，不管人或物，都想占有之，很多祖母常和妈妈抢着管教孙子，故年老之时，戒之在得，宜节制自己。

**节，水泽☵☱。**

**综卦：☴☵风水涣。**不节制才会涣，救涣之道，要从节制着手，节与涣相综。

**错卦：☲☶火山旅。**节制后，资源运用较少，只好以劳力补之，故较忙，是为旅。旅卦时也不宜太忙，宜稍节制，故节与旅相错也。

**互卦：☶☳山雷颐。**颐，养生的制度。节的本身便在建立制度以求节制，故涣及节中均有颐的内涵。

水泽节

| | | | 自然数 | 电脑 |
|---|---|---|---|---|
| 1 | $2^0$ | ▬▬ ▬▬ | 0 | 0 |
| 2 | $2^1$ | ▬▬▬▬ | 2 | 1 |
| 4 | $2^2$ | ▬▬ ▬▬ | 0 | 0 |
| 8 | $2^3$ | ▬▬ ▬▬ | 0 | 0 |
| 16 | $2^4$ | ▬▬▬▬ | 16 | 1 |
| 32 | $2^5$ | ▬▬▬▬ | 32 | 1 |

水泽节能量
2+16+32=50

**水泽节,《周易》序卦数第六十。**

节卦属高能量之卦,节必有制度,制度的制定及执行,都必须全力以赴地努力,才能见其效。

节卦卦辞曰:

> 节,亨,苦节不可贞。

节制是富裕必思贫穷时,不可放纵,不可浪费,但也不可以此为借口而吝啬。节省到觉得很辛苦,到处惹人讨厌,就成了"苦节"。偶一为之尚可,但苦节是不可长久,也是不正确的。

是以节卦时,更宜秉持平常心,一切依制度执行,要亨通,才是正道。

节卦彖辞曰:

> 节,亨,刚柔分而刚得中。苦节不可贞,其道穷也。说以行险,当位以节,中正以通。天地节而四时成;节以制度,不伤财,不害民。

节是种循序的制度,而非吝啬,故仍以亨通为主。节卦初九及九二后为六三及六四,二个阳上面二个阴,接上去,九五后为上六,一阳接一阴,故称刚柔分。中爻的九二及九五均为阳爻,故刚得中也。

阴阳循序变化为节,而不是吝啬,故苦节不可贞,以阴阳之道必穷也,吝啬必成封闭,不再亨通了。

下兑上坎，是以和悦之心，行艰险的作为，九五主爻阳居刚位，主持节制，不会吝啬，也不浪费，故谓"当位以节，中正以通"。

天地间四季的变化，阳能节制，夏天转秋天；坤能节制，冬天转春天，是以"天地节而四时成"。

节者建立制度，以制度行事，经营者无为垂拱而治，节制自己的野心及权力欲望，故能不浪费公帑，不伤财，不过分驱使人民，故能"不害民"也。

节卦象辞曰：

　　泽上有水，节。君子以制数度，议德行。

泽上之水，必须节制，不可太多也不可太少，制度要依实际需要而定，没有成见，以数理逻辑做安排，是以"数度"也。

德行不是意念、理想，而是以客观的需要而行，合乎数理逻辑的，才是德行。

### ■节时的制度，基层内部宜先统合意见

节的初爻，是基层人员，对新的管理规章，基层若意见太多则无法客观公平。初九阳居刚位，意见可在内部讨论，再由干部统一看法，向上级报告即可，不可由个人提出不同意见，必大乱矣！

节卦初爻动，阳生阴，之卦为☵坎为水。

坎，艰辛也。基层要以严肃的心来对应必须的节制，乱提意

见，或一味保护自己，对整体来说必不利。

节卦初九爻爻辞曰：

初九，不出户庭，无咎。

初九，阳居刚位，意见常太多了一点，是以要在内部先统一，不可每人向上司提不同意见，必大乱矣，便无从"节"起了。

是以"不出户庭，无咎"。

节卦初九爻象辞曰：

不出户庭，知通塞也。

意见可通可塞，通以能知之，塞以使之不乱也。故初九，基层人员的意见，要在户庭内先商议，统一以后，才由干部提出，以知通塞也。

### ■基层干部真实反映意见

节卦二爻是基层干部，九二阳居柔位，以刚居内卦中爻，和涣卦相同，都是卦的关键爻，也是内卦中主要的动力。

节卦二爻动，阳生阴，之卦为☵☳水雷屯。

屯，创新、突破也，节卦的重点在九二，九二刚健，是突破困难的主力，但若能量不及，或转为消极坤能，则可能陷入艰苦了。

节卦九二爻爻辞曰：

九二，不出门庭，凶。

九二是反映部属意见的主力，若不能努力提出节的制度草案，而一味逃避，这种缺乏魄力的基层干部，对节卦的发展将有阻碍，必凶。

节卦九二爻象辞曰：

不出门庭凶，失时极也。

九二不出门庭，缺乏负责的魄力，使节卦的发展受阻，是因为没有依时机的需要，做出必要行动之故也。

## ■中上层干部仍宜保持中立

节卦的需要，也是由于部属及经营者之间，有意见上的冲突，故需建立新制度。

节卦三爻是中上干部之爻，六三阳居柔位，刚健不足，又夹于部属及上司之间，站在哪一边都不对，两边不是人，所以最好的方法，仍应保持中立，做个被动的协调人即可。

节卦三爻动，阴生阳，之卦为☰☵水天需。

需者需要也，水在天上未曾下来，象征云气不足，仍宜采消极观望态度。

节卦六三爻爻辞曰：

六三，不节若，则嗟若，无咎。

六三，阳居阴位，心有余力不足，是以在节卦制度的努力中，用不上力气，只有在旁兴叹及埋怨而已，但六三夹在部属及上司中，在节卦中，保持中立反而较好，虽对自己的无力感有所叹息，但仍可无咎矣！

节卦六三爻象辞曰：

不节之嗟，又谁咎也。

六三无法在节卦中发挥功能，是角色的问题，并不是谁的过错。

### ■幕僚要安排好节制的所有细节

节卦六四是高级幕僚之爻，六四阴居柔位，能量及位置均正确，以温和、审慎之心，为九五这位经营者，做好有关节制方法的策划，并作为上卦和内卦重要的协调人。

节卦四爻动，阴生阳，之卦为☱兑为泽。

六四转阴为阳，若稍为积极而主动后，便可担任九五和整体的协调人，并做好节卦所有的努力工作。

节卦六四爻爻辞曰：

六四，安节，亨。

六四能量及位置均正确，可安心处理节卦所有策划的细节，打开上下沟通管道，并有效协调之，故亨。

节卦六四爻象辞曰：

安节之亨，承上道也。

六四能量扮演上下沟通角色，而安于节卦的运作中，是以其温和、审慎的作风，深得九五信任，并能适当发挥承上启下之道也。

### ■领导者在节卦中宜以法治代替人治

节卦代表上下层的看法不同，有冲突或涣散的现象，故以节制相处。

因此节卦的五爻，经营者以九五刚健之作风，积极进行上下的沟通及协调，节制中，大家都以高能量的态度来相处。

节卦五爻动，阳生阴，之卦为☷☱地泽临。

临其事也，九五必须以务实眼光，理解部属在此冲突中的立场，并做好确实的处理。

节卦九五爻爻辞曰：

九五，甘节，吉，往有尚。

领导者九五要很高兴地处理节卦时所有的事，积极主动，没有丝毫勉强及压抑的心，真心诚意甘于节卦中，一切自然大吉大利，可努力迈向前程，并有非常出色的成果。

节卦九五爻象辞曰：

甘节之吉，居位中也。

九五能在节卦中，甘之如饴地处理，建立节制自己权势的制度，在于其以刚健之气居中领导，高瞻远瞩，一切为长治久安奠定根基也。

**■节卦中，虽然会带来痛苦，但仍值得**

节是天地变化之道，阳能不节，无法出现秋天，阴能不节，春天也不能带来生命，卦辞虽谓"苦节不可贞"，但节中的痛苦，有时也是不得已的。

节卦上爻，节的制度建立了，但稍微苛刻了一点，每个人都感到不方便，但对整体而言，却是有其必要的。

节卦上爻动，阴生阳，之卦为 ䷼ 风泽中孚。

节制的制度建立了，虽然大家不满意，但都可以接受，故应以诚挚而务实的态度，以执行之。

节卦上六爻爻辞曰：

上六，苦节，贞凶，悔亡。

节制的方法，难免出现苦节，这种苦节的制度，即使不得不为，其实对能量的发展仍是不好的，是以即使正确仍凶也。

但苛刻的制度仍是制度，恶法亦法，大家应遵守，在环境未改变，双方协调未成时，仍应努力执行此制度，这样才能无悔恨之事发生。

节卦上六爻象辞曰：

苦节贞凶，其道穷也。

陷入苦节的情境，是因为不得不妥协，其实并不合乎天地之道的发展，故其道穷也。

**■节卦的自然发展现象**

水泽节☵，和困卦相反，泽中有水，但水能载舟，亦能覆舟，故宜有节制之象。

节在八宫卦序中，属坎的一世变。

初卦由阴转阳，力量大增，坎险之象解除，但外卦仍有困难，内卦和悦中尚需有警觉之心，是为节。

节时求亨通，但也不可以节得过度。

节要有中庸的精神，否则成为苦节，便不可贞了。

节的本质精神仍是非常清楚的有坎之象。

## 第六十一中孚卦——诚信，真诚发于心中也

**中孚，下兑上巽，风泽☴。**

风在泽上吹过，湖面荡漾，泽水感应风的能量，并温和地回应，象征上下诚信互动之卦象。

### ■宁静，微波荡漾的湖面

微风吹在宁静的水面上，微波荡漾，美不胜收，运作成熟的事业体，是安静、顺畅，互相高度信任和信赖的，这是中孚卦象的意义也。

**中孚，风泽☳。**

**综卦：☴风泽中孚。** 诚信就是诚信，不是刻意努力去假装，或压制欲望而来的，而是自然自发的诚信，所以由各种方向看，都是中孚。中孚是没有综卦观点的。

**错卦：☳雷山小过。** 诚信可能会因而缺乏警觉，而稍有过于执着的现象，造成某些小事处理上过分了一点。所以中孚和小过相错，不可错失其警觉。

**互卦：☶山雷颐。** 颐，养生也。中孚的诚信绝非刻意努力得来的，而必须由平常心落实在日常生活上，故中孚卦中有颐卦的内涵。

风泽中孚

| | | | | |
|---|---|---|---|---|
| 1 | $2^0$ | ▬▬▬ | 1 | 1 |
| 2 | $2^1$ | ▬▬▬ | 2 | 1 |
| 4 | $2^2$ | ▬ ▬ | 0 | 0 |
| 8 | $2^3$ | ▬ ▬ | 0 | 0 |
| 16 | $2^4$ | ▬▬▬ | 16 | 1 |
| 32 | $2^5$ | ▬▬▬ | 32 | 1 |

自然数　电脑

风泽中孚能量
1+2+16+32=51

**风泽中孚，《周易》序卦数第六十一。**

中孚卦属于高能量之卦，中孚是自发的诚信，为何需要高能量呢？因为诚信是种对当下实相的高度专注，没有分别心，没有诠释，没有逃避，全神贯注在实相中，才是真正的诚信，是以中孚需要高度警觉的集中能量。

中孚卦卦辞曰：

中孚，豚鱼吉，利涉大川，利贞。

中孚，诚信发于中，即使以豚鱼为祭礼，也能诚信地感谢豚鱼，如此诚信用豚鱼者，必吉。以此诚信可迈向所有的艰难及挑战，行为稳健而有利。

中孚卦象辞曰：

中孚，柔在内而刚得中。说而巽，孚，乃化邦也。豚鱼吉，信及豚鱼也。利涉大川，乘木舟虚也。中孚以利贞，乃应乎天也。

中孚，六三、六四两阴爻在中间，内卦中爻为九二，外卦中爻为九五，所以说柔在内而刚得中，内在核心是阴柔敏锐的，行为则刚健又不过分，合乎中道。

下兑，上巽，故由兑泽迈向巽风，以和悦的心，温和的作为，风化感动全国人民。是谓"说而巽，孚，乃化邦也"。

豚鱼是祭祀最平常的牲礼，用豚鱼时也发自内心地感激，所以豚鱼吉，是因信及豚鱼也。

巽为木，巽木在泽上，自然可以利涉大川，如同乘木舟在泽上漂浮。

中孚，诚信也，如同生在木舟空虚之处，卦中间的六三、六四为阴爻，如同舟之中虚处。是以可以稳定前进，这也是合乎大自然物理学的道理啊！

中孚卦象辞曰：

泽上有风，中孚。君子以议狱缓死。

泽上有微风，泽水随风的力量感应荡漾，是为自然的诚信也。君子在断狱时也明镜高悬，没有自我的权威，或包青天的欲望，只依真实事项，深入了解，做出公平判断，不轻易判处死刑，以感化犯人为主，改过者可以自新，而不任意伤害人命。

### ■基层人员向老同事学习

中孚的初爻是基层的诚信，也是一切诚信的基础。中孚是自发性的，初九阳居刚位，心定即可，不必要求太多。

中孚卦初爻动，阳生阴，之卦为☵☴风水涣。

基层在诚信中，信心不足，三心两意，则事业体必然涣散。

中孚卦初九爻爻辞曰：

初九，虞吉，有它不燕。

初九的基层，决心向老同事学习，放松但警觉跟随九二便可以了。虞是放松、从容也，有虞则吉，决心信任九二的基层干部，所以"有它不燕"，不燕者不疑也。

中孚卦初九爻象辞曰：

> 初九虞吉，志未变也。

初九从容、放松而能获得大吉，以其跟随九二在集体中循序成长之心未变也。

## ■基层干部有福同享

中孚卦的二爻，九二阳居阴位，虽不对位，但刚健在中爻，仍可得到初九的信任。态度积极而不浮夸，主动却不争功，中孚的九二也。

中孚卦二爻动，阳生阴，之卦为☲☳风雷益。

九二阳守柔位，积极中不贪婪、不邀功，能够和部属有福同享，必有大益也。

中孚卦九二爻爻辞曰：

> 九二，鸣鹤在阴，其子和之，我有好爵，吾与尔靡之。

九二如同在阴处鸣叫的母鹤，出于母爱的真诚呼唤，小鹤必会和而唱之。基层干部与部属有福同享，我有好酒（**好爵**），你们来和我共享吧！如此诚心真意的基层干部，必能得到部属诚心支持。

中孚卦九二爻象辞曰：

其子和之，中心愿也。

母鹤以诚心呼唤，小鹤出声和之，是出自内心的希望也。初九呼应九二，诚心真意在工作中，是中孚的根基也。

## ■诚信中是没有虚伪的

中孚卦三爻，为中上干部之爻，六三阴居柔位，位不当，决心不足，中孚成了外在的虚伪，必无法真诚回应和大家的关系。

中孚卦三爻动，阴生阳，之卦为☴☱风天小畜。

小畜，畜其小也，六三力不足，只能在小地方表现，过分虚伪，成了不三不四。

中孚卦六三爻爻辞曰：

六三，得敌，或鼓或罢，或泣或歌。

六三的诚信不在其中，反在其外，故成为中孚卦的异类，处处让人无法信任。

有时积极（或鼓），有时消沉（或罢），有时欢乐（或歌），有时悲伤（或泣）。自己心静不下来，完全表现在情绪上，这样的六三，成为大家的眼中钉。

这便是中孚和小过之间的交错了，虚伪的中孚，必小有过之，应以小畜以补足之。

中孚卦六三爻象辞曰：

　　　　或鼓或罢，位不当也。

六三处内外卦之间，能量不足，决心不够，又想讨好别人，反而陷入了"或鼓或罢"的进退两难，以其在不三不四之位，难以中孚也。

**■高层幕僚忠心，事上则无咎**

中孚卦四爻，属高级幕僚之爻，六四阴居柔位，能量与位相对，温和的幕僚在中孚卦中，忠心于九五，更能有稳定的功能。

中孚卦四爻动，阴生阳，之卦为☰☱天泽履。

履，执行也。履行制度也。幕僚人员在中孚卦时，以掌握正确情报，依九五的指示，建立上下沟通互信的制度。

中孚卦六四爻爻辞曰：

　　　　六四，月几望，马匹亡，无咎。

六四的坤能，如月之光。中孚的六四，月亮已近满月（月几望），但要明白自己的光来自九五，故能积极向上司贡献已能，便可无咎。

六四在满月之际，光芒四射，很容易引起九五猜疑，故良马驰逐而上，勤于王事，得到九五信任，才可无咎。

中孚卦六四爻象辞曰：

马匹亡，绝类上也。

所谓良马驰逐而上，是明白表示绝不朋党为奸，而且全心全意，勤于王事也。

## ■经营者的中孚在集结众志以成城

中孚的五爻，九五阳居刚位，以九五之姿，力求团结，使众志成城，事业才能鹏程万里。

中孚卦五爻动，阳生阴，之卦为 ䷨ 山泽损。

损下益上，是九五在中孚中若消极无力，必损下也。中孚是高能量之象，下卦需强力能量才能中孚，九五若不刚健以对，必无法均衡，反会形成损害。

中孚卦九五爻爻辞曰：

九五，有孚挛如，无咎。

挛如者，集结一起，抱在一起也，九五能以赤诚，使上下集结为一体，又有何咎。

中孚卦九五爻象辞曰：

有孚挛如，位正当也。

中孚为高能量卦象，要上上下下心甘情愿，集结在九五之下，是因为九五阳居刚位，刚健的阳爻又得刚健之位也。

## ■高唱口号，不知应变，必凶

中孚上爻是中孚的极至，上九阳居柔位，中孚热过了头，口号高唱入云，反而一切都僵化住了，必凶。

中孚卦上爻动，阳生阴，之卦为☵☱水泽节。

中孚高唱过头，成了形式主义，僵化了，会被野心家利用，这种中孚不但不利，而且有害，故宜节制之。

中孚卦上九爻爻辞曰：

上九，翰音登于天，贞凶。

翰音，鸡鸣的声音。翰音高唱入云，只成形式的口号，喊口号愈大声，便代表这方面问题愈多。故即使是目标正确，也凶矣！

中孚卦上九爻象辞曰：

翰音登于天，何可长也。

风雨如晦，鸡鸣不已，但若只有鸣而无行动，口号高唱入云，毫无效应，这种口号也唱不了太久的。

中孚是真心诚意，即心即佛，付之行动，唱口号是没有太大用处的。

## ■中孚的自然发展现象

风泽中孚☵，四阳护二阴，风在泽上轻吹，外刚内柔之象。

九二、九五相对，是以内外卦均刚得中也。

依八宫卦序，中孚是艮的六世变，即游魂卦象。

不动如山的艮，内外卦都动了，是为游魂。

艮的五世变为履，履行的卦象，履在于诚心，知行合一，而非白纸黑字的形式主义，是以六世变为中孚，诚其内心也。

故中孚的本质精神仍在艮，不动如山的真诚之心。

## 第六十二小过卦——小事可过分也

**小过，艮下震上，雷山☳☶。**

山上雷鸣，声音过高，影响不大，故只可成其小事，小事太过，伤害不大，而且可显示自己立场，也不见得完全不好。

### ■内刚外柔，以温和待人，小事得宜

**小过，雷山☳☶。**雷响山上，只对飞鸟有影响而已。上面已不能再高飞了，只有往下寻求安身之处。

**综卦：☳☶雷山小过。**小过是环境造成的，飞鸟惧雷而下飞，也是自然之道，故如何看都是小过，无相综之卦。

**错卦：☴☱风泽中孚。**小过时虽有执着，但仍属自然反应。中孚中也难免小有执着，故小过及中孚相错而不相失。

**互卦：☱☴泽风大过。**小过处理不好，会成大过，故小过之生，有大过的内涵，不可不小心。

雷山小过

| | | | | | |
|---|---|---|---|---|---|
| 1 | $2^0$ | | | 0 | 0 |
| 2 | $2^1$ | | | 0 | 0 |
| 4 | $2^2$ | | | 4 | 1 |
| 8 | $2^3$ | | | 8 | 1 |
| 16 | $2^4$ | | | 0 | 0 |
| 32 | $2^5$ | | | 0 | 0 |

自　电
然　脑
数

雷山小过能量
4+8=12

**雷山小过，《周易》序卦数第六十二。**

小过卦属于低能量之卦，小过的卦象，来自环境，只是对环境的自然反应而已，顺其势而为，故宜保持低能量，以免反应过度，小过成大过矣！

小过卦卦辞曰：

　　小过，亨，利贞。可小事，不可大事。飞鸟遗之音，不宜上，宜下，大吉。

小过，雷响山上，稍有过分，故能亨。目标正确，小事处理过分，正可显示内在刚健立场，故利贞。

"小过"可表现在小事上，小事过分些可，大事则不可，飞鸟听到山上响雷，已飞走了，故称遗者，雷响山上，飞鸟宜下不宜上，飞下来找树林栖身，否则大雨来了就糟了。所以小过时，山上雷响，飞鸟下飞，象征小事过分，仍可及时回头，故属大吉。

小过卦象辞曰：

小过，小者过而亨也。过以利贞，与时行也。柔得中，是以小事吉也。刚失位而不中，是以不可大事也。有飞鸟之象焉，飞鸟遗之音，不宜上，宜下大吉，上逆而下顺也。

小过，小事上过分了些，但总算还能亨通，虽小有过分，但是时势环境不得不然，所以仍得利贞，故谓"过以利贞，与时行也"。

六二及六五都是以阴柔居中爻之位，故柔得中，刚健不足，但柔能守正，故对小事仍可属吉。

两个阳爻位居不三不四的三爻及四爻，皆失中位，是以刚失位而不中，能量可能误用，故"不可大事也"。

小过，雷山☳☶。卦象中有飞鸟之象，九三、九四为鸟之身，六二、六五为鸟翼，初六、上六为翅尖，如同一只鸟在飞。山上响雷，风雨将至，故飞鸟在遗音后，不宜再往上飞，宜飞到山下，以安身也，才能大吉。

小过的能量，宜向下不宜向上，能量不足故也。

小过卦象辞曰：

山上有雷，小过。君子以行过乎恭，丧过乎哀，用过乎俭。

山上雷鸣，对飞鸟而言，小过而已，象征君子用世，矫枉过正。行事过于谦虚，丧事过于哀伤，用钱过于节省，过分便不合乎中道，基本上是不正常的，但时势需要，不得不如此，此是小过之利贞。

## ■基层人员小事也不宜过分

小过之初爻，基层人员之爻。基层的工作本来就是以小事为主，是以如在小事都过分，对基层的功能恐有不利。

小过卦初爻动，阴生阳，之卦为☲☳雷火丰。

初六阴柔，常消极过分了，如能转为阳能，刚健中不让自己的工作过分，便可转小过为丰。

基层严守规则，刚健自处，便可脱离小过了。

小过卦初六爻爻辞曰：

初六，飞鸟以凶。

小过卦时，飞鸟宜向下飞，但初爻却由下往上，故必凶。

象征基层人员，处小事也必须防止有过分现象。基层的工作本来便以小事为主，如果事事过分，则基层稳定性功能大失，恐将陷入凶境。

小过卦初六爻象辞曰：

飞鸟以凶，不可如何也。

飞鸟在小过卦时，还往上飞，无论怎么飞都是不好的。

## ■基层干部在小过卦时，宜采低调

小过卦二爻是基层干部之爻，六二阴居柔位，总算能位得当，又能温柔相处，当可不太过分了。

小过卦二爻动，阴生阳，之卦为☰☰雷风恒。

恒，稳定而持久也，六二能以阳刚之气处小过卦象，则可建立稳定的制度。

小过卦六二爻爻辞曰：

> 六二，过其祖，遇其妣，不及其君，遇其臣，无咎。

六二，阴居柔位，上有九三、九四两阳爻，要过之才能见六五。六二本阴爻，和六五可柔居中对位。但九三、九四挡路，除非"过其祖"（阳也）才能"遇其妣"（阴也）。

被挡住了，故不得见六五这个君王，但以阴柔姿态和九三、九四这两个刚健臣子周旋，由于冲突不大，应可无咎。

小过卦六二爻象辞曰：

> 不及其君，臣不可过也。

无法和六五碰面，是因为过不了九三、九四阻挡，但宜保持低调应对，不必产生冲突。

### ■中上层干部在小过卦中最危险

小过之卦时，上下卦是对立冲突的，特别是九三和九四是冲突的主角。

小过三爻是中上层干部之爻，九三阳居刚位，能量及位正当，又居下卦上爻，积极想突破，便会和挡路的九四冲突，是以不利，也有可能两败俱伤。

小过卦三爻动，之卦为 ䷏ 雷地豫。

和豫才能避免冲突，九三态度若较温和，不和九四正面冲突，预备即可，不急着付诸行动，反较有利。

小过卦九三爻爻辞曰：

九三，弗过，防之。从，或戕之，凶。

九三被九四挡住，过不了，但最好不要勉强，防之则可，《孙子兵法》中"先为不可胜，以待敌之可胜"是也。

从是投降，戕是把对方杀了，无论输或赢，九三和九四冲突一定是两败俱伤，故凶也。

小过卦九三爻象辞曰：

从或戕之，凶如何也。

九四是刚健顽固的高级幕僚，九三是刚健的高级主管，两个人拼起来，不论谁投降谁，或谁杀了谁，对整个事业体都是大凶。

## ■幕僚人员刚健但不可积极

小过时上下卦冲突多，但大多为小事，四爻的高级幕僚也是冲突的主角，九四阳居阴位，功能虽不足，但态度强硬，故常小过矣!

小过卦四爻动,阳生阴,之卦为☷☶地山谦。

九四如能改阳为阴,以谦恭态度和九三相处,则不只可解小过之象,而且可一切大吉。

小过卦九四爻爻辞曰:

九四,无咎,弗过,遇之。往厉必戒,勿用永贞。

小过之时,九四如能谦恭自处,便可无咎,不要表现太过分,不要在小事上太坚持,和九三平等相遇,即可安全度过小过的冲突。

不要太坚持,否则必须严格警觉冲动,不要用阳刚的能量,反而可以在小过中,维持稳定。

小过卦九四爻象辞曰:

弗过,遇之,位不当也,往厉必戒,终不可长也。

九四阳居柔位,更不宜表现太刚健,宜平等对待九三,才不会争执过了头,这两爻都在不三不四中,故谨慎消极为宜。

太恃刚而行必有所戒,以不当之位,阳刚之气不可长用也。

## ■经营者不宜有太多作为

小过的五爻是经营者处小过的手段,六五柔居刚位,力不足也,但能柔以守中,尚可无大错矣!

小过卦五爻动，阴生阳，之卦为 ䷞ 泽山咸。

小过是可小事，不可大事之卦。六五阴居刚位，以柔守中，不求表现也。但若转阳能，则仍宜谨慎以无心之感——咸卦的精神，和整体部属相处，以避免冲突。

小过卦六五爻爻辞曰：

六五，密云不雨，自我西郊。公弋，取彼在穴。

密云不雨，力不足也，有心无力也。六五的能量由西郊而来（**周文王的大本营在西岐**），但在小过中，领导力发挥不出，只能密云不雨。

君王去打猎射鸟，同样射不到鸟，只能找到其巢穴，获得小鸟罢了。

小过卦六五爻象辞曰：

密云不雨，已上也。

六五在上位，在小过卦中，发挥不出领导者能量，是以只能密云不雨了。

小过中，领导者不宜有太多作为。

## ■小过的现象可能成为大过

小事上过分了，或许无伤大雅，而且可有小事亨，但长期处于小过上面，可能酿成大过，小过的互卦即是大过。

小过的上爻，是小过的极点，上六虽以阴居柔位，但在外卦上爻，能量极高，也使小过发展到极点，恐会不利。

小过卦上爻动，阴生阳，之卦为䷶火山旅。

旅，不安也，可能有不得不动的变化，小过过头了，可能会发生大过。

小过卦上六爻爻辞曰：

上六，弗遇，过之。飞鸟离之凶，是谓灾眚。

上六，连六五为阴爻，是阴过头了，故和六五弗遇也。雷响山上，飞鸟飞太高了，必有凶，这种凶境是小过变成了大过，故为自取之灾也。

小过卦上六爻象辞曰：

弗遇过之，已亢也。

亢者过头也，上六，阴过头了，故超出六五的期待，小过可能变成大过，凶也。

## ■ 小过卦的自然发展现象

雷山小过䷽，和中孚相反，四阴护二阳，是以力量不足，稍有压力，是为小过之象。

小过在八宫卦序中属兑的六世变，即游魂卦象。

兑的五世变为谦，和悦的阴能转成谦恭的态度。山在地下，不显示自己的能量，以保存实力。

谦卦时对自己多少必有些压抑，是以卦变中呈现小过之象，和悦之心消失了，不动的内心，面对外卦的雷动，是以稍有压力也。

小过的本质精神在兑，虽有小过，但以和悦之心处之，便可无咎。

## 终而复始——既济、未济

未济卦属于中低能量之卦，未济卦其实反而是真理的常态，生命是无尽的过程，享受过程比目标重要，快乐地活着是唯一的目的，喜欢工作也比工作的目标重要多了。

《易经》的卦象在小过卦时已完成了。《周易》序卦前二卦——乾卦及坤卦是能量本质，由屯到小过，是生命创始到老迈的历程，六十个卦象，道尽生命的生老病死，悲欢离合，生命只是数位的组合而已，《易经》以数理逻辑表演了生命及生活的千姿百态。

六十三卦的既济及六十四卦的未济，并非生命形态之一，而是说明生命变化的本质，周而复始，结束也是开始时。

到了尽头，生命不管成败如何，都算达成了，但结束总在开始时，生命的假象结束了，但生命的本质却是无始无终的，死亡并非生命的结束，其实死亡是生命的另一周期。瓜熟蒂落，植物的生命并非结束，而是成熟了，让动物分享的果实，里面种子落在土地上，又是新生命的开始。

死亡的神秘，不像表面那样可怕，其实死亡每天都在发生，今天的我们绝非昨天的我们，明天的我们也非今天的我们，物质和精神都不一样了。

我们每天都在大死一番，只是我们的思想将昨天保留了下来而已。

本质上只有行为；没有行为者，只有观察，没有观察者，生活在当下的每一片刻，便是永恒。《易经》中的"不易""寂然无为"的精髓便在于此。既济和未济便在申论《易经》中最终的题材——生命变化的本质。

## 第六十三既济卦——事既成也，刚渡河也

**既济，下离上坎，水火☵☲。**

水在火上，水向下，火向上，阴阳互交，既济也。

既济卦，阴爻在柔位，阳爻在刚位，刚柔并济矣，故象征事之既成也，已渡过了生命大河，完成任务了。

### ■世事无常，不可踌躇满志

**既济，水火☵☲。**刚柔爻皆得正位，但也因为太完美了，大功告成，踌躇满志，不再求新求变，其道必穷，其乱必生矣！

**综卦：☲☵火水未济。**事终必复始，是以既济后必乱，未济卦象又生，另一循环即将展开，故既济和未济相综而相生。

**错卦**：☲☵ **火水未济**。阴生于阳，阳生于阴，阴阳既济，未济便由中而生，故两卦相错不相失也。

**互卦**：☲☵ **火水未济**。既济中亦必有未济的内涵，是以能相综相错也。

水火既济

$$
\begin{array}{lll}
1 & 2^0 & \text{——} \quad 0 \quad 0 \\
2 & 2^1 & \text{— —} \quad 2 \quad 1 \\
4 & 2^2 & \text{——} \quad 0 \quad 0 \\
8 & 2^3 & \text{— —} \quad 8 \quad 1 \\
16 & 2^4 & \text{——} \quad 16 \quad 0 \\
32 & 2^5 & \text{— —} \quad 32 \quad 1 \\
\end{array}
$$

自 电
然 脑
数 数

水火既济能量
2+8+32=42

**水火既济，《周易》序卦数第六十三。**

既济卦属于中高能量之卦，既济后便容易志得意满，失败为成功之母，成功更常是失败之母，故既济时更不得放松，必须立刻警觉新的挑战即至，若不小心，则乱必生矣！

既济卦卦辞曰：

既济，亨小，利贞。初吉，终乱。

既济，下离上坎，水在火上，阴阳相交，万物成长矣，但大功已成，难免松懈，故小事可亨通而已。刚柔皆在正当之位，故利贞也。内卦六二柔而得中，故初可吉。但九五刚在上卦之中，飞龙之尊，志得意满，终必乱矣！

第十二章　圆融人生
833

秦始皇败在统一全国时，汉武帝败在建立大汉帝国时，唐玄宗盛极而衰，清乾隆皇帝后逐渐败坏，皆既济之卦象也。

既济卦象辞曰：

> 既济，亨，小者亨也。利贞，刚柔正而位当也。初吉，柔得中也，终止则乱，其道穷也。

既济时，踌躇满志，稍微松懈了些，故仅能小事亨。阳爻初九、九三、九五皆在刚位，阴爻六二、六四、上六皆在柔位，表示阴阳调和，个个称职，是以利贞，刚柔正而位当也。六二以阴爻在内卦中位，柔得中也，故初吉；九五以阳爻在刚位，一切完美，不再求新求变，必僵化矣，故其道穷也。

既济卦象辞曰：

> 水在火上，既济。君子以思患而豫防之。

火能煮水，水能灭火，不论如何，均既济矣。大功告成，常会失却警觉之心，故而生乱，是以君子在既济卦象时，必能思患而预防之。

### ■基层人员既济时，休息亦无咎

既济的初爻是基层之爻，完成工作的基层是第一线的功劳者，初九阳居刚位，也是卦辞中初吉的代表。

既济卦初爻动，阳生阴，之卦为 ䷦ 水山蹇。

工作完成后，初九也由积极的乾能转为消极坤能，这个转变将使自己的前程困难增加。

既济卦初九爻爻辞曰：

初九，曳其轮，濡其尾，无咎。

刚渡过了河，在处理善后工作，倒拉车轮不再前进了，尾巴仍沾满水，也表示不再下水了。既济刚完成，接下来做什么似乎仍不清楚，所以暂时休息等待。

初九是基层工作者，不负责策略，是以暂时停下来，应可无咎。

既济卦初九爻象辞曰：

曳其轮，义无咎也。

渡河任务已完成，不知道接下来做什么，暂时倒转车轮休息，应属无咎。

### ■基层干部在既济后，做好心理准备即可

既济二爻属基层干部之爻，六二阴居柔位，守中即可。暂时不必有任何行动，休息中保持警觉，也就是做好心理准备即可。

既济二爻动，阴生阳，之卦为 ䷄ 水天需。

水在天上，密云不雨，成为需要也。刚完成工作，一定有很多需要补充之物，但不必急，稍等一下，了解接下来工作，再作

正确的补充。

既济卦六二爻爻辞曰：

六二，妇丧其茀，勿逐，七日得。

茀是妇人坐车出行时蔽车的席子。席子丢了，妇人自然出不了门，但不必急着去获得，七日后，任务比较清楚时，再要求补充还不迟。

为何是七日呢？因为内卦六二转阴为阳，组合九二、九三、六四为兑卦，即其互卦中含有兑卦的内涵，兑卦在后天八卦中，数为七，故转而成兑，七日后得。

既济卦六二爻象辞曰：

七日得，以中道也。

六二，柔守中，不急躁，故能等待七天后再依实际需要来加以补充。

### ■中上层干部在既济中，疲惫中仍保持警觉

既济三爻，中上层干部之爻，九三阳在刚位，能位皆正当，可向前行。但既济刚成，大家都很疲惫，不宜有大动作，但身为中上层干部却不应休息，而是要重整组织，去除不胜任的人，准备好下一波的任务班底。

既济卦三爻动，阳生阴，之卦为☵☳水雷屯。

屯，创始的准备也，充满辛苦的开始，九三完整既济后，应收起急躁之心，以屯卦的心理准备来面临下一个任务。

既济卦九三爻爻辞曰：

九三，高宗伐鬼方，三年克之，小人勿用。

九三在既济之后有如殷商时高宗武丁，征伐鬼方，花了三年时间才成功，所以民疲财尽，亟须休养生息。这时候的中上干部不宜有太大动作，以免更劳民伤财，但应着手重组班底，去除不胜任的小人，使班底的能力强化，以准备应付下一波的挑战。

既济卦九三爻象辞曰：

三年克之，惫也。

花了三年时间才克服了，虽然是既济，也已经非常疲惫了。

### ■幕僚人员在既济时要立刻再动起来

既济四爻是高层幕僚之爻，六四柔在柔位，虽不一定有强烈意愿及动作，但宜保持高度警觉，随时了解进入外卦后会产生的重大变化。

既济卦四爻动，阴生阳，之卦为 ䷰ 泽火革。

既济之后，最怕松懈下来，否则未来可能会有不利的事发生，故能否革变，就在六四的作为了。

第十二章　圆融人生

既济卦六四爻爻辞曰：

六四，繻有衣袽，终日戒。

衣袽即破烂的衣服，刚打完了仗，六四这些高级幕僚，仍无时间更衣，穿着破烂的湿衣服，但心理必须动员起来了，故终日警戒也。

既济卦六四爻象辞曰：

终日戒，有所疑也。

六四所以必须终日警戒，是因为面对既济后的新情势，心有所不安也。

六四若能彻底警戒，便可改善既济之后可能发生的终凶。

### ■经营者在既济后宜更审慎

既济的五爻是经营者之爻，九五阳居刚位，又在正中，难免志得意满，在大功告成之后，自认可以君临天下了。这将是九五的最大危机，也是既济卦终乱的主因。

既济卦五爻动，阳生阴，之卦为 ䷣ 地火明夷。

九五在既济卦后，更需小心，太刚健了，有骄傲的危机，但太消极，耽于享受，可能更会使整体受到伤害，故明夷也。

既济卦九五爻爻辞曰：

九五，东邻杀牛，不如西邻之禴祭，实受其福。

禴祭者薄祭也，九五在东邻杀牛，以豪华场面祭祀，但却不如在西邻所做的薄祀得到更多祝福，主要在主持祭祀的九五心态，是否合乎祭祀的时机？所以神不来接受，也不再赐福。

此段文字，在象征东方的殷纣王的政权虽隆重而华丽，却不如西方周文王简单朴素的政风得到人民的支持及上天的祝福。

既济卦九五爻象辞曰：

东邻杀牛，不如西邻之时也，实受其福，吉大来也。

东邻杀牛的厚祭，却不如西邻的薄祭，在主祭者是否有合乎当下的诚意，合乎时义者，必受其福，顺天应人，大吉大利自来也。

### ■志得意满，自取其祸

既济卦的上爻，是志得意满之极，也是既济卦后最容易陷入危机的原因。

既济卦上爻动，阴生阳，之卦为☴☲风火家人。

既济是众人的功劳，经营者不宜独占功劳，应以家人感情和整体分享其成功，否则恐有大碍。

既济卦上六爻爻辞曰：

上六，濡其首，厉。

既济后，功劳都在首长，有如志得意满地沉溺在其成就中，其前途危险至极也。

既济卦上六爻象辞曰：

濡其首厉，何可久也。

上下沉溺于成就中，有如头部浸在水中，呼吸都有困难了，何可久也。

### ■既济卦的自然发展现象

水火既济☲☵，水向下，火向上，阴阳相交，刚柔能位皆正当，是完成的卦象也。

既济在八宫卦序中属坎卦的三世变，内卦由坎转成离。以离的亮丽照亮外卦的坎险，火样的热情面对生命的困难，完整之大意。但既济中仍有明显坎象，内卦力量不足，是以卦辞为亨小、利贞、初吉、终乱。

显示既济的本质精神仍在于坎。

## 第六十四未济卦——功未成也，尚须高度努力

**未济，下坎上离，火水☲☵。**

火在水上，乾能向上，坤能向下，阴阳不相交，故未济也。

未济卦，阴爻全在刚位，阳爻全在柔位，完全不对位，故象征事未成也。

**■天道恒动，世事无常**

火在水上，乾能向上发展，象征天道恒动，真理在不停地变化中，是以天行健，君子以自强不息。

**未济，火水☲☵。**

综卦：☵☲水火既济。周而复始，天地之道也，故未济和既济相综相生。

错卦：☵☲水火既济。既济和未济，相错而不可相失。

互卦：☵☲水火既济。终与始相互包含其中，即生命是亦始亦终，也是无始无终。

火水未济

$$1 \quad 2^0 \qquad 1 \quad 1$$
$$2 \quad 2^1 \qquad 0 \quad 0$$
$$4 \quad 2^2 \qquad 4 \quad 1$$
$$8 \quad 2^3 \qquad 0 \quad 0$$
$$16 \quad 2^4 \qquad 16 \quad 1$$
$$32 \quad 2^5 \qquad 0 \quad 0$$

自　电
然　脑
数

火水未济能量
1+4+16=21

**火水未济，《周易》序卦数第六十四。**

未济卦属于中低能量之卦，未济卦其实反而是真理的常态，生命是无尽的过程，享受过程比目标重要，快乐地活着是唯一的目的，喜欢工作也比工作的目标重要多了，故生命宜保持清醒的漂流，不须太多刻意的努力。

未济卦卦辞曰：

未济，亨，小狐汔济，濡其尾，无攸利。

未济，事未成也，仍须长期努力，有如小狐狸泡在水里渡河中，尾巴湿透了，但前途茫茫，不知利在哪里。

未济卦象辞曰：

未济，亨，柔得中也。小狐汔济，未出中也。濡其尾，无攸利，不续终也。虽不当位，刚柔应也。

未济，主爻六五阴居中爻之位，柔得中也，以阴柔守中，减少冲突，故能亨通。

小狐狸渡河，前途茫茫，以未出中道也，盲目努力，不知自守，准备不充分，湿透了尾巴，仍看不出利益何在，也不知道如何才能到达终点。

但未济之卦，虽刚柔皆不当位，不过呈现一阴一阳的对应排列，使刚柔能量轮替，仍不失天地变化之道也。

未济卦象辞曰：

火在水上，未济。君子以慎辨物居方。

火在水上，阴阳能不相交，故未济。但凡物利害相生，有害必有利，有利亦必有害，火水不相交，但也因而不相灭。了解这个道理，君子便能遇事审慎明辨其利害，而选择最好的立场和对应的方法。

## ■基层的尾巴湿透了又如何

未济的初爻是基层人员，还在苦苦渡河中的小狐狸，初六，阴居刚位，陷入强力挑战中，力又不足，苦战也。

未济初爻动，阴生阳，之卦为☲☱火泽睽。

睽，违背也，背离也。未济的初爻，陷入茫茫前途的苦战中，若转阴为阳，想努力奋斗，则更为痛苦，事与愿违也。

未济卦初六爻爻辞曰：

初六，濡其尾，吝。

初六，柔在刚位，力不足，挑战又大，湿透了尾巴的小狐狸，仍陷在河中，进退两难，前途阻碍及可羞也，故吝。

未济卦初六爻象辞曰：

濡其尾，亦不知极也。

湿透了尾巴，但仍无法判断其终极结果，真是危险啊！

## ■进退得中的基层干部

未济的二爻，是苦战中的基层干部，九二阳居柔位，在恶劣挑战中，以刚健之气守中，故反而能够动静得宜矣。

未济卦二爻动，阳生阴，之卦为☲☷火地晋。

晋者，进也，虽力量仍小，但九二动静得宜，反而比较能创造新的情势。

未济卦九二爻爻辞曰：

九二，曳其轮，贞吉。

九二在未济中，审慎刚健，知道时机未至，准备不够，故倒曳车轮，暂时停止不进，先观察整体条件，再做定夺，故能贞吉。

未济卦九二爻象辞曰：

九二贞吉，中以行正也。

在强大挑战中，九二以刚健守下卦中爻，故能进止得宜，既贞且吉也。

### ■中上层干部，在未济中以审慎处事

未济三爻，六三阴居刚位，挑战多，力量少的中上层干部，宜更审慎以行事也。

未济卦三爻动，阴生阳，之卦为 ☲ 火风鼎。

鼎，祭之物也，虽可鼎新，但宜以最慎重的态度处之。

未济卦六三爻爻辞曰：

六三，未济征凶，利涉大川。

六三在下卦上爻，势必往外卦发展，但阴居刚位，力不足也，故征凶。但前有九四，后有九二，皆为刚健的角色，若能依赖之，仍可经得起挑战。

未济卦六三爻象辞曰：

> 未济征凶，位不当也。

六三，靠本身力量往前，有大的凶险，是由于能量及位不当也。

## ■刚健的幕僚，是长远规划的重心

未济，茫茫前程，有赖较妥当规划，四爻是高层幕僚之爻，也是拟定规划的主角。

未济卦四爻动，阳生阴，之卦为 ☶☵ 山水蒙。

蒙者蒙昧，有待启蒙，九四若转消极则全卦蒙昧不清矣，故刚健的九四，正是启蒙的要角。

未济卦九四爻爻辞曰：

> 九四，贞吉悔亡，震用伐鬼方，三年有赏于大国。

九四刚健，虽刚居柔位，但在挑战中，如能贞吉，应可无悔，应以振作之心征伐鬼方，如同当年的殷高宗，三年间完成艰巨任务，获得重赏。

至于为何是三年，因为九四以震卦精神，做前进的规划，故称震用伐鬼方。震在后天八卦之数为三。

未济卦九四爻象辞曰：

贞吉悔亡，志行也。

九四贞吉，必可无后悔，以其志可以通行也。

**■未济中的经营者，柔以守中**

未济的五爻是经营者之爻，六五柔以守中，掌握方向，信任九四的规划，引导下卦诸部属，因循渐进地在未济中努力，应可无碍。

未济卦五爻动，阴生阳，之卦为☰☵天水讼。

虽阴柔本性，但前程茫茫，故宜坚守立场，分辨事务的真相，才能在未济中做个胜任的领导者，是为讼，分清楚也。

未济卦六五爻爻辞曰：

六五，贞吉无悔，君子之光，有孚吉。

六五，阴居刚位，又为主爻，以阴柔处于挑战中，力量不足，但温柔守中，以柔克刚，贞吉仍可无悔，是为君子应有的态度，故吉。

未济卦六五爻象辞曰：

君子之光，其晖吉也。

温柔守中，是未济中稳定安心的力量，故其君子之光，照亮全体员工，此光辉便可带来大吉。

### ■在茫茫前程中，放松愉快地前进

未济的上爻，不安到了极端，前程茫茫，看不到目标，所以只好死了心，轻松地在困难中享受渡河的辛苦和危险，此生命之道也。

未济卦上爻动，阳生阴，之卦为☳☵雷水解。

生命的真相是不断地动，对经营者而言，一件困难解决了，另一件困难跟着又来了，故不停地解，便是处未济之道也。

未济卦上九爻爻辞曰：

> 上九，有孚于饮酒，无咎，濡其首，有孚失是。

上九，处未济之极也。阳居柔位，刚健有余，警觉较差。但若能放松意志力，享受辛苦及危险，心中如同在饮用美酒则可无咎。但若一味闷着头往前冲，内心只想早日脱离苦难，便违背处未济之道，故"濡其首，有孚失是"。

未济卦上九爻象辞曰：

> 饮酒，濡首，亦不知节也。

不论是如饮酒之心处未济，或以濡首之心处未济，最重要是保持警觉，知所节制。

### ■未济卦的自然发展现象

火水未济䷿，和既济相反，所有的爻均不对位也不对能，火向上，水向下，天地不交，是为未济。

未济依八宫卦序，属离卦的三世变。

内卦由离转坎，内心的坎险，面对亮丽的环境，那种无力感的尴尬，正是未济显示的卦象。

未济时更宜放松心情，努力打通各种阻碍，由于力量不足，是以宜由小事着手。

未济卦卦辞曰：

> 亨，小狐汔济，濡其尾，无攸利。

未济时宜重视包装，不必急着行动，本质精神仍在于离——亮丽、热情也。

# 附 录

## 千古易学大师——焦京师徒和邵子

孔子晚年最重要的弟子是颜渊及子贡。

颜渊资质特佳，天生有道学及禅修素质，寂然无为，随波逐流，不迁怒，不贰过，完全警觉地生活，早处在台风眼中，不用学便得到《易经》最高境界——不易。

所以颜渊根本不必学易，也到了"善易者不卜"的境界。

子贡重务实，在官商方面都有很高成就，太忙了，哪里会有时间研究易，或许他能用易，却没有时间将易学做进一步发展。

承袭孔子易学的是商瞿，他是个怎么样的人，历史记载不多，不过他这一脉传下来，到汉朝出现了两位易学高手——"京焦"。

"京焦"指的是京房和焦赣，焦赣便是焦延寿，著有《易林》，又名《焦氏易》。京是京房，焦赣的学生。京房在东汉时，言无不中，连皇帝都请教他国事及私事。

但焦赣说，京房把我的易学学通了，日后一定会死于易学，结果京房果然是因此被判杀头的，真是在劫难逃。

京房很重视卦象的自然发展，分宫卦象只有八种变卦，京房则有十六变，是以在掌握易变中，更为细腻。

后人将京房十六变的原则，归纳如下：

自初至五不动复，下飞四往伏用飞，上飞下飞复本体，便是十六变卦例。

以乾卦的变化来看：

**本卦**：☰乾为天。

**第二卦**：☴初爻动，天风姤。

**第三卦**：☶二爻动，天山遁。

**第四卦**：☷三爻动，天地否。

**第五卦**：☴四爻动，风地观。

**第六卦**：☶五爻动，山地剥。

自初至五不动复，六爻为宗庙，故不变。

**第七卦**：外卦初爻变回，名游魂卦，☲火地晋，京房称为下飞四往。

**第八卦**：下飞三爻变☲火山旅，名为外在卦（在八宫卦象中至此变为火天大有）。

**第九卦**：下飞第二爻变为☲鼎，名为内在卦。

**第十卦**：下飞初爻，变成☲火天大有，亦称归魂卦。

**第十一卦**：初爻不变往上飞，二爻变，☲离为火，称绝命卦。

**第十二卦**：再飞到三爻，☲火雷噬嗑，名血脉卦，京氏称此爻为血脉流传。

**第十三卦**：再上四爻，☶山雷颐，名肌肉卦。

**第十四卦：再上五爻，☶☳风雷益，名髓骨卦。**

**第十五卦：再下飞四爻，☰☳天雷无妄，名棺椁卦。**

**第十六卦：再下飞三爻，☰☲天火同人，名墓库卦。**

再下飞二爻，变回本卦，☰乾。

京房十六变，在易变的推理上，自然更精细，但在运用及诠释上可能功力要更高了。

不过"未卜先知"的能力最好不要尝试，京房凶死，到了晋朝，另一位卜易高手郭璞，也是悲剧收场。

晋朝大将王敦欲谋反，希望郭璞帮他占卜，郭璞告诉他不用卜也是凶，王敦立即翻脸，并问郭璞既能先知，是否知道今天自己将被杀。郭璞回答他早知道了，只是在劫难逃，明知也不想避难，所以俗谓"察见渊鱼者不祥"，把事情看得太透了，不见得是好的。

北宋的邵雍则是易数派的高手，在占卜上也有他独到之处。

邵雍字尧夫，追谥康节，后人尊之为康节先生。

邵雍的著作颇多，有《皇极经世》《伊川击壤集》《渔樵对问》等，而以《梅花易数》成为日后易数派的权威。

邵雍，范阳人，后长居于洛阳，宋仁宗闻其学名，多次欲延揽为官，但邵雍以健康不佳坚辞，不久便隐遁山林，不问俗事。

邵雍和司马光交往甚深，和程颢、程颐兄弟亦有交情，因此他对宋以后的中国哲学也有很大影响。

《梅花易数》是以先天学（先天八卦）为重心，他认为宇宙的本源是太极，太极便是心，亦即道，也就是宇宙心，他表示万事万物皆生乎此心。

先天卦再配后天卦，推算其数，是邵雍的创见。他以河图、洛书、五行、四时、八方位及干支相杂相交，来解读卦的象、数、理。

他看到两只麻雀打架，预知翌日晚上有少女折花伤腿。

《梅花易数》上记载，辰年十二月十七日申时，邵雍到梅园观梅，看到两只麻雀争枝而坠地。

他预测道："不动不占，不因事不占，今二雀争枝坠地，怪也！"因而占之，辰年五数，十二月十二数，十七日为十七数。

5、12、17之和为34，34除以8（八卦之数）为4余2，以2为上卦，故为兑卦。

34加申时为9，再除以8，34加9为43，43除以8，为5余3，为离，下卦。

再以43除以6（六爻），余1，得动爻，离火的初爻变，为艮。

邵雍因而推断：

一、初爻变，不变为体，变为用，故原卦兑为体卦，有动爻的下卦离为用事之卦。

二、体卦为兑，少女卦也，可知少女有事。

三、体卦及用卦之生克关系，离属火，兑属金，火克金，可断少女将有伤害。

四、互卦为上乾下巽，天风姤，乾为金，巽为木，金克木，木在人体为股，故判断少女伤股。

五、巽木生离火，伤必重也。

六、离火初爻变为艮土，艮土生兑金，故虽重无碍生命也。

不过分析得那么细，事情预测也如此复杂，难怪邵雍生活很不正常，很少外出，健康情形不良，一年到头经常生病，出门要做好几层保护，戴帽子，车子要张幔布，搞得神秘兮兮的，虽练道家气功健身，也只活了五十九岁便死了。

# 后 记

## 生命中的现象大部分都是物理学

《易经》是部工具书，是部古代的电脑，是完全合乎科学原理、原则的。以宇宙中阴阳能量变位，配合六爻的数位次序，用以观察并探索这个世界上万事万物，包括自然、生命、人事、社会关系的诸种现象。

人是宇宙的一环，人的身体、生命、心理、思想都是宇宙的现象。思想是脑细胞能量的活动关系，仍属物质的物理现象。阴阳变数，六爻序位，这个数与位，便是电脑资讯及二进位数理逻辑。数理逻辑是宇宙最纯粹的秩序，也属纯物理学的变化。《易经》中的常变、因变、突变及不变，都是宇宙的一种纯粹秩序。

春夏秋冬、阴晴寒暑、风雷云雨，以及生老病死、喜怒哀乐、悲欢离合都属宇宙的逻辑变化。地震、暴风、急病、灾难，其实都离不开宇宙秩序，是可以用数理逻辑来观察并分辨其间的因由，从而做出正确的回应以解决问题。《易经》便在协助我们看出这些秩序，并智慧地做出自处之道。

这些都是秩序，那什么才是失序呢？

人心是唯一的失序，这些失序也才是混乱的根源。恐惧、逃避、期待、欲求、理想、信念都是失序，求神拜佛、念咒祈福、占卜吉凶，如果态度不正确，心存恐惧，也只会带来失序而已。

没有恐惧、没有欲求、没有逃避、没有意识形态，以纯粹的物理学来使用《易经》，才是学易的最高智慧。

理解生命现象大多属物理学，欲求没有用，刻意的努力也没有用，心自然就会静下来。

这也是唯一静心的方式，最纯粹的冥想，在物理变化中随波逐流漂浮着。以纯粹的客观态度，看出阴阳及数位变化，透彻而冷静地应对之，便是《易经》中最高素养的"不易"，兵法中的"不动如山"。孔子说的不易，寂然无为的境界也在于此。

以数理态度面对生命，无心无为便是神，真正的宇宙心，爱自然由其中而生。

《易经》是中国文化的基础，它的二进位数理逻辑则是21世纪资讯网络及生化工程的基础。

21世纪，中国文化能否发扬光大，很大程度上便在我们能否以超现代的眼光，重新来诠释中国文化了。

德国大数学家莱布尼茨，由《易经》中演绎出二进位，以这种有辨识能力的智慧型数理思考法，带动了20世纪后半叶的电脑资讯网络风潮。其实他也是微积分的发现者，这种数理思考将是21世纪生活的主流趋势。

微积分是微分和积分的思辨法。微分重在辨识，观察细微的变化，以防微杜渐，属右脑式的思考法。积分是组织及推理，是逻辑及判断的思考架构，属左脑式的思考法。《易经》的阴阳变化，0与1的数属微分。六爻的次序及其发展属积分。

后　记

但易中，阳中有阴，阴极阳生，卦中有动，动中有卦，加上京房十六变，分宫八序卦，邵雍的《梅花易数》，使微积分合并，左右脑均衡思考法，发展到了另一个高峰。

右脑在前叶，是大脑中掌管观察及表达的部分。左脑在后叶，是大脑中掌管累积及架构思考的部分。知识及经验认知后储存在左脑，成为我们日常生活及行动的基础，特别是物理上纯技术的知识，更是生活中不可或缺的。

但这些知识也会累积成心理的价值，形成各种反应模式、理论、信念，意识形态由此而生。因而也阻碍了我们客观的观察，也使我们在行动时，瞻前顾后，不是担心便是后悔，永远无法活在当下。就是这些左脑的思考，阻碍了右脑的客观观察及表达。

右脑是创新、想象，以及对当下的热情。左脑的价值判断挂帅时，右脑的作用就遭到了阻碍。只有分开左右脑功能，应用左脑时用之，平常放下它，让右脑能运作，生命本来便是崭新的，生命是永恒的迈向未知。已知是左脑，脱离已知，自然会将心向未知敞开了。

所谓静心息念，观照冥想，心无挂碍，均在处理左脑的功夫。右脑是永远新的，发现学习（discovering theary）的价值便在于此。微积分首先告诉我们左右脑思考的不同，能分开其用途，人类的混乱、贪婪、残忍、暴力在很大程度上便可以一扫而空了。

《易经》让我们可以分出左右脑思考的不同，使微积分的数理逻辑可以协助我们过着智慧又宁静的生活。

这也是学易最重要的指标了。

本书是笔者第一本有关《易经》的作品，采用工具书的方式，以实用为目的，让读者能轻松地了解《易经》，并能"玩"易在其中。

今后仍将本着二进位思考法，深入《易经》诸卦象中，探索更神秘又实用的宇宙大秩序，希望以抛砖引玉之心，带来对中国文化新的研究风潮，能以现代眼光，重新诠释传统文明，以之为生活在21世纪的现代人参考，也将是笔者余生的重要工作之一。

道善人文经典文库
让你能知味的中华经典解读丛书

**毓老师作品系列**

| | |
|---|---|
| 毓老师说论语（修订版） | 爱新觉罗·毓鋆讲述 |
| 毓老师说中庸 | 爱新觉罗·毓鋆讲述 |
| 毓老师说庄子 | 爱新觉罗·毓鋆讲述 |
| 毓老师说大学 | 爱新觉罗·毓鋆讲述 |
| 毓老师说老子 | 爱新觉罗·毓鋆讲述 |
| 毓老师说易经（全三卷） | 爱新觉罗·毓鋆讲述 |
| 毓老师说（礼元录） | 爱新觉罗·毓鋆讲述 |
| 毓老师说吴起太公兵法 | 爱新觉罗·毓鋆讲述 |
| 毓老师说公羊 | 爱新觉罗·毓鋆讲述 |
| 毓老师说春秋繁露（上下册） | 爱新觉罗·毓鋆讲述 |
| 毓老师说管子 | 爱新觉罗·毓鋆讲述 |
| 毓老师说孙子兵法（修订版） | 爱新觉罗·毓鋆讲述 |
| 毓老师说易传（修订版） | 爱新觉罗·毓鋆讲述 |
| 毓老师说人物志（修订版） | 爱新觉罗·毓鋆讲述 |
| 毓老师说孟子 | 爱新觉罗·毓鋆讲述 |
| 毓老师说诗书礼 | 爱新觉罗·毓鋆讲述 |

**刘君祖作品系列**

| | |
|---|---|
| 易经与现代生活 | 刘君祖 |
| 易经说什么 | 刘君祖 |
| 易经密码全译全解（全9辑） | 刘君祖 |
| 易断全书（上下） | 刘君祖 |
| 刘君祖经典讲堂（全十卷） | 刘君祖 |
| 人物志详解 | 刘君祖 |

| 春秋繁露详解 | 刘君祖 |
| 孙子兵法新解 | 刘君祖 |
| 鬼谷子新解 | 刘君祖 |

**吴怡作品系列**

| 中国哲学史话 | 张起钧　吴　怡 |
| 禅与老庄 | 吴　怡 |
| 逍遥的庄子 | 吴　怡 |
| 易经应该这样用 | 吴　怡 |
| 易经新说——我在美国讲易经 | 吴　怡 |
| 老子新说——我在美国讲老子 | 吴　怡 |
| 庄子新说——我在美国讲庄子 | 吴　怡 |
| 中国哲学关键词50讲（汉英对照） | 吴　怡 |
| 哲学与人生 | 吴　怡 |
| 禅与人生 | 吴　怡 |
| 整体生命心理学 | 吴　怡 |
| 碧岩录详解 | 吴　怡 |
| 系辞传详解 | 吴　怡 |
| 坛经详解 | 吴　怡 |
| 写给大家的中国哲学史 | 吴　怡 |
| 周易本义全译全解 | 吴　怡 |

**高怀民作品系列**

| 易经哲学精讲 | 高怀民 |
| 伟大的孕育：易经哲学精讲续篇 | 高怀民 |
| 智慧之巅：先秦哲学与希腊哲学 | 高怀民 |
| 易学史（三卷） | 高怀民 |

**辛意云作品系列**

| 论语辛说 | 辛意云 |
| 老子辛说 | 辛意云 |
| 国学十六讲 | 辛意云 |
| 美学二十讲 | 辛意云 |

## 其他

| | |
|---|---|
| 易经与中医学 | 黄绍祖 |
| 论语故事 | （日）下村湖人 |
| 汉字细说 | 林蘂 |
| 新细说黄帝内经 | 徐芹庭 |
| 易经与管理 | 陈明德 |
| 周易话解 | 刘思白 |
| 道德经画说 | 张爽 |
| 史记的读法 | 阮芝生 |
| 数位易经（上下） | 陈文德 |
| 从心读资治通鉴 | 张元 |
| 易经经传全义全解（上下册） | 徐芹庭 |
| 周易程传全译全解 | 黄忠天 |
| 唐诗之巅 | 朱琦 |

## 人与经典文库（陆续出版）

| | |
|---|---|
| 左传（已出） | 张高评 |
| 史记（已出） | 王令樾 |
| 大学（已出） | 爱新觉罗·毓鋆 |
| 中庸（已出） | 爱新觉罗·毓鋆 |
| 老子（已出） | 吴怡 |

| | | | |
|---|---|---|---|
| 庄子（已出） | 吴怡 | 尔雅 | 卢国屏 |
| 易经系辞传（已出） | 吴怡 | 孟子 | 袁保新 |
| 韩非子（已出） | 高柏园 | 荀子 | 周德良 |
| 说文解字（已出） | 吴宏一 | 孝经 | 庄兵 |
| 诗经 | 王令樾 | 淮南子 | 陈德和 |
| 六祖坛经 | 吴怡 | 唐诗 | 吕正惠 |
| 碧岩录 | 吴怡 | 古文观止 | 王基伦 |
| | | 四库全书 | 陈仕华 |
| 论语 | 林义正 | 颜氏家训 | 周彦文 |
| 墨子 | 辛意云 | 聊斋志异 | 黄丽卿 |
| 近思录 | 高柏园 | 汉书 | 宋淑萍 |
| 管子 | 王俊彦 | 红楼梦 | 叶思芬 |
| 传习录 | 杨祖汉 | 鬼谷子 | 刘君祖 |

| | | | |
|---|---|---|---|
| 孙子兵法 | 刘君祖 | 元人散曲 | 林淑贞 |
| 人物志 | 刘君祖 | 戏曲故事 | 郑柏彦 |
| 春秋繁露 | 刘君祖 | 楚 辞 | 吴旻旻 |
| 孔子家语 | 崔锁江 | 水浒传 | 林保淳 |
| 明儒学案 | 周志文 | 盐铁论 | 林聪舜 |
| 黄帝内经 | 林文钦 | 抱朴子 | 郑志明 |
| 指月录 | 黄连忠 | 列 子 | 萧振邦 |
| 宋词三百首 | 侯雅文 | 吕氏春秋 | 赵中伟 |
| 西游记 | 李志宏 | 尚 书 | 蒋秋华 |
| 世说新语 | 尤雅姿 | 礼 记 | 林素玟 |
| 老残游记 | 李瑞腾 | 了凡四训 | 李懿纯 |
| 文心雕龙 | 陈秀美 | 高僧传 | 李幸玲 |
| 说 苑 | 殷善培 | 山海经 | 鹿忆鹿 |
| 闲情偶寄 | 黄培青 | 东坡志林 | 曹淑娟 |
| 围炉夜话 | 霍晋明 | …… | |